教育部高等学校交通运输与工程教学指导委员会推荐教材

交通供配电与照明技术

（第二版）

杨 林 姜保军 编

内 容 提 要

本教材为教育部交通运输与工程教学指导委员会推荐教材。教材适应交通设备与控制工程、交通工程等专业教学建设的需要，围绕我国道路交通供配电与照明技术的发展与应用实际，结合相关规范与技术标准的更新，以高速公路、城市道路、公路桥梁、公路隧道、城市轨道交通等公共交通领域的供配电与照明系统为对象，对交通供配电与照明技术的基本概念、基本原理、应用特点、设计方法和工程应用进行了系统介绍。全书共分9章，包括：交通供配电概述、交通供配电基础、交通供配电电气设备、道路交通供配电系统、城市轨道交通供配电系统、道路照明基础、道路照明设计、公路隧道照明设计及接地、防雷与过电压保护。

本教材可作为普通高等学校交通设备与控制工程、交通工程及相近专业的教材，高等职业院校交通安全与智能控制等专业的教材，也可供从事交通供配电工作的工程技术和管理人员参考。

本教材配有电子课件，欢迎选用教材教师索取（邮箱：yanglin@cqjtu.edu.cn）。

图书在版编目(CIP)数据

交通供配电与照明技术 / 杨林,姜保军编. — 2版. — 北京：人民交通出版社股份有限公司,2014.8
ISBN 978-7-114-11586-8

Ⅰ.①交… Ⅱ.①杨… ②姜… Ⅲ.①交通系统 – 供电系统②交通系统 – 配电系统③交通系统 – 照明技术
Ⅳ.①U491.2

中国版本图书馆 CIP 数据核字(2014)第 176047 号

教育部高等学校交通运输与工程教学指导委员会推荐教材

书　名：	交通供配电与照明技术（第二版）
著 作 者：	杨　林　姜保军
责任编辑：	周　宇（1175041648@qq.com）
出版发行：	人民交通出版社股份有限公司
地　　址：	(100011)北京市朝阳区安定门外外馆斜街3号
网　　址：	http://www.ccpress.com.cn
销售电话：	(010)59757973
总 经 销：	人民交通出版社股份有限公司发行部
经　　销：	各地新华书店
印　　刷：	北京虎彩文化传播有限公司
开　　本：	787×1092　1/16
印　　张：	16.5
字　　数：	380 千
版　　次：	2012年10月　第1版　2014年8月　第2版
印　　次：	2023年5月　第2版　第5次印刷
书　　号：	ISBN 978-7-114-11586-8
定　　价：	36.00 元

(有印刷、装订质量问题的图书由本公司负责调换)

第二版前言

交通供配电是交通机电系统的主要组成部分，是交通安全、高效、畅通、低碳运营的能源支持、保障与应用系统。交通供配电是交通工程、电气工程、信息工程等多学科知识的综合与交叉，涉及交通系统的规划、设计、建设、运营、维护等全过程，行业特色鲜明，科技进步快速，规范标准自成体系。

我国综合交通、智慧交通、绿色交通、平安交通的建设，对高校交通机电和智能交通类人才培养提出了更高要求。2012年，教育部增设了"交通设备与控制工程"特设本科专业，其专业课程体系尚处于探索中。"交通供配电系统"是交通设备与控制工程专业的核心专业课程，也是交通工程专业的专业选修课程。其教学目标是以交通工程学、电工学为基础，从交通供配电与照明技术应用的视角，使学生掌握交通供配电与照明领域的基本概念、基本原理、应用特点、设计方法，培养交通供配电与照明工程的规划设计、建设管理、运营维护等基本能力。

2010年，在重庆交通大学使用3届的"交通供配电系统"课程讲义的基础上，我们编写了该教材。教材出版后，受到众多使用者的关心与支持。在第1版的基础上，第2版重点结合公路隧道照明技术发展和我国《公路隧道照明设计细则》（JTG/T D70/2-01——2014）调整，对公路隧道照明设计内容进行了全面修订。同时，对其他内容进行了文字表述调整。

本教材以交通供配电共性基础、应用特点、设计方法、应用案例为主线，以道路交通供配电照明为主体，涵盖高速公路、城市道路、公路桥梁、公路隧道、城市轨道交通等应用领域，体现了理论知识与应用技术、标准规范、工程实例、发展前沿的紧密结合。

本教材共9章，内容包括：交通供配电概述、交通供配电基础、交通供配电高、低压电气设备、道路交通供配电系统、城市轨道交通供配电系统、道路照明基础、道路照明设计、公路隧道照明设计及接地、防雷与过电压保护。全书建议学时32学时。第1、2、4~8章由杨林教授修编，第3、9章由姜保军副教授修编。

鉴于我们水平有限，教材的缺点和错误在所难免，殷切希望同行、专家和读者批评指正。

编 者
2014年4月于重庆

第一版前言

随着我国经济和城市建设的快速发展,高速公路、城市道路、城市轨道交通等交通基础设施建设发展迅速,交通运输综合化、信息化、智能化、高速化的发展趋势愈加明显,交通供配电是交通机电系统的能源支持系统,是实现交通系统安全、畅通、高效、绿色、可靠运营的重要保证。

交通供配电是交通工程、电气工程、信息工程等多学科的综合与交叉,其知识体系完整,应用特点突出,技术水平发展迅速,我国已形成了一套较为完整的交通供配电行业规范与技术标准。交通供配电已成为电力供配电系统的一个重要分支,其理论与技术是现代交通机电工程人员必须掌握的专业知识。

为了适应现代交通科技快速发展对交通运输、交通工程类人才的需求,我们在重庆交通大学使用三届的"交通供配电系统"讲义的基础上,吸纳当前国内外交通供配电领域研究成果、先进技术、工程实例、行业规范、技术标准,编写了本教材。教材注重"理论知识与应用技术相结合、理论知识与国家标准相结合、理论知识与工程实例相结合",并对交通供配电中最新技术及发展趋势(如中压供电、LED 照明等)进行了介绍。

本书主要由四部分组成。第一部分包括第1~3章,主要介绍了交通供配电与电力系统基本概念、电力负荷计算、用户变电所、常用供配电电气设备等交通供配电共性与基础知识。第二部分包括第4、5章,主要介绍了道路交通(高速公路、公路桥梁、公路隧道、城市道路)和城市轨道交通供配电系统的构成、特点与应用。第三部分包括第6~8章,主要介绍了道路照明基础知识、道路照明设计、公路桥梁与隧道照明的设计。第四部分为第9章,主要介绍了交通供配电系统的接地、防雷与过电压保护。每章后附有习题与思考题,供学习者复习参考。

本书由重庆交通大学杨林教授担任主编(编写第1、4、5、6、7、8章和第2章2.1~2.5节),姜保军副教授担任副主编(编写第2章2.6~2.8节和第3、9章)。编写过程中参考、引用了国内外专家学者的著作文献,在此表示衷心感谢。

限于编写人员的水平,书中难免有错漏之处,恳请批评指正。

编 者
2012 年 7 月于重庆

目录

1 绪论 ··· 1
   1.1 交通供配电概述 ··· 1
   1.2 电力系统的基本概念 ·· 4
   1.3 交通供配电系统的基本要求 ·· 11
   1.4 交通供配电系统设计概述 ·· 14
   习题与思考题 ·· 15

2 交通供配电基础 ·· 17
   2.1 电力负荷与负荷计算 ·· 17
   2.2 用户变电所 ·· 23
   2.3 变电所电气主接线 ··· 25
   2.4 变电所二次接线 ··· 29
   2.5 高低压配电网 ·· 36
   2.6 无功功率补偿 ·· 37
   2.7 备用电源系统 ·· 41
   2.8 谐波分析与抑制 ··· 44
   习题与思考题 ·· 48

3 交通供配电高、低压电气设备 ·· 50
   3.1 供配电电气设备概述 ·· 50
   3.2 低压熔断器 ··· 53
   3.3 低压刀开关 ··· 55
   3.4 低压断路器 ··· 57
   3.5 低压成套装置 ·· 61
   3.6 高压熔断器 ··· 62
   3.7 高压断路器 ··· 63
   3.8 高压隔离开关 ·· 67
   3.9 高压负荷开关 ·· 68
   3.10 高压成套配电装置 ·· 69
   3.11 电力变压器 ··· 69
   3.12 互感器 ·· 74

3.13 电线与电缆 ··· 79
3.14 高、低压电气设备的选择与校验 ·· 85
习题与思考题 ··· 88

4 道路交通供配电系统 ·· 90
4.1 道路交通供配电系统概述 ··· 90
4.2 高速公路供配电系统 ··· 93
4.3 公路隧道供配电系统 ··· 95
4.4 公路桥梁供配电系统 ··· 98
4.5 城市道路供配电系统 ··· 99
4.6 道路交通中压供电系统 ·· 100
习题与思考题 ·· 103

5 城市轨道交通供配电系统 ··· 104
5.1 城市轨道交通供配电系统概述 ··· 104
5.2 电源和主变电所 ·· 108
5.3 牵引供电系统 ··· 110
5.4 牵引网 ·· 120
5.5 动力照明供配电系统 ·· 122
习题与思考题 ·· 125

6 道路照明基础 ·· 127
6.1 道路照明的基本概念 ·· 127
6.2 道路照明电光源 ·· 130
6.3 道路照明灯具 ··· 134
6.4 道路照明评价指标 ··· 139
习题与思考题 ·· 142

7 道路照明设计 ·· 143
7.1 道路照明概述 ··· 143
7.2 路面的反射特性 ·· 145
7.3 道路照明计算 ··· 148
7.4 道路照明标准 ··· 151
7.5 城市道路照明设计 ··· 155
7.6 高速公路照明设计 ··· 165
7.7 公路桥梁照明设计 ··· 172
习题与思考题 ·· 178

8 公路隧道照明设计 ·· 179
8.1 隧道的视觉现象与照明措施 ··· 179

8.2　长隧道的照明设计 ………………………………………………… 187
　　8.3　短隧道的照明设计 ………………………………………………… 202
　　8.4　隧道照明的节能与控制 …………………………………………… 204
　　8.5　隧道照明的新能源应用 …………………………………………… 210
　　习题与思考题 …………………………………………………………… 215

9　接地、防雷与过电压保护 ……………………………………………… 217
　　9.1　接地 ………………………………………………………………… 217
　　9.2　工作接地和保护接地 ……………………………………………… 223
　　9.3　雷电与雷电过电压 ………………………………………………… 230
　　9.4　雷电的防护 ………………………………………………………… 231
　　9.5　供配电系统的防雷保护 …………………………………………… 242
　　9.6　内部过电压及其防护 ……………………………………………… 247
　　习题与思考题 …………………………………………………………… 250

附录　常用电气图形及文字符号 ………………………………………… 251
参考文献 …………………………………………………………………… 252

1 绪 论

交通供配电与照明是交通机电系统的主要组成部分,其作用是为交通管理部门和交通机电设施提供可靠、安全、稳定、经济的正常用电和应急用电,实现交通运输运营与管理的现代化,以保障交通运输安全、高效、畅通、节能、低碳和经济等综合效益最大限度的发挥。随着我国综合交通、智慧交通、绿色交通、平安交通的建设推进,作为能源支持与应用的交通供配电系统,与交通照明、通风、监控、通信等应用工程协同发展,已成为一个体系完整、特色鲜明的供配电应用系统。

1.1 交通供配电概述

1.1.1 我国公路交通的发展状况

交通运输是国民经济重要的基础性和先导性产业,是现代服务业的重要组成部分,在国家现代化建设中具有全局性、战略性地位。随着经济社会的不断发展和科学技术的快速进步,我国安全、畅通、高效、绿色的现代综合交通运输体系逐步发展起来。改革开放以来,我国公路交通实现了跨越式发展,路网结构逐步合理,通达深度明显提高,客货运空间增大,时间大大缩短,社会运输成本明显降低,对经济社会的持续快速发展起到了重要支撑作用。

1990~2012年,我国公路总里程由103万km增加到424万km,居世界第一。其中,二级以上公路比重由4.5%增加到11.8%。高速公路从无到有,建成了9.6万km的世界最大规模高速公路系统,覆盖全国90%以上的中等城市。普通干线公路基本实现对县级及以上行政区的连接和覆盖,农村公路通达几乎所有的乡镇和建制村。规划到2030年,将建成11.8万km横连东西、纵贯南北的"71118"国家高速公路网(7条首都放射线、11条南北纵向线和18条东西横向线)。

1990~2012年,我国公路客运量由64.8亿人增加到355.7亿人,年均增长20.4%;公路客运周转量由2 620.3亿人公里增加到18 467.5亿人公里,年均增长27.5%;公路货运量由72.4亿吨增加到318.8亿吨,年均增长15.5%;公路货运周转量由3 358.1亿吨公里增加到59 534.9亿吨公里,年均增长76.0%。

公路运输具有覆盖面大、机动灵活、方便快捷以及"门对门"运输的优势,随着高速公路的快速建设和路网结构的不断优化,公路运输在综合运输体系中始终居于主体地位。2012年,公路运输分别承担了的社会客货运总量的93.5%和77.8%,以及社会客货运周转量的55.3%和34.3%。

1.1.2 我国城市交通的发展状况

城市交通负担着大量的客货运输、转乘、中转、集散等任务,已经成为经济发展与城市可持续发展的重中之重。进入21世纪,随着城市化进程的加快,我国大中城市的交通基础设施水平也得到前所未有的改善。由公共汽车、电车、出租汽车、轨道交通等组成的城市公共交通系统发展迅速,快速公交系统BRT(Bus Rapid Transit)和智能交通系统ITS(Intelligent Transportation System)逐步投入应用,城市交通向着多层次、立体化、智能化的城市综合交通体系发展。

近年来,我国城市人流量、物流量和机动车保有量都以两位数的速度增长。截至2013年,全国机动车数量突破2.5亿辆,汽车达1.37亿辆,是10年前汽车数量的5.7倍。全国有31个城市汽车数量超过100万辆,其中8个城市超过200万辆,北京超过500万辆。大中城市道路交通拥堵问题日益严重,一些城市约50%的路段在高峰时段饱和度达到95%,全天饱和度超过70%,严重影响了交通运输效率。

交通设施是城市形态的骨架,具有先行功能、从属功能、引导和调节功能,对城市形态起着重要的影响作用。随着城市规模、人口和经济的不断增长,城市地面空间越来越拥挤,过度依赖汽车的城市交通发展模式已难以为继,大力发展城市轨道交通成为各国人民的共识。以地铁、轻轨为代表的城市轨道交通,具有运营有序、运量大、速度快、能耗低、污染小、安全可靠、准点舒适、不受气候干扰等显著优势,能有效提高人们出行效率,而且有利于扩展城市空间、优化城市布局,促进沿线商业和房地产发展。

国外发达城市的经验表明,城市轨道交通是城市公共交通网络的主动脉,而路面交通则是其毛细血管,二者有机结合、互为补充。自1863年英国伦敦建成世界上首条地铁以来,城市轨道交通已有100多年的发展历史,世界主要大城市都逐步形成了以地铁为主、多种轨道交通类型并存的现代城市轨道交通格局。目前,全球地铁运营线路超过100km的城市已有十多个,有些城市轨道交通运量占城市公交运量的50%以上,甚至超过70%。

建立以轨道交通为骨干、常规地面公交为主体,其他方式为补充的城市公共交通网络,已成为我国大城市交通发展的必然选择。自1969年北京地铁1号线开通以来,经过40多年的发展,我国已成为世界上城市轨道交通发展最快的国家。截至2013年,全国有37个城市获得国家批准建设城市轨道交通,19个城市建成投运线路87条,运营里程2 539km。规划到2020年,总规模将超过3 000km;到2050年,100多个城市将基本建成4万km的轨道交通体系。

1.1.3 交通供配电系统的主要内容

(1)高低压供配电系统

高低压供配电系统主要包括高速公路、城市道路、轨道交通、隧道、桥梁等交通设施的变电和配电系统。其作用是接受和分配电能,将电力输电网电能进行降压或整流(轨道交通直流供电),并向交通机电设施输送供电,确保用电的质量、安全、可靠和经济性。

(2)备用电源系统

备用电源系统主要包括柴油发电机组、不间断电源UPS(Uninterruptible Power Supply)和应急电源EPS(Emergency Power Supply)。其作用是在电力网络供电中断时提供备用电源,为供配电系统自身提供操作电源,并为重要交通机电设施供电。

(3)照明系统

照明系统主要包括高速公路照明、城市道路照明、桥梁照明、隧道照明、收费站照明及景观照明等。其作用是创造良好的视觉环境,减轻驾驶疲劳,增加夜间行车的安全性和舒适感,提高道路的利用率和运输效率,并美化交通环境。

(4)防雷系统

防雷系统主要包括交通供配电防雷系统、交通机电设备防雷系统。其作用是避免或降低雷电对交通供配电设施和交通机电设备的损害。

(5)接地系统

接地系统主要包括交通供配电系统和交通机电设备的功能性接地和保护性接地。功能性接地是保证电气设备正常运行或电气系统低噪声的接地,包括工作接地、逻辑接地、信号接地和屏蔽接地等;保护性接地是为了防止人、畜或设备因电击而造成伤亡或损坏的接地,包括防电击接地、防雷接地、防静电接地和防电蚀接地。

1.1.4 交通供配电系统的重要性

随着经济社会的快速发展和人民生活水平的不断提高,迫切需要建立能力充分、组织协调、运行高效、服务优质、安全环保的公路运输系统,与其他运输方式共同构筑布局协调、衔接顺畅、优势互补的现代综合交通运输体系,为社会和公众提供便捷、通畅、高效、安全的运输服务。由于资源和环境的制约,光靠扩大路网无法较好地解决这些问题,还需加快公路交通发展方式的转变,应用现代科技提高交通基础设施、运输装备的智能化水平和运营效能,建设畅通、高效、安全、绿色的现代综合交通运输体系。现阶段,公路和城市交通智能化建设主要体现在交通机电系统建设及改造上。

交通机电系统是高速公路和城市交通的主要辅助系统,由监控、收费、通信、供配电照明等子系统组成,是以电气、电子、控制、通信、机械和交通工程等技术为基础的综合性大系统,是保障交通安全、高效和舒适的基础系统,也是提高交通运营、管理、维护水平的重要手段。随着网络技术、全球定位系统GPS(Global Positioning System)、交通地理信息系统GIST(Geography Information System Transportation)等先进科技和设备的应用,交通机电系统将向数字化、网络化、信息化方向发展,逐步实现智能型交通,进一步提高交通管理和服务水平,最大限度地降低交通事故损失,确保交通安全畅通。

供配电照明是交通机电系统的主要组成部分,其作用是为交通机电设施提供可靠、安全、稳定、经济的电能,满足交通管理部门和交通机电设施的正常用电和应急用电需要,确保交通运输安全、高效、畅通、节能、低碳和经济等综合效益最大限度的发挥。交通机电系统涉及知识领域广泛,学科交叉与综合特点突出,系统性、综合性和特殊性突出。交通供配电照明系统已发展成为电力供电系统的一个重要分支,既不同于工矿企业的供配电设计,也与电力系统内部供配电设计有所区别,国内外已经形成了相应的设计规范和技术标准体系。

1.2 电力系统的基本概念

1.2.1 电能的特点

电力是应用最广泛的能源,电能是电做功的能力。电能有各种形式,如直流电能、交流电能和高频电能等,这几种电能可相互转换。

电能是二次能源,由一次能源(如水能、热能、核能、风能、潮汐能、太阳能等)转换而来。电能是社会现代化的基石,具有以下特点:

①转换方便,可转换成其他所需能量形式。
②输配简单,可以远距离传输。
③控制容易,可以精确控制、调节和测量,便于集中管理。
④使用方便、清洁,易于大量生产。
⑤不易储存,电厂的电能生产和用户消耗是随时平衡的。

1.2.2 电力系统的组成

电能从生产到使用,一般要经过发电、输电、配电和用电等环节(图1-1)。为了提高供电的可靠性和经济性,通常将发电厂、变电所、输配电线路及电力用户连接起来构成整体,称为电力系统(图1-2)。

随着电力用户对用电量和用电质量的要求不断提高,电力系统规模日益扩大。组成大型电力系统的优点有以下几点:

①高效、合理地开发和利用一次能源,减少环境污染,优化电能资源配置,实现水电与火电资源的优势互补。
②提高供电的可靠性和供电质量,大电网可视为无限大容量,承受故障能力强。
③电能发、输、配、用同时进行,便于集中管理和运行调度,合理分配负荷,提高发电机组利用率。
④节约投资、降低成本,用电负荷变化较大,大电网可以发挥较好的调剂作用,减少总装机容量。

(1) 发电厂

电力系统中,发电厂主要有以煤、石油、天然气和垃圾为燃料的火力发电厂,利用水的位能和动能发电的水力发电厂,利用核燃料裂变反应所释放出的热能进行发电的核能发电厂。此外,利用风能、太阳能、潮汐能、地热能等发电也在不断发展中。

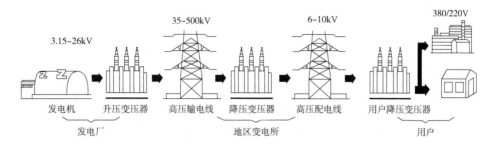

图 1-1 电能的传输与分配过程

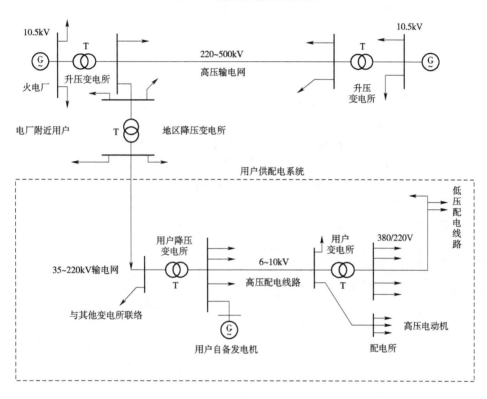

图 1-2 电力系统组成

（2）变电所

变电所是接收电能、变换电压和分配电能的中间环节。变电所按用途分为升压变电所和降压变电所，按供电范围分为枢纽变电所、区域变电所和用户变电所。不承担变换电压，只接受和分配电能的场所，称为配电所。

①升压变电所。将发电厂发出的电能进行升压，便于大功率和远距离传输。

②降压变电所。对电力系统的高电压进行降压，便于电气设备的使用。

③枢纽变电所。起到对整个电力系统各部分的纽带联结作用，负责整个系统中电能传输和分配。

④区域变电所。将枢纽变电所送来的电能作一次降压后分配给电能用户。

⑤用户变电所。接受区域变电所的电能，将其降压为满足用电设备电压要求的电能，并

合理地分配给各用电设备。

(3) 输配电线路

① 输电线路。将各发电厂相互连接,使所有同步发电机并列运行,并将发电厂发出的经升压后的电能送到枢纽变电所和区域变电所,其电压等级一般在 220kV 以上。

② 配电线路。将电能从区域变电所经降压后输送到电能用户,对电网电能进行降压、分配和输送,其电压等级一般为 110kV 及以下。

按照电力网电压等级划分,1kV 及以下的是低压电网,1~220kV 为高压电网,330kV 以上为超高压电网。一般企业和民用供电电压在 10kV 及以下,只有少数特大型建筑物及用电负荷大的工业企业供电电压在 35~110kV。

(4) 电力用户

电力用户包括工业、农业、交通运输等国民经济各部门和市政、生活用电等场所。

1.2.3 电力系统的额定电压

(1) 电力系统的额定电压

电力系统的额定电压等级是根据国民经济发展的需要、技术经济的合理性及电气设备的制造水平等因素,由国家统一制定的。我国交流电网和电气设备的额定电压见表 1-1。

我国交流电网和电气设备的额定电压表　　　　　表 1-1

电 压 等 级	电网和用电设备额定电压	发电机额定电压	电力变压器额定电压	
			一次绕组	二次绕组
低压(V)	220/127 380/220 660/380	230 400 690	220/127 380/220 660/380	230/133 400/230 690/400
高压(kV)	3 6 10 — 35 110 220 330 500 750	3.15 6.3 10.5 13.8,15.75,18,20 — — — — — —	3 及 3.15 6 及 6.3 10 及 10.5 13.8,15.75,18,20 35 110 220 330 500 750	3.15 及 3.3 6.3 及 6.6 10.5 及 11 — 38.5 121 242 363 550 —

注:表中"/"左边数字为三相电路线电压,右边数字为相电压。

表 1-1 中同一电压等级下设备的额定电压并不相同,这是由于电力线路中存在电压降,线路首端电压往往高于末端电压,如图 1-3 所示。

(2) 用电设备的额定电压

用电设备的额定电压是设备长期运行最经济合理的工作电压。用电设备的额定电压与同级电网的额定电压相同,允许电压偏差为±5%。

(3)发电机的额定电压

一般正常工作时,用电设备允许电压偏差±5%,即整个线路电压降不允许大于10%。因此,发电机的额定电压要高于电网额定电压5%,以使末端电压不低于额定电压的95%,如图1-3所示。

(4)电力变压器的额定电压

①一次绕组额定电压。当变压器接于发电机输出端时(图1-4中T_1),与发电机额定电压相同,高于同级电网额定电压5%;当变压器接于电网时(图1-4中T_2),与电网额定电压相同。

②二次绕组额定电压。额定电压是指变压器空载电压,对于升压变压器,考虑变压器承载时自身电压损失(约为5%),以及二次侧输电线路电压损失(按5%计),二次绕组额定电压应比电网额定电压高10%(图1-4中T_1)。对于降压变压器,当二次侧供电线路不长时,二次绕组额定电压只需高于所连电网额定电压5%(图1-4中T_2)。

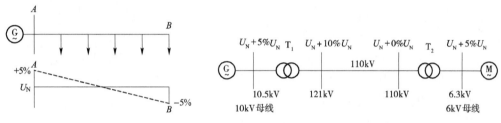

图1-3 电力网电压的变化　　图1-4 发电机和变压器的额定电压

1.2.4　电力系统的中性点运行方式

电力系统的中性点是指发电机或变压器的绕组作星形连接的中性点。电力系统中性点的运行方式对电力系统的安全运行有很大的意义,主要取决于单相接地时电气设备对绝缘的要求和对供电可靠性的要求,它关系到绝缘水平、通信干扰、继电保护及自动装置的正确动作等方面。

我国电力系统中性点运行方式有两大类:中性点非有效接地系统[不接地,如图1-5a)所示;经消弧线圈或电阻接地,如图1-5b)所示]、中性点有效接地系统[中性点直接接地,如图1-5c)所示]。

(1)中性点非有效接地系统

在正常运行时,各相对地分布电容相同,三相对地电容电流对称且其和为零,各相对地电压为相电压,中性点对地电压为零。

当系统发生单相接地故障时,接地相对地电压为零,非接地相对地电压升高为线电压,即为相电压的$\sqrt{3}$倍;接地相的电容电流为零,非接地相的对地电流也增大为$\sqrt{3}$倍,接地电流为正常运行时每相的对地电容电流的3倍。因此,电气设备的绝缘要按线电压来选择。

该系统最大优点在于发生单相接地时,线间电压不变,不能构成短路回路,系统中没有短路电流,系统仍可继续运行。为了防止单相接地扩大为两相或三相弧光短路,规定单相接地后带故障运行时间最多不超过2h。

当中性点不接地系统的单相接地电流超过规定值(6~10kV线路为30A,35kV线路为10A),为了避免产生电弧引起过电压或造成短路,中性点应经消弧线圈接地。消弧线圈是一个带有铁芯的电感线圈,其线圈的电阻很小,电抗很大,起到有效的消弧作用。

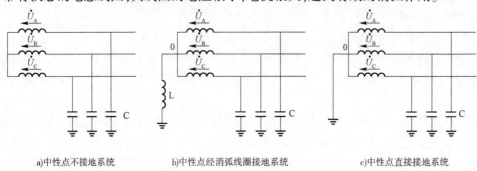

a)中性点不接地系统　　b)中性点经消弧线圈接地系统　　c)中性点直接接地系统

图1-5　电力系统中性点运行方式

(2)中性点直接接地系统

这种运行方式发生一相对地绝缘破坏时,故障相直接经过大地形成单相短路,开关跳闸,供电中断,可靠性会降低。但非故障相对地电压不变,电气设备绝缘可按相电压考虑,降低设备绝缘要求。在中性点直接接地的低压配电系统中,如为三相四线制供电,可提供380V/220V两种电压,供电方式灵活。

目前,在我国电力系统中:

①110kV以上高压系统中,为降低设备绝缘要求,多采用中性点直接接地运行方式。

②6~35kV中压系统中,为提高供电可靠性,首选中性点不接地运行方式,当接地电流不满足要求时,可采用中性点经消弧线圈或电阻接地的运行方式。

③低于10kV的低压配电系统中,考虑到单相负荷的使用,通常均为中性点直接接地运行方式。

1.2.5　低压供配电系统的接地方式

接地系统关系到供配电系统的安全性、可靠性。按照IEC 60364规定,低压配电系统的接地分为三类五种方式:TN(TN-C、TN-S、TN-C-S)、TT、IT。

第一个字母表示电源中性点的对地关系:T——直接接地;I——不接地或一点经电阻接地。

第二个字母表示电气装置保护线的对地关系:T——对地直接电气连接,与电力系统的任何接地点无关;N——与电力系统的接地点直接电气连接。

第三个字母表示电源中性线与保护线的组合关系:C——中性线N与保护线PE合二为一(PEN线);S——中性线N与保护线PE分开;C-S——在电源侧为PEN线,从某一点分开为中性线N和保护线PE。

(1)TN系统

在TN系统中,电源中性点直接接地,所有电气设备的外壳接到保护线PE上,与配电系统的中性点相连。当电气设备的金属外壳发生接地时,回路处于短路状态,使过流装置动作并切除故障。按照中性线和保护线的组成情况,TN 分为 TN-C、TN-S 和 TN-C-S。

①TN-C 系统。TN-C 系统为三相四线制低压配电系统,如图 1-6 所示,N 线和 PE 线合用一根导线——保护中性线(PEN 线),所有设备外露导电部分均与 PEN 线相连。发生接地短路故障时,故障电流大,可采用过流保护电器瞬时切断电源,以保证人员生命和财产安全。

优点:方案易于实现,节省了一根导线,且保护电器可节省一极,降低设备的初期投资费用。

缺点:线路中有单相负荷或三相负荷不平衡,以及电网中有谐波电流时,PEN 中有不平衡电流,电气设备的外壳和线路金属套管间有压降,对敏感性电子设备不利,不适宜有爆炸危险的环境;PEN 线断线或相线对地短路时,会呈现相当高的对地故障电压,会造成人身触电危险,且会造成有的相电压升高而烧毁单相用电设备,可能扩大事故范围;不能使用剩余电流保护装置 RCD。因此绝缘故障时,不能有效地对人身和设备进行保护。

TN-C 系统在低压配电系统中应用普遍,适用于三相负载基本上平衡的情况,对安全及电磁干扰要求不高的场所。

②TN-S 系统。TN-S 系统为三相五线制低压配电系统,如图 1-7 所示,N 线和 PE 线分开,所有设备的外露可导电部分均与公共 PE 线相连。在一相接壳或接地故障时过电流保护装置动作,将切除故障线路。如果回路阻抗太高或者电源短路容量较小,需采用剩余电流保护装置 RCD 对人身安全和设备进行保护,防止火灾危险。

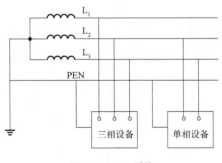
图 1-6 TN-C 系统

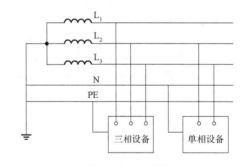
图 1-7 TN-S 系统

优点:正常时 PE 线不通过负荷电流,所有设备之间不会产生电磁干扰;PE 线断线时,正常情况不会使 PE 的设备外露可导电部分带电;适用于数据处理和精密电子仪器设备,也可用于爆炸危险场合;民用建筑中,家用电器大都有单独接地触点的插头,采用 TN-S 系统,既方便,又安全。

缺点:由于增加了中性线,初期投资较高;TN-S 系统相对地短路时,对地故障电压较高。

该系统适用于对安全或抗电磁干扰要求高的场所,常用于变压器设在用电建筑物中的民用建筑供电。

③TN-C-S 系统。TN-C-S 系统为三相五线制低压配电系统,如图 1-8 所示,是 TN-C 系统与 TN-S 系统的组合,在系统某一点,PEN 分为保护线和中性线,设备外露可导电部分接 PEN

或 PE 线,PEN 分开后,二者不能再相连。

优点:运行方式灵活,兼有 TN-C 与 TN-S 系统的优越性。

广泛应用于分散的民用建筑中,特别适合一台变压器供几幢建筑物用电的系统,或用于配电系统末端环境条件较差,且要求无电磁干扰的数据处理或具有精密检测装置等设备的场所。

缺点:由于 PEN 重复接地所致,TN-S 前杂散电流大,线路能量损耗大。

(2) TT 系统

TT 系统为三相四线制低压配电系统,如图1-9所示,系统中性点直接接地,没有公共的 PE 线,设备金属导电外壳经各自的 PE 线分别接地。省去了公共 PE 线,但单独装设 PE 线,又增加了麻烦。当发生一相接地故障时,形成单相短路,但短路电流不大,影响保护装置动作。

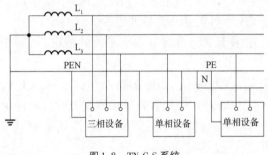

图1-8 TN-C-S 系统

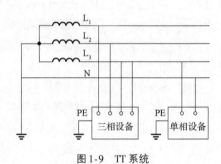

图1-9 TT 系统

优点:各设备的 PE 线之间无电磁联系,互相之间无电磁干扰;电气设备的外壳与电源的接地无电气联系;故障时对地故障电压不会蔓延;接地短路时,由于受电流接地电阻和电气设备接地电阻的限制,短路电流较小,可减小危险。

缺点:短路电流小,发生短路时,短路电流保护装置不会动作,易造成电击事故;短路保护装置的过电流保护不能提供绝缘故障保护,需采用剩余电流保护器 RCD 进行人身和设备安全保护。

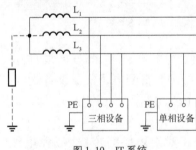

图1-10 IT 系统

适用于抗电磁干扰要求高的场所及分散的用电系统,适用于对电位敏感的数据处理设备和精密的电子设备。

(3) IT 系统

IT 系统为三相三线制低压配电系统,如图1-10所示,电源中性点不接地或是经一定的阻抗(约 1kΩ)接地,且系统通常不引出 N 线,用电设备的金属导电外壳经各自的 PE 线分别接地。

优点:设备经各自 PE 线直接接地,互相之间无电磁干扰;发生一相接地故障时,故障电流小,可不切断电源,三相用电设备仍能继续工作,供电连续性较高,适用于大型电厂的厂用电和重要生产线用电;可采用剩余电流保护器 RCD 进行人身和设备安全保护。

缺点:没有 N 线,不适于接相电压的单相设备;如果消除第一次故障前,又发生第二次故障,如不同相的接地短路,故障电流很大,非常危险,应装设单相接地保护装置,发生一相接地故障时报警,以及时消除和减少出现双重故障的可能性。

适用于对连续供电要求高,设有数据处理、精密检测装置的场所及有易燃易爆的危险场所。

1.3 交通供配电系统的基本要求

1.3.1 交通供配电系统的总体要求

交通供配电系统是交通附属配套工程,其技术水平标志着交通设施现代化的程度,在设计和建设中应坚持"先进性与实用性相结合、安全性与可靠性相结合、标准化与统一化相结合、开放性与扩充性相结合"的原则,处理好局部与全局、当前与长远的关系,综合考虑技术、经济、文化、安全、环保、节能、维护等因素,最大限度地发挥系统的综合功能。交通供配电系统必须满足以下总体要求。

(1)可靠性

交通用电设备大多需要全天候运行,具有量大、面广、用途多、要求高等特点,要承受风吹、日晒、雨淋、严寒、高温、潮湿、烟尘、腐蚀等恶劣运行环境,还要能抵抗雷电和各种电磁干扰。因此,对交通供配电系统,不仅要求能保证照明、收费、监控、通信、消防等重要设施的连续供电,还要保证各用电设备能长期正常运行。

(2)安全性

在电能的供应、分配、输送和使用过程中,不应发生人员伤亡、设备损坏和其他事故,不能影响交通管理与运行。

(3)稳定性

保证供电的稳定性,满足交通监控、通信等机电设备对电压、频率、波形等方面质量的较高要求。

(4)经济性

在满足交通设施用电要求的前提下,尽可能降低建设成本,降低线路电能损耗,降低输电线路有色金属消耗量,降低运行和维护费用,并在运营中节约电能。

1.3.2 交通机电设备的负荷等级

接在电网上的一切用电设备所需功率称为电力负荷,分为有功功率和无功功率。根据电力负荷(或用电设备)对供电可靠性的要求及中断供电在政治、经济上所造成的损失或影响的程度,将交通机电负荷分为三级。

(1)一级负荷

一级负荷是指突然停电将造成人身伤亡、重大社会影响、重大经济损失或秩序严重混乱的用电负荷。

一级负荷要求由两个独立电源供电,当一个电源发生故障时,另一个电源不致同时受到损坏。一级负荷中特别重要的负荷,除上述两个独立电源外,还必须增设备用电源。常用的备用电源可使用独立于正常电源的发电机组、干电池、蓄电池或供电网络中能有效地独立于正常电源的专用馈电线路。

(2)二级负荷

二级负荷是指突然停电将造成较大社会、经济影响及公共场所秩序混乱的用电负荷。

二级负荷应由两个回路供电,两个回路应尽可能引自不同的变压器或母线段,供电变压器也应有两台。当发生电力变压器故障或电力线路故障时,不致中断供电或中断后能迅速恢复正常供电。在负荷较小或地区供电条件困难时,可由单回路6kV及以上的专用架空线供电。为了解决线路和变配电设备的检修以及突然停电后设备安全供电问题,可采用小容量柴油发电设备。

(3)三级负荷

不属于一级负荷和二级负荷者称为三级供电。

三级负荷对供电无特殊要求,允许较长时间停电,可采用单回路供电。

为保证交通机电设备一、二级负荷的供电,按规范要求应采用两路独立电源供电,两个电源一般由当地电力系统的两个区域变电站分别引来。但在高速公路中,一般沿线较难取得两路独立的电源,并且还需投入大量资金架设双电源线路。因此,目前高速公路变电站的典型配置为以一路外接10kV电源作主电源,并在低压侧配备自启动柴油发电机组。分散的小容量一级负荷(如监控中心、消防中心、应急照明等),也可采用设备自带的蓄电池或集中供电的应急电源EPS作自备应急电源。

1.3.3 交通供电质量的主要指标

交通供配电系统,由内部变配电所、供电线路和用电设备等组成,其中变配电所是电力系统的一个终端降压变配电所。决定用电设备供电质量的主要指标是电压、频率和可靠性。

(1)电压

理想的供电电压应该是幅值恒为额定值的三相对称正弦电压。由于供电系统存在阻抗、用电负荷的变化,而且受一些用电负荷的性质(如冲击性负荷、非线性负荷)的影响,实际供电电压无论是在幅值、波形还是三相对称性上都可能与理想电压之间存在着偏差。

①电压偏差。电压偏差是电压偏离额定电压的幅度,以百分数表示为:

$$\Delta U\% = \frac{U - U_N}{U_N} \times 100\% \tag{1-1}$$

式中:$\Delta U\%$——设备电压偏差百分比;

U——设备端的实测电压,V;

U_N——设备的额定电压,V。

产生电压偏差的主要因素是系统滞后的无功负荷所引起的系统电压损失。《电能质量 供电电压偏差》(GB/T 12325—2008)和《供配电系统设计规范》(GB 50052—2009)规定的供电线路及用电设备电压允许偏差值见表1-2。

供电线路及用电设备电压允许偏差值 表1-2

类　别		允　许　电　压　偏　差
供电线路	35kV 及以上	电压正、负偏差绝对值之和为 10%
	20kV 及以下	±7%
	220V 单相供电	+7%, -10%
用电设备	照明	一般场所为 ±5%；远离变电所的小面积一般工作场所，难以满足上述要求时，可为 +5%、-10%；应急照明、道路照明和警卫照明等为 +5%、-10%
	电动机及其他用电设备	±5%

②电压波动和闪变。电网电压均方根值的连续快速变化称为电压波动。由电压波动引起的灯光闪烁对人眼产生的刺激效应称为电压闪变。大容量冲击性负荷投入运行时，剧烈增高的负荷电流引起线路电压下降，从而导致电网发生电压波动。电压波动不仅引起灯光闪烁，还会使电动机转速脉动、电子仪器工作失常等。《电能质量 电压波动和闪变》（GB 12326—2008）规定：在 35kV 以下中低压电网中，波动负荷在电力系统公共点产生的电压波动限值分别为 4%（电压变动频度 $r \leqslant 1$ 次/h）、3%（$1 < r \leqslant 10$ 次/h）、2%（$10 < r \leqslant 100$ 次/h）和 1.25%（$100 < r \leqslant 1\,000$ 次/h）。

③高次谐波。电网电压波形发生非正弦畸变时，电压出现高次谐波。高次谐波产生的原因，除电力系统自身背景谐波外，主要由电网中非线性用电设备（大功率变流设备、荧光灯和高压钠灯等气体放电灯）所引起。高次谐波将导致供电系统能耗增大，电气设备尤其是静电电容器过流及绝缘老化加快，干扰自动化装置和通信设施正常工作。《电能质量 供电电压偏差》（GB/T 12325—2008）规定：额定电压 0.38kV 的公用电网电压（相电压）总谐波畸变率允许值为 5%，额定电压 6kV 和 10kV 总谐波畸变率为 4%。

④三相不对称。三相电压不对称是指三个相电压在幅值和相位关系上存在偏差，主要由三相电压不对称主要由系统运行参数不对称、三相用电负荷不对称等因素引起。供电系统的不对称运行对用电设备及供配电系统都有危害，低压系统的不对称运行还会导致中性点偏移，从而危及人身和设备的安全。《电能质量 三相电压允许不平衡度》（GB/T 15543—2008）规定：电网正常运行时，电力系统公共连接点负序电压不平衡度不超过 2%，短时不得超过 4%。

(2) 频率

一个交流电力系统只能有一个频率。我国规定的电力系统标称频率（工频）为 50Hz。当电能供需不平衡时，系统频率便会偏离其标称值。频率偏差不仅影响用电设备的工作状态，而且影响电力系统的稳定运行。《电能质量 电力系统频率允许偏差》（GB/T 15945—2008）规定：电力系统正常频率偏差允许值为 ±0.2Hz，当系统容量较小时，偏差值可放宽到 ±0.5Hz。

(3) 可靠性

供电可靠性是指供电系统持续供电的能力，应根据负荷等级来保证供电系统的可靠性。供电可靠性可用供电可靠率、用户平均停电时间、用户平均停电次数、用户平均故障停电次数等指标衡量。

1.4 交通供配电系统设计概述

1.4.1 交通供配电系统的设计原则

(1) 遵守标准，执行政策

必须遵守国家及行业的有关标准和规范，执行国家的有关方针政策。按照《供配电系统设计规范》(GB 50052—2009)、《10kV 及以下变电所设计规范》(GB 50053—2009)、《低压配电设计规范》(GB 50054—2011)、《城市轨道交通直流牵引供电系统》(GB/T 10411—2005)、《城市轨道交通工程项目建设标准》(建标 104—2008)、《城市道路照明设计标准》(CJJ 45—2006)、《公路隧道通风照明设计规范》(JTJ 026.1—1999)、《公路隧道照明设计细则》(JTG/T D70/2-01——2014)、《公路隧道交通工程设计规范》(JTG/T D71—2004)、《高速公路交通工程及沿线设施设计通用规范》(JTG D80—2006)等的规定，做到"安全、可靠、优质、经济"的基本要求。

(2) 安全可靠，先进合理

应做到保障人身和设备的安全，供电可靠，电能质量合格，技术先进，经济合理，采用效率高、能耗低和性能先进的电气产品。

(3) 近期为主，考虑发展

应根据交通设施工作特点、规模和发展规划正确处理近期建设与远期发展的关系，做到远近结合，适当预留发展余地。

(4) 全局出发，统筹兼顾

按负荷性质、用电容量、工程特点和地区供电条件等合理确定设计方案。

1.4.2 交通供配电系统的设计内容

(1) 变配电所设计

根据交通机电系统的特点确定合理的供电方式及变配电系统。主要内容有电源、电压的选择，变配电所负荷计算，变电所位置及主变压器台数和容量、形式的确定，总功率因数计算与无功功率补偿设计，短路计算及开关设备的选择，变配电所一次接线方案的选择，进出线的选择，变配电所二次接线方案的确定，继电保护装置、控制和信号装置的选择与整定，电气安全措施的确定，备用电源及其切换方式的确定，拟订变配电所平面布置方案等。

(2) 配电线路设计

根据交通机电设施的用电需求，设计供电区域和用电设备的低压配电线路。主要内容有确定配电线路路径及接线方式，通过负荷计算确定导线型号、规格及其敷设方式，确定配电设备、保护设备、控制设备及其安装位置。

(3) 电气照明设计

电气照明设计包括道路、隧道、收费站、桥梁、站台、停车场、互通立交、景观设施及监控室、办公场所等的照明设计。主要内容有照明方式的确定,光源、灯具及其附属装置的选择,照明计算,照明灯具的布置方案,照明负荷计算及导线的选择,照明节能控制设计等。

(4)防雷接地设计

参考本地区气象地质材料,对交通供配电系统进行防雷接地设计。主要内容有变配电所防雷接地系统设计与避雷器选型,交通机电设施防雷接地系统设计与避雷器选型等。

1.4.3 交通供配电系统的设计程序

(1)方案设计

方案设计主要是根据设计任务书的要求进行负荷的统计计算,确定设计容量,选择交通供配电系统的原则性方案及主要设备,主要设计资料是设计说明书及必要的简图。其深度应满足设计方案优选和设计投标的要求。

(2)初步设计

初步设计是对方案设计的具体化设计,设计资料包括设计说明书(设计总说明书和专业设计说明书)、设计图纸、主要设备及材料表和工程概算书等。

(3)施工设计

施工设计是在初步设计基础上,为满足安装施工要求而进行的技术设计。施工设计须对初步设计的原则性方案进行全面的技术经济分析和必要的计算和修订,使设计方案更加完善和精确。施工图包括安装施工所必需的全套图纸资料,包括供配电系统图和平面布置图,列出主要设备、材料清单,编制工程概预算。

习题与思考题

1-1 交通供配电系统的作用是什么?

1-2 交通供配电系统的主要内容是什么?

1-3 说明电力系统的组成及各部分的作用。

1-4 电力系统中性点运行方式有哪几类、哪几种?各自优缺点是什么?

1-5 低压供配电系统的接地方式有哪几种?各自优缺点是什么?

1-6 试确定图 1-11 供电系统中发电机和变压器一、二次绕组的额定电压。

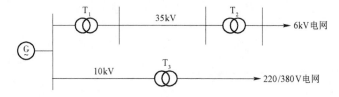

图 1-11 习题 1-6 图

1-7 交通供配电系统的总体要求是什么?

1-8 对一级负荷供电的要求是什么？
1-9 交通供配电系统供电质量的主要指标是什么？
1-10 什么叫电压波动？电压波动对交流电动机和照明光源各有哪些影响？
1-11 交通供配电系统的设计原则是什么？
1-12 交通供配电系统的主要设计内容是什么？
1-13 交通供配电系统的设计程序是什么？

2 交通供配电基础

不同交通系统的供配电系统应用特点有所不同,但供配电系统的基本要素和设计内容是相同的,主要包括电力负荷及其计算、供电电压的选择与调整、供电电源(包括备用电源)的选择、配电系统(包括变电所和配电网)的设计,以及供电系统的电能节约与电能质量控制等。

2.1 电力负荷与负荷计算

2.1.1 电力负荷

在不同的场合,电力负荷可以有不同的含义,它可以指用电设备或用电单位,也可以指用电设备或用电单位的功率或电流的大小。

变电所实际运行的负荷不等于用电设备的额定容量之和,因为所有用电设备并非同时工作,同时工作的电气设备也并非满负荷运行,并非所有设备的功率因素都相同,还应考虑用电设备的效率与配电设备的功率损耗。因此,在供电系统设计中,必须先确定用电设备的计算负荷 P_c。

计算负荷是按照发热条件选择电气设备的一个假定负荷,即计算负荷产生的热效应和实际变动负荷产生的最大热效应相等。根据计算负荷来选择导线和设备,在实际运行中它们的最高温升(电气设备高出环境的温度)就不会超过容许值。电力线路导体通过电流达到稳定温升的时间为 $3\sim4\tau$(τ 为发热时间常数),一般中小截面($35\mathrm{mm}^2$ 以下)导体的 τ 都在 10min 以上。因此,工程上常取 30min 平均最大负荷 P_{30} 作为计算负荷。

电气设备安装容量 P_N 是计算范围内安装的所有用电设备的额定容量或额定功率 P_E(设备铭牌标称功率)之和,但应剔除不同时使用的负荷,这是配电系统设计和计算的基础资料。但是,用电设备往往因工作性质不同而具有不同的运行工作制,从供电安全和经济性两方面来考虑,应先对单台或成组用电设备进行折算处理后再相加。

(1)连续工作制

此类用电设备的连续运行时间较长,其温升可以达到稳定值。大多数交通机电设备都属于此类工作制,如照明、风机、压缩机等。其设备安装容量等于额定容量。

(2)短时工作制

此类设备的工作时间较短,而停歇时间相对较长,工作时间内温升达不到稳定值,停歇时间足以使设备降到环境温度,如桥梁检修和除湿设备属于此类工作制。其设备安装容量等于额定容量。

(3)断续周期工作制

此类设备周期性地工作,通电与断电循环交替,每个工作周期一般不超过10min,工作时温升达不到稳定值,停歇时温升也降不到零,如桥梁主塔电梯属于此类工作制。其设备安装容量应将额定功率换算到统一负载持续率的有功功率。

负载持续率FC表示设备满载工作时间的比率,其计算式为:

$$\mathrm{FC} = \frac{t_g}{t_g + t_x} \times 100\% \tag{2-1}$$

式中: t_g ——工作时间,min;

t_x ——间歇时间,min;

$t_g + t_x$ ——工作周期,min。

同一设备在不同FC下工作时,其输出功率不同。在参与成组设备负荷计算时,从发热的角度来看,需将额定功率(容量)换算成FC=100%时的额定持续功率(容量)。

对电动机,有:

$$P_N = P_E \sqrt{\mathrm{FC}} \tag{2-2}$$

对变压器,有:

$$S_N = S_E \sqrt{\mathrm{FC}} \tag{2-3}$$

式中:FC——铭牌负荷持续率;

P_E、S_E——设备额定功率或容量,kW或kVA;

P_N、S_N——换算后设备安装容量,kW或kVA。

此外,在确定交通机电设备安装容量时,还应注意以下几点:

①照明设备的设备容量,采用光源的额定功率加附属设备的额定功率。

②消防设备与火灾时切除的设备,取其大者计入总设备容量。

③不同时使用的季节性负荷,如空调制冷设备与采暖设备取其大者计入总设备容量。

④成组用电设备的设备容量,不包括备用的设备容量。

2.1.2 负荷估算

要进行准确的负荷计算,需要已知电力用户中所有用电设备的功率、工作性质、地理位置及设备组的组成情况,但在交通供配电前期规划、可行性研究或初步设计阶段,难以获得负荷计算所需的基本数据,此时,多采用负荷密度法初步估计计算负荷。

对于具有相同功能、用途和档次的建筑,尽管建筑的规模不同,但单位建筑面积的用电负荷具有统计规律上的相似性。负荷密度法是根据不同类型的建筑物每单位面积的负荷来确定计算负荷的一种计算方法,即有功计算负荷为:

$$P_c = \rho A \tag{2-4}$$

式中：ρ——负荷密度，即每单位面积所需的负荷量，kW/m^2；
　　　A——建筑面积，m^2。

负荷密度法常用于供配电系统的初步设计阶段，其特点是简便快速，但结果通常较为粗略。如表 2-1 所示为当前经济发展情况下各类建筑物的负荷密度推荐值。

各类建筑物的负荷密度推荐值　　　　　　　　　　　　　表 2-1

建筑类别		负荷密度 ρ(kW/m^2)			备注
		低档	中档	高档	
公共设施	行政办公	50	65	80	办公楼、一般写字楼
	商业金融服务	70	100	130	金融、商业、旅馆
	文化娱乐	50	70	100	
	体育	30	50	80	—
	医疗卫生	50	65	80	
	科教	45	65	80	
	文物古迹	20	30	40	
	其他	10	20	30	
工业企业	一类企业	30	40	50	高科技企业
	二类企业	40	50	60	一般工业企业
	三类企业	50	60	70	中型与重型工业企业
仓储	普通仓储	5	8	10	
	危险品仓储	5	8	12	—
	堆场	1.5	2	2.5	
道路广场	道路	0.01	0.015	0.02	
	广场	0.05	0.10	0.015	
	停车场	0.03	0.05	0.08	

2.1.3　负荷计算

负荷计算是根据用电设备及其安装容量确定计算负荷，常用方法有需要系数法和二项式系数法。

(1) 需要系数法

需要系数法是用设备组的安装容量 P_N 乘以需要系数 K_d，直接求出计算负荷 P_c：

$$P_c = K_d P_N \tag{2-5}$$

需要系数法适用于用电设备台数较多、设备容量差别不大的场合，当用电设备组的设备台数较少时，其计算结果往往偏小。因此，对于设备台数为 3 台及以下的用电设备组，其计算负荷应取各设备容量之和；4 台设备的计算负荷宜取设备容量之和乘以 0.9 的需要系数。

①单台用电设备的计算负荷。考虑到设备可能在额定工况下运行，单台用电设备的计算负荷就取设备的安装容量：

$$\left.\begin{aligned}P_{c} &= P_{N} \\ Q_{c} &= P_{c}\tan\varphi \\ S_{c} &= \sqrt{P_{c}^{2}+Q_{c}^{2}} \\ I_{c} &= \frac{S_{c}}{\sqrt{3}U_{N}}\end{aligned}\right\} \qquad (2\text{-}6)$$

式中：P_N——用电设备的安装容量，kW；
　　　$\tan\varphi$——用电设备铭牌给出的功率因数正切值；
　　　U_N——设备的额定电压，kV；
　　　P_c——有功计算负荷，kW；
　　　Q_c——无功计算负荷，kW；
　　　S_c——视在计算负荷，kVA；
　　　I_c——计算电流，A。

对于某些设备，由于受其运行效率或辅助设备的功率的影响，设备铭牌功率并不一定等于设备的额定功率。如考虑到电动机的运行效率，单台电动机的计算负荷为：

$$P_{cM} = \frac{P_{NM}}{\eta_{M}} \qquad (2\text{-}7)$$

式中：η_M——电动机在额定功率下的效率。

②用电设备组的计算负荷。当计算配电干线上的计算负荷时，首先将用电设备分组，求出各组用电设备的总安装容量 P_{Ni}，然后根据用电设备组类别对应的需要系数 K_{di}、功率因数 $\cos\varphi_i$ 和功率因数正切值 $\tan\varphi_i$（表2-2），得到其计算负荷：

$$\left.\begin{aligned}P_{cj} &= \Sigma P_{ci} = \Sigma (K_{di}P_{Ni}) \\ Q_{cj} &= \Sigma Q_{ci} = \Sigma (P_{ci}\tan\varphi_{i}) \\ S_{cj} &= \sqrt{P_{cj}^{2}+Q_{cj}^{2}}\end{aligned}\right\} \qquad (2\text{-}8)$$

需要系数是一个综合系数，它标志着用电设备组投入运行时，从供电网络实际取用的功率与用电设备组设备总功率之比，与用电设备组的同时系数、负荷系数、设备平均效率及供电线路的效率等因素有关。

$$K_{d} = \frac{K_{\Sigma}K_{L}}{\eta_{e}\eta_{WL}} \qquad (2\text{-}9)$$

式中：K_Σ——同时系数，用电设备组的设备并非同时都运行，设备组最大负荷时同时工作的用电设备的额定容量之和与该组用电设备总容量之比；
　　　K_L——负荷系数，工作着的用电设备一般并非在满负荷下运行，设备组最大负荷时工作用电设备实际所需功率与工作用电设备总功率之比；
　　　η_e——设备组平均效率，设备组最大负荷时输出功率与有用功率之比；
　　　η_{WL}——线路供电效率，配电线路末端功率与首端功率之比，一般为 0.95~0.98。

在实际工程中应根据具体情况从表2-2中选取一个恰当的值进行负荷计算。一般而言，当用电设备组内的设备数量较多时，需要系数应取较小值；反之，则应取较大值。设备使用率较高时，需要系数应取较大值；反之，则应取较小值。

用电设备组的需要系数、二项式系数及功率因数　　　　表 2-2

用电设备组名称	需要系数 K_d	二项式系数		$\cos\varphi$	$\tan\varphi$
		b	c		
小批金属冷加工机床电动机	0.16~0.2	0.14	0.4	0.5	1.73
小批金属热加工机床电动机	0.25~0.3	0.21	0.4	0.6	1.33
通风机、水泵、空压机电动机	0.7~0.8	0.65	0.25	0.8	0.75
厂房、办公室、实验室照明	0.8~0.9	—	—	0.48	0.9
变配电所、仓库照明	0.5~0.7	—	—	0.48	0.9
宿舍、生活区照明	0.6~0.8	—	—	0.48	0.9
室外照明、事故照明	1	—	—	0.48	0.9

注：1. 如果用电设备组的设备总台数 $n < 2x$ 时，取 $x = n/2$，且按"四舍五入"取整。
2. $\tan\varphi$ 和 $\cos\varphi$ 均为荧光灯照明的数值，若为高压汞灯或钠灯照明，则 $\cos\varphi = 0.5$，$\tan\varphi = 1.73$。

③ 多组用电设备的计算负荷。变电所变压器总负荷计算是以用电设备组或配电干线的计算负荷为基础，从负荷端逐级向电源端计算，而且需要在各级配电点乘以同时系数 K_Σ，即：

$$\left.\begin{array}{l} P_{c\Sigma} = K_\Sigma \sum P_{cj} \\ Q_{c\Sigma} = K_\Sigma \sum Q_{cj} \\ S_{c\Sigma} = \sqrt{P_{c\Sigma}^2 + Q_{c\Sigma}^2} \end{array}\right\} \tag{2-10}$$

求出变压器低压侧总计算负荷后，变压器高压侧的计算负荷等于低压侧计算负荷与变压器功率损耗之和。在初步设计时，变压器的功率损耗近似估算式为：

$$\left.\begin{array}{l} \Delta P_T \approx (0.01 \sim 0.02) S_c \\ \Delta Q_T \approx (0.05 \sim 0.08) S_c \end{array}\right\} \tag{2-11}$$

如表 2-3 所示为同时系数参考值，一般为 0.85~0.95，但各级同时系数连乘积不宜小于 0.8。

组间最大负荷同时系数　　　　表 2-3

应用范围（变电所最大负荷）	K_Σ
计算负荷小于 5 000kW	0.9~1.0
计算负荷 5 000~10 000kW	0.85
计算负荷大于 10 000kW	0.8

④ 单相用电设备的计算负荷。交通机电设备多为单相用电设备，应尽可能均衡分配在三相线路上。当单相用电设备总容量小于三相用电设备总容量的 15% 时，不论单相设备如何分配，均可直接按三相平衡负荷计算。若单相用电设备的总容量大于三相用电设备总容量的 15% 时，则需将其换算成三相等效负荷后，再进行负荷计算。

单相设备接于相电压时，将三相线路中单相用电设备容量最大的一相乘以 3 作为三相等效设备容量。单相设备接于线电压时，单台时取线间负荷的 $\sqrt{3}$ 倍；多台时取最大线间负荷的 $\sqrt{3}$ 倍加上次大线间负荷的 $(3 - \sqrt{3})$ 倍。

既有线间负荷又有相负荷时，应先将线间负荷换算为相负荷，然后各相负荷分别相加，

选取最大相负荷乘以 3 作为等效三相负荷。接于线电压的单相设备换算为接于相电压的设备容量时,换算式为:

$$\left.\begin{array}{l}P_{\mathrm{A}}=p_{\mathrm{AB-A}}P_{\mathrm{AB}}+p_{\mathrm{CA-A}}P_{\mathrm{CA}}\\Q_{\mathrm{A}}=q_{\mathrm{AB-A}}P_{\mathrm{AB}}+q_{\mathrm{CA-A}}P_{\mathrm{CA}}\\P_{\mathrm{B}}=p_{\mathrm{BC-B}}P_{\mathrm{BC}}+p_{\mathrm{AB-B}}P_{\mathrm{AB}}\\Q_{\mathrm{B}}=q_{\mathrm{BC-B}}P_{\mathrm{BC}}+q_{\mathrm{AB-B}}P_{\mathrm{AB}}\\P_{\mathrm{C}}=p_{\mathrm{CA-C}}P_{\mathrm{CA}}+p_{\mathrm{BC-C}}P_{\mathrm{BC}}\\Q_{\mathrm{C}}=q_{\mathrm{CA-C}}P_{\mathrm{CA}}+q_{\mathrm{BC-C}}P_{\mathrm{BC}}\end{array}\right\} \quad (2-12)$$

式中:P_{AB}、P_{BC}、P_{CA}——接于 AB、BC、CA 相间的有功负荷,kW;
　　　P_{A}、P_{B}、P_{C}——换算为 A、B、C 相的有功负荷,kW;
　　　Q_{A}、Q_{B}、Q_{C}——换算为 A、B、C 相的无功负荷,kW;
　　　$p_{\mathrm{AB-A}}$、$q_{\mathrm{AB-A}}\cdots$——换算系数,见表 2-4。

相间负荷换算相负荷的功率换算系数　　　表 2-4

功率换算系数	负 荷 功 率 因 数								
	0.35	0.4	0.5	0.6	0.65	0.7	0.8	0.9	1.0
$p_{\mathrm{AB-A}}$、$p_{\mathrm{BC-B}}$、$p_{\mathrm{CA-C}}$	1.27	1.17	1.0	0.89	0.84	0.8	0.72	0.64	0.5
$p_{\mathrm{AB-B}}$、$p_{\mathrm{BC-C}}$、$p_{\mathrm{CA-A}}$	-0.27	-0.17	0	0.11	0.16	0.2	0.28	0.36	0.5
$q_{\mathrm{AB-A}}$、$q_{\mathrm{BC-B}}$、$q_{\mathrm{CA-C}}$	1.05	0.86	0.58	0.38	0.3	0.22	0.09	-0.05	-0.29
$q_{\mathrm{AB-B}}$、$q_{\mathrm{BC-C}}$、$q_{\mathrm{CA-A}}$	1.63	1.44	1.16	0.96	0.88	0.8	0.67	0.53	0.29

总的等效三相计算负荷为:

$$\left.\begin{array}{l}P_{\mathrm{c}}=3P_{\mathrm{m}\varphi}\\Q_{\mathrm{c}}=3P_{\mathrm{m}\varphi}\\S_{\mathrm{c}}=\sqrt{P_{\mathrm{c}}^{2}+Q_{\mathrm{c}}^{2}}\end{array}\right\} \quad (2-13)$$

(2)二项式系数法

该方法适用于用电设备台数较少、容量差别较大的低压配电干支线和配电柜的负荷计算。计算用电设备台数较少、容量差别相当大的低压支线和干线时,二项式系数法较适合。

其基本计算式为:

$$\left.\begin{array}{l}P_{\mathrm{c}}=bP_{\mathrm{N}}+cP_{x}\\Q_{\mathrm{c}}=P_{\mathrm{c}}\tan\varphi\\S_{\mathrm{c}}=\sqrt{P_{\mathrm{c}}^{2}+Q_{\mathrm{c}}^{2}}\\I_{\mathrm{c}}=\dfrac{S_{\mathrm{c}}}{\sqrt{3}U_{\mathrm{N}}}\end{array}\right\} \quad (2-14)$$

式中:P_{c}——用电设备组的总计算负荷,kW;
　　　P_{N}——该组用电设备的总功率,当用电设备工作制不同时,应按换算后的设备安装容量计算,kW;
　　　P_{x}——该组用电设备中 x 台容量最大设备的总容量,kW;

b、c——二项式系数,b 为平均负荷系数,c 为最大负荷系数,可查表2-2。

多组用电设备计算负荷的确定：

当进行多组用电设备计算负荷时,考虑一组有功附加负荷为最大,做总计算负荷的附加负荷,再加上所有各组的平均负荷,即：

$$\left. \begin{array}{l} P_c = \Sigma(bP_N)_i + (cP_x)_{max} \\ Q_c = \Sigma(bP_N \tan\varphi)_i + (cP_x)_{max} \tan\varphi_{max} \end{array} \right\} \quad (2-15)$$

2.2 用户变电所

2.2.1 变电所的作用与组成

变电所的主要作用是降低电压并向用电设备或用电设备组配电,其结构组成如图2-1所示。用户变电所按电压等级分为总降压变电所和10(6)kV变电所。总降压变电所将进线 35~110kV 降为 6~10kV,配电给 10(6)kV 变压器或高压用电设备,然后由 10(6)kV 变电所再次降压为 380V/220V 供给低压用电设备。如果进线电压为 10(6)kV,则可在用户区内设置 10(6)kV 总配电所。由 35kV 直接供电的 35/0.4kV 变电所称为直接降压变电所。交通供配电系统一般采用 10kV/0.4kV/0.23kV 变电所。

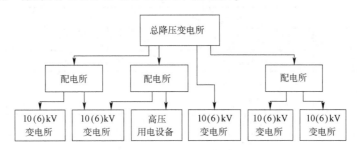

图2-1 用户供电系统结构框图

高低压开关、供配电线路和测量保护设备等是变电所中的主要电气设备,实现着电能的控制与分配和供电系统的监视与保护。

安全、可靠、稳定、经济是对用户供电系统的基本要求,也是对用户变电所的要求。变电所的设计要满足用电负荷对供电可靠性和电能质量的要求,要保证操作人员安全和供用电设备安全,还要考虑用户用电负荷进一步发展的需要,又要努力降低建设投资和年运行费用。

2.2.2 变电所的类型

变电所主要有以下几种类型：

①独立变电所。具有独立完整的变电所建筑。

②附设变电所。附设在建筑物墙壁内外。

③箱式变电所。也称为组合式变电所,产生于20世纪60~70年代欧美国家,容量为50~1 600kVA,由6~10kV高压变电室、10kV/0.4kV变压器室和220V/380V低压室组成,分为户内式和户外式,具有组合灵活、体积小、安装灵活、无须建筑等特点,在高速公路中应用较多。

④地下变电所。设于地下,通风不良,投资较大。

2.2.3 供电电压的选择

供电电压的高低对供电系统方案、有色金属耗量、电能质量及用电经济性等均有重大影响。一般而言,供电电压越高,用户供电系统的电压质量越好,线路能耗也越小,但供电系统的建设投资越大。由于线路存在阻抗,当输送一定负荷时,线路首末端将存在电压之差,造成线路电压损失,它是影响用户供电系统电压质量的主要因素,用电负荷越大,供电距离越长,则线路电压损失越大。供电电压的选择主要取决于负荷大小、供电距离和用电设备特性,但往往受到用户所在地区供电条件的限制。

由于受导线截面积的限制和线路电压损失的要求,每一标称电压下线路的输电能力是有限的。不同电压下线路的输送容量和输送距离参考值见表2-5。

在交通供配电系统中,高压配电电压一般多用10kV,也可同时采用6kV和10kV两种电压。

不同电压下线路的输送容量和输送距离　　　　　　　　表2-5

额定电压(kV)	传输方式	输送功率(kW)	输送距离(km)
0.22	架空线	<50	0.15
0.22	电缆	<100	0.2
0.38	架空线	100	0.25
0.38	电缆	175	0.35
6	架空线	1 200	15~4
6	电缆	3 000	<3
10	架空线	2 000	6~20
10	电缆	5 000	<6
35	架空线	2 000~8 000	20~50
35	电缆	15 000	20
110	架空线	10 000~50 000	50~150

注:此表计算依据为架空线及10(6)kV电缆线芯截面积最大为240mm^2,35kV电缆线芯截面积最大为400mm^2。

2.2.4 变压器的选择

(1)变压器台数的确定

变压器的台数应根据供电条件、负荷性质、用电容量和运行方式等综合确定。通常,一个10(6)kV变电所一般设置1~2台变压器,单台变压器容量一般不大于1 600kVA。

当一、二级负荷较大时,为满足供电可靠性,宜选用两台变压器,通常选用两台等容量变压器,单台变压器容量视其备用方式而定:

①明备用。一台工作,另一台停止运行作备用,两台变压器均按最大负荷考虑。

②暗备用。两台同时运行,每台承担约全部负荷的50%,每台容量宜按全部最大负荷的70%选择。

如一、二级负荷较小,并且可由低压侧取得足够容量备用联络电源,也可装设一台变压器。当负荷为三级时,宜采用一台变压器,但负荷较大或经济合理时,也可采用两台变压器。

(2)变压器容量的确定

在确定变压器容量时,除考虑正常负荷外,还应考虑变压器的过负荷能力和经济运行条件。对某些不均匀负荷场所,如供夜间照明、以空调为主的,可充分利用其过载能力,适当减小变压器容量。对于设置在户外,年平均温度不超过25℃,最高温度不超过40℃的自然循环油冷变压器,总过负荷不得超过30%,户内变压器总过负荷不得超过20%。通常,变压器的经济运行负荷率(实际负荷与额定容量之比)在70%左右。

单台变压器的额定容量S_{NT}与计算负荷S_c应满足:

$$S_{NT} \geq S_c \quad (2-16)$$

两台并列运行的变压器应满足:

$$\left. \begin{array}{l} S_{NT1} + S_{NT2} \geq S_c \\ S_{NT1} \geq S_{cI} + S_{cII} \\ S_{NT2} \geq S_{cI} + S_{cII} \end{array} \right\} \quad (2-17)$$

式中:S_{NT1}、S_{NT2}——并列运行的2台变压器的额定容量,kVA;

S_{cI}、S_{cII}——负荷S_c中一级和二级负荷的容量,kVA。

为适应未来发展和调整的需要,变压器容量应留有10%~25%的余量。

变压器互为暗备用时,正常情况下,变压器最大负荷率约为70%,符合经济运行条件,并留有一定余量;一台故障时,另一台可以承担全部最大负荷运行一段时间,投资省、能耗小,在实际中应用广泛。

2.3 变电所电气主接线

2.3.1 电气主接线及其要求

电气主接线又称一次接线或一次系统,变电所电气主接线是电能从电源分配给用电设备的主要电路,是由变压器、高低压配电装置及相互之间的连接导线组成的整体。配电装置指母线、开关设备、保护和测量电器等组成的受电和配电整体。

电气主接线图,应表示出所有的电气设备及其连接关系,如图2-2所示。由于三相交流电力装置中三相连接方法相同,为清晰起见,电气主接线图通常只表示电气装置的一相连接,因而电气主接线图也称为单线图。安全、可靠、灵活、经济是对变电所电气主接线的基本要求。

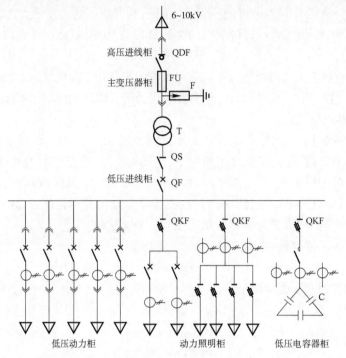

图 2-2　某变电所电气主接线图

2.3.2　母线制

母线即汇流排,是从配电变压器或电源进线到各条馈出线路之间的电气主干线,它起着从电源接收电能和给各馈出线分配电能的作用。母线材料常用扁铜或扁铝。母线制是指电源进线与各馈出线之间的连接方式。常用母线制主要有三种:单母线制、单母线分段制和双母线制。

(1)单母线制

单母线制如图 2-3 所示,用于只有一回路电源进线的情况,接线简单、价格低廉、使用设备少、便于扩建,但可靠性和灵活性都较低,母线或直接连接于母线上任一隔离开关发生故障或检修时,全部负荷都将中断供电,适用于三类负荷。

(2)单母线分段制

在两回路电源进线时,宜采用单母线分段制,如图 2-4 所示。母线分段开关可采用隔离开关,如图 2-4a)所示;当分段开关需要带负荷操作或继电保护和自动装置有要求时,应采用断路器,如图 2-4b)所示。

优点:可靠性和灵活性较高,负荷开关有继电保护功能,能自动分、合闸,切断故障段母线,可满足二类负荷和部分一类负荷的供电要求。此外,检修也可采用分段检修方式,不致引起全部负荷供电中断。

缺点:某分段上的母线或母线隔离开关发生故障或检修时,该段母线上的负荷将中断供电,而且电源只能通过一回进线供电,供电功率较低。

(3) 双母线制

对于特别重要的负荷,可考虑双母线制,如图2-5所示。图中B_1为工作母线,B_2为备用母线,每一条进线或馈线经由一个断路器和两个隔离开关接于双母线上。

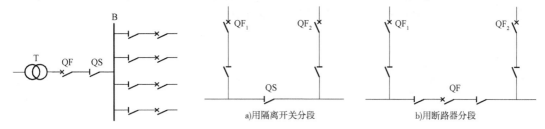

图2-3 单母线制　　　　　　图2-4 单母线分段制

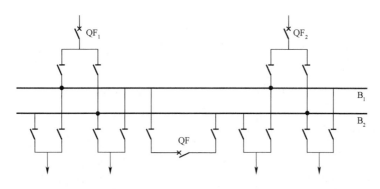

图2-5 双母线制

优点:轮流检修母线或母线隔离开关,不致引起供电中断;在工作母线发生故障时,通过备用母线能迅速恢复供电。

缺点:开关数目增多,联锁机构复杂,切换操作烦琐,造价高。在道路交通供配电系统中不推荐采用双母线制。

2.3.3　10(6)kV 变电所的主接线

10(6)kV 变电所供电线路往往较短,并考虑环境美化因素,常采用电缆配电,其典型方案如图2-6所示。图2-6a)在变压器高压侧不设开关,变压器的操作和保护在高压配电所馈出线处实现。当需要操作空载变压器时,可采用图2-6b)或图2-6c)方案。其中,图2-6b)方案适用于变压器容量不大于630kVA的变电所。

当10(6)kV变电所由架空线供电时,其典型方案如图2-7所示。图2-7a)、图2-7b)适用于变压器容量不大于630kVA的变电所,图2-7c)适用于变压器容量较大的变电所。通常,跌落式熔断器安装在变压器室外墙上或架空线终端杆上。

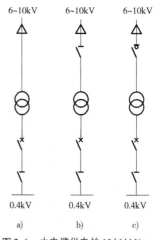

图2-6　由电缆供电的10(6)kV变电所典型主接线

10(6)kV变电所低压馈出线典型接线方式如图2-8所示,在满足安全隔离、短路及过电流保护的要求下,接线比较灵活。图2-8a)、图2-8b)、图2-8c)适用于对非频繁操作的线路、电力设备和照明配电箱配电。图2-8d)、图2-8e)、图2-8f)适用于对由交流接触器操作的电动机、要求频繁操作的用电设备等配电。其中,刀开关起隔离电源的作用,低压断路器和熔断器起过电流和短路保护的作用,热继电器起过电流保护的作用。

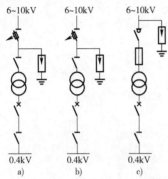

图2-7 由架空线供电的10(6)kV变电所典型主接线

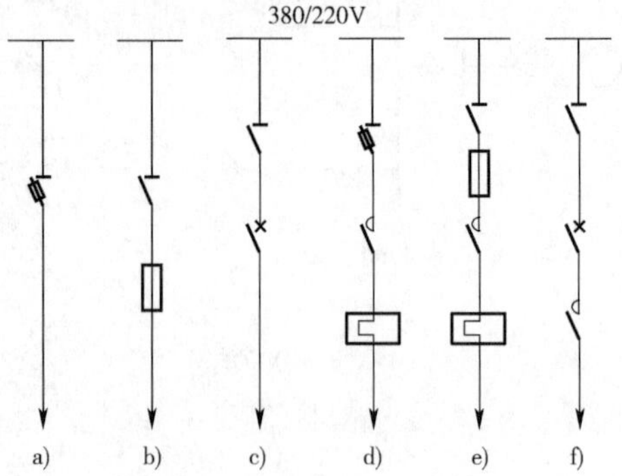

图2-8 变电所低压馈出线的典型接线方式

2.3.4 线路—变压器组接线

变电站只有一路进线与一台变压器,而且无未来发展需要的情况下,适合于采用线路—变压器组接线,即线路和变压器直接相连(图2-9)。线路—变压器组接线是一种最简单的接线方式,其特点是断路器少、投资省、操作简便,但灵活性和可靠性较低。图2-9c)通常用于35kV/0.4kV直接降压变电所,变压器的过电流和内部故障由跌落式熔断器保护,低压母线故障由变压器二次侧的低压断路器保护。

当用户有两回路电源进线时,可采用双回线路—变压器组接线配以单母线分段制,用于对一、二级负荷供电,如图2-10所示。如继电保护和自动装置无要求,母线分段开关可仅设隔离开关。

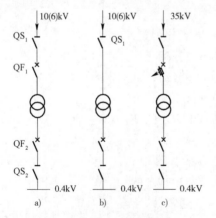

图2-9 线路—变压器组接线方式

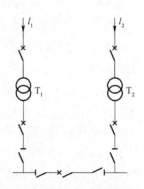

图2-10 双回线路—变压器组接线方式

2.4 变电所二次接线

2.4.1 二次接线

供电系统和电气设备在运行时,由于自然或人为的原因,如绝缘老化、外力破坏、雷击、设备制造缺陷及工作人员误操作等,不可避免地会发生各种形式的故障或出现不正常工作状态。二次系统是对一次系统和设备的运行状态进行测量、监察、控制和保护的电路。二次系统的任务是反映一次系统的工作状态,控制和调整一次设备,并在一次系统发生事故时使故障部分退出工作。变电所二次系统与一次系统的关系如图2-11所示。

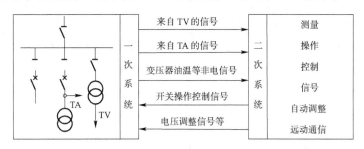

图2-11 变电所二次系统与一次系统的关系

二次设备包括:电压、电流和电能的测量仪表,保护用电压和电流继电器,各类开关的操作控制设备,信号指示设备,自动装置与远动装置等。根据测量、控制、保护和信号显示的要求,表示二次设备互联关系的电路称为二次接线或二次回路。二次回路接线图按用途可分为原理接线图、展开接线图和安装接线图。二次回路按功能可分为操作电源回路、测量与监测回路、断路器控制和信号回路、中央信号回路、继电保护和自动装置回路;按电源性质可分为直流回路、交流回路。二次回路接线图常用的文字符号见表2-6。

二次回路接线图中常见文字符号　　　　表2-6

序号	元件名称	文字符号	序号	元件名称	文字符号
1	断路器	QF	8	合闸接触器	KMC
2	隔离开关	QS	9	合闸线圈	YC
3	接地隔离开关	QSE	10	控制开关	SA
4	电流继电器	KA	11	跳闸线圈	YT
5	电压继电器	KV	12	红色信号灯	RD
6	电流互感器	TA	13	绿色信号灯	GN
7	电压互感器	TV	14	控制小母线	WC

续上表

序号	元件名称	文字符号	序号	元件名称	文字符号
15	信号小母线	WS	26	重合闸继电器	ARD
16	合闸母线	WO	27	防跳继电器	KCF
17	预告信号小母线	WFS	28	冲击继电器	KU
18	辅助小母线	WA	29	干簧继电器	KR
19	重合闸继电器	KAR	30	事故音响小母线	WAS
20	中间继电器	KM	31	闪光小母线	WF
21	保护出口中间继电器	KM(KCO)	32	"掉牌未复归"光字牌小母线	PM
22	时间继电器	KT	33	熔断器	FU
23	差动继电器	KD	34	零序电流互感器	TAN
24	信号继电器	KS	35	切换片、连接片	XB
25	瓦斯继电器	KG	36	试验按钮	SB

2.4.2 二次回路操作电源

二次回路操作电源是供给变配电所开关电器、继电保护、信号设备、自动装置及其他二次回路中元器件的工作电源。在正常情况下，提供信号、保护、自动装置、断路器跳合闸及其他二次设备的操作控制电源；在事故状态下，当电网电压下降甚至消失时，应能提供继电保护跳闸和应急照明电源，避免事故扩大。操作电源按电压等级可分为220V、110V、48V和24V。

操作电源按电源的性质分为直流操作电源和交流操作电源两大类（图2-12），直流操作电源主要用于大、中型变配电所，交流操作电源一般用于小型变电所。

图2-12 二次回路操作电源的分类

（1）直流操作电源

蓄电池直流操作电源是一种与电力系统运行方式无关的独立电源系统，在变电所完全停电时，仍能在一定时间内（通常为2h）可靠供电。以往大中型变配电所多采用铅酸蓄电池作为操作电源和事故照明电源；近年来，体积小、寿命长的碱性镉镍蓄电池直流电源已广泛应用于10kV以下的变配电所。

①硅整流电容器储能直流电源。如图2-13所示，由硅整流设备和储能电容器组成。当交流系统出现故障或停电时，电容器释放电能供继电保护装置和断路器跳闸使用。在直流电源系统中，因为断路器合闸电流较大，直流母线Ⅰ为断路器合闸电源，由三相桥式整流

设备 U_1 供电。母线 Ⅱ 为控制、信号机断路器的跳闸电源,由硅整流设备供电,由于所需电流小,采用单相桥式整流。

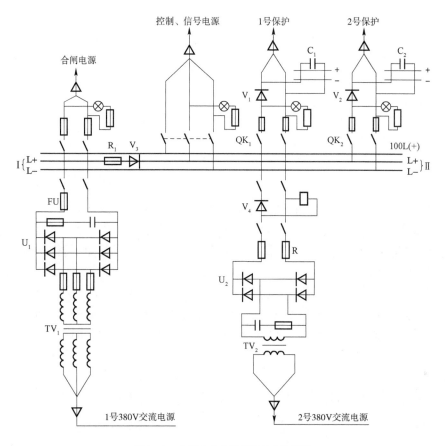

图 2-13 硅整流电容器储能的直流系统

②复式整流直流电源。如图 2-14 所示的是一种以变配电所自用交流电源、电压互感器电压、电流互感器二次电流等为输入量的复式直流电源系统。正常情况下,由变压器 T、整流装置 U_1 组成的电压源供电。线路故障时,电压源输出电压降低或消失,一次系统将流过较大的短路电流,由电流互感器的二次电压通过铁磁谐振稳压器 TS、整流装置 U_2,得到电压稳定的直流电压,用电流源补偿电压源的衰减。该系统广泛应用于具有单电源的中小型变配电所。

③电源变换式直流系统。电源变换式直流系统原理框图如图2-15所示,是一种独立式直流电源,由输入可控整流装置 U_1、48V 蓄电池组 GB、逆变装置 U_2 和输出整流装置 U_3 组成。正常运行时,输出220V 和48V 直流电,并向蓄电池组充电。当交流系统故障时,蓄电池组向48V 直流负荷供电,同时经 U_2 逆变和 U_3 整流后向220V 直流负荷供电。该系统在中小型变配电所中应用较为广泛。

(2)交流操作电源

交流操作电源分为电流源和电压源,电流源取自电流互感器,主要供给继电保护装置和跳闸回路;电压源通常取自变配电所变压器,供电给控制与信号设备。交流操作电源接线简单、维护方便、投资少,主要用于小型变电所。

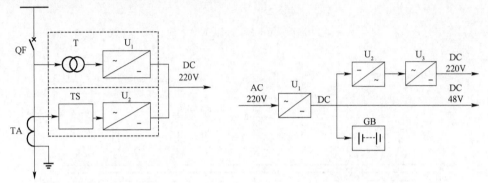

图 2-14　复式直流电源系统　　　　图 2-15　电源变换式直流系统原理框图

交流操作电源供电的继电保护装置主要有两种操作方式(图 2-16):

①直接动作式。跳闸电源直接来自电流互感器,利用断路器弹簧操作机构的过电流脱扣器(跳闸线圈)YR 直接动作于断路器 QF 跳闸。这种操作方式简单,但保护灵敏度低,实际上较少应用。

②去分流跳闸式。正常运行时,电流继电器 KA 的常闭触点将跳闸线圈 YR 短路分流,断路器 QF 不会跳闸;当一次系统故障时,电流继电器 KA 动作,其常闭触点断开,电流互感器的二次电流全部通过 YR 使其跳闸。这种操作方式在供电系统中应用相当广泛。

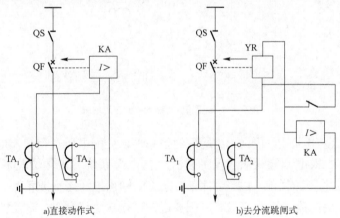

a)直接动作式　　　　b)去分流跳闸式

图 2-16　交流操作回路

2.4.3　测量与监测回路

测量与监测回路是由各种测量仪表、监测装置、切换开关及其相关回路构成,其作用是指示或记录主要电气设备与输电线路的运行状态与参数,作为生产调度和值班人员掌握主系统的运行情况,进行经济核算和处理故障的主要依据。

一般而言,每段配电母线上应装设电压表,每条进线和出线应装设电流表,电源进线和有电能要求的出线应装设电能表。如图 2-17 所示为 6～10kV 线路电气测量仪表接线原理图。

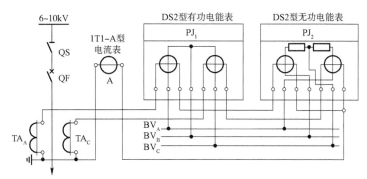

图 2-17　6~10kV 线路电气测量仪表接线原理图

2.4.4　断路器的控制与信号回路

断路器的控制与信号回路一般分为控制保护回路、合闸回路、事故信号回路和预告信号回路等,断路器应能监视断路器操作电源和分合闸回路的完整性,应能指示断路器的分合闸位置和是否自动分合闸,并有防跳闭锁功能。对于一些小容量的断路器可采用就地手动控制,但大多数的高压断路器是采用远距离控制,即在控制室利用控制开关进行操作。

断路器控制回路是由发出跳、合闸命令的控制机构(如控制开关、按钮等)、传递跳、合闸命令的中间传输机构(如继电器、接触器触点、控制电缆等),以及执行跳、合闸命令的断路器的操作机构组成。采用电磁操作机构的控制电路,可用如图 2-18 所示的原理框图表示其构成。

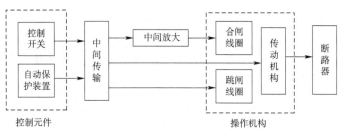

图 2-18　断路器控制回路原理框图

2.4.5　信号装置

在变电所运行的各种电气设备,随时都可能发生不正常的工作状态。在变电所装设的中央信号装置,主要用来示警和显示电气设备的工作状态,以便运行人员及时了解、采取措施。

中央信号装置是装设在变电所值班室或控制室中的信号装置,按形式分为灯光信号(信号灯、光字牌)和音响信号(蜂鸣器、警铃),按用途可分为事故信号、预告信号、位置信号、指挥信号及联系信号。

事故信号表示供电系统在运行中发生了某种故障而使继电保护动作的信号。如高压断路器因线路发生短路而自动跳闸后给出的信号即为事故信号。

预告信号表示供电系统运行中发生了某种异常情况,但并不要求系统中断运行,只要求给出信号,通知值班人员及时处理。如变压器保护装置发出的变压器过负荷信号即为预告信号。

位置信号用以指示电气设备的工作状态,如断路器的合闸指示灯、跳闸指示灯的发光和熄灭均为位置信号。

指挥信号及联系信号,主要用于主控制室向其他控制室发出操作命令和控制室之间的联系。

2.4.6 继电保护回路

(1)继电保护装置的作用

继电保护装置是在电力系统事故或异常运行情况下动作,保证电力系统和电气设备安全运行的自动装置。因在其发展过程中曾主要用有触点的继电器来保护电力系统及其元件(如发电机、变压器、输电线路、母线等)使之免遭损害,所以沿称继电保护。

继电保护装置经历了四个发展阶段:电磁式继电保护装置、晶体管式继电保护装置、集成电路继电保护装置和微机继电保护装置。随着电子技术、计算机技术、通信技术的飞速发展,人工智能技术在继电保护领域的逐步应用,继电保护技术向计算机化、网络化、一体化、智能化方向发展。

继电保护是二次回路的主要组成部分,系统发生故障时,能快速、自动、有选择地动作于断路器跳闸,将故障部分切除,保证非故障部分正常运行,减小停电范围;系统发生不正常工作状态时,能够发出报警信号,提醒运行人员注意,以便采取措施。

(2)继电保护装置的组成

继电保护装置的基本组成框图如图 2-19 所示。

图 2-19 继电保护装置基本组成框图

如图 2-20 所示为线路过电流保护基本原理接线图。

TA、KA 构成保护的测量部分。测量线路中的电流反映线路的运行状态。正常运行时,线路流过正常的负荷电流,KA 不动作;当被保护线路发生短路(如 k 点短路)时,线路电流 I_1 突然增大,TA 二次侧电流 I_2 也随之增大,当 I_2 大于 KA 整定值时,电流继电器 KA 动作,其动合触点闭合,启动时间继电器 KT。

KT 构成保护的逻辑部分。KT 启动后,经预先设定的延时时间做出保护动作的逻辑判断,其延时闭合的动合触点闭合,接通信号继电器 KS 及断路器跳闸线圈 YR 的启动回路。

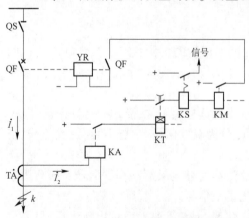

图 2-20 线路过电流保护基本原理接线图

KS、YR 构成保护的执行部分。KS 启动后发出信号,同时 YR 启动使断路器 QF 跳闸,将故障线路切除。

(3)继电保护装置的基本要求

①可靠性。

可靠性是对继电保护最根本的要求,是指继电保护该动作时应动作,不该动作时不动作,可用拒动率、误动率衡量。继电保护的误动作和拒动作都会给电力系统带来严重危害。

为保证可靠性,宜采用满足性能、原理简单的保护方案,采用可靠的软硬件,并应有必要的自动监测、闭锁、报警等措施。

②灵敏性。

灵敏性是指保护装置在其保护范围内对故障和不正常运行状态的反应能力。如果保护装置对其保护区极轻微的故障都能及时地反应动作,则说明保护装置的灵敏性高。

灵敏性通常用灵敏系数 S_p 来衡量,即故障时进入装置的故障量与给定的装置启动值之比。《继电保护和安全自动装置技术规程》(GB 14285—2006)中对各类继电保护的灵敏系数都做了具体规定,一般要求为 1.2~2。

③速动性。

速动性是指继电保护应尽可能快速切除故障,减少对用电设备的损坏程度,缩小故障影响的范围,提高电力系统运行的稳定性。

④选择性。

选择性是指继电保护装置的动作是有选择的,在供配电系统发生故障时,离故障点最近的保护装置动作,使停电范围尽可能减小,当故障设备的继电保护或断路器拒动时,应由相邻设备的继电保护切除故障。

如图2-21所示,当 $k-1$ 点发生短路时,应使断路器 QF_1 动作跳闸,切除电动机,而其他断路器都不跳闸,满足这一要求的动作称为"选择性动作"。如果系统发生故障时,靠近故障点的保护装置不动作,而离故障点远的前一级保护装置动作,称为"失去选择性"。为保证选择性,对相邻设备有配合要求的继电保护,其灵敏系数及动作时间应相互配合。

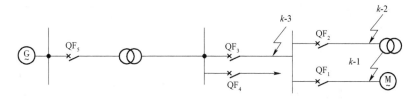

图2-21 继电保护的选择性

继电保护还要求投资少,便于整定、调试和运行维护,并尽可能满足系统运行时所要求的灵活性。

(4)常用继电保护装置的类型

继电保护装置的类型很多,按所反映的物理量分,有电流保护、电压保护、差动保护、瓦斯保护、距离保护等;按所反映的故障类型分,有相间短路保护和接地保护等;按保护对象分,有输电线保护、发电机保护、变压器保护、电动机保护等。其中电流保护有电流速断保护、定时限过电流保护、反时限过电流保护,电压保护有过电压保护、欠电压保护、零序电压保护等。

2.5 高低压配电网

2.5.1 高压配电线路的接线方式

高压配电网常用的典型接线方式分为三种:放射式、树干式和环式。

(1)放射式

放射式接线如图2-22所示,由高压配电所6～10kV母线上引出的线路直接向每一变电所单独供电,没有分支接点,多用于设备容量大或对供电可靠性要求高的设备配电。其优点是线路敷设简单,操作维护方便,故障影响范围小,保护较简单,便于实现自动控制。其缺点是配电线路和高压开关柜数量多,投资大;线路发生故障或检修时,所供电的负荷要停电。

(2)树干式

树干式接线如图2-23所示,由高压配电所引出的每路高压配电干线架空敷设,各变电所都从该干线上直接接出分支供电。为减小干线故障时的停电范围,每条线路连接的变压器台数不宜超过5台,总容量不超过3 000kVA。树干式的优点是变配电所的馈出线回路数少,线路损耗小,投资小,结构简单;其缺点是可靠性差,线路故障影响范围大。

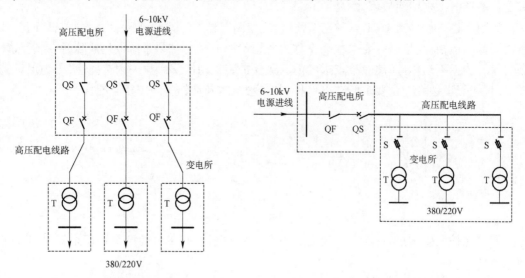

图2-22 放射式高压配电接线图　　　　图2-23 树干式高压配电接线图

(3)环式

环式接线如图2-24所示,实质上是两端供电的树干式接线。环式接线的优点是供电可靠性较高,运行方式灵活。当环中任一点发生故障时,只要查明故障点,经过短时停电"倒闸操作"断开故障点两侧隔离开关,便可对其余的变电所恢复供电。

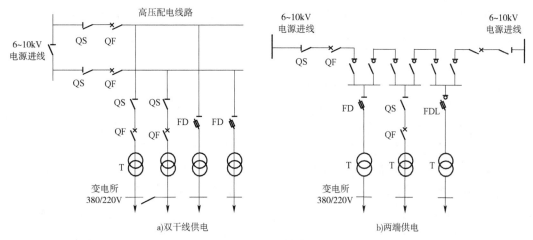

图 2-24 环式接线图

2.5.2 低压配电线路的接线方式

低压配电网常用的典型配电方式分为三种：放射式、树干式和链式，如图 2-25 所示。

放射式多用于设备容量大、对供电可靠性要求高及不宜设置配电保护的现场设备配电。图 2-25a)中，干线 1 由变电所低压侧引出，接至用电设备或主配电箱 2，再以支干线 3 引到分配电箱 4 后接到用电设备上。

树干式常用于负荷较集中、负荷距配电室距离不长的场合，实际上多采用放射式与树干式两种形式的组合，即混合式系统。链式特点与树干式相似，适用于距配电屏较远而彼此相距又较近的不重要的小容量用电设备。

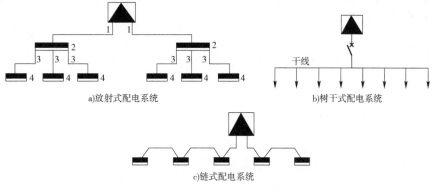

图 2-25 低压配电系统的接线方式

2.6 无功功率补偿

在交通供配系统中，由于包含了大量的交流电动机、变压器、荧光灯等典型的阻感性用电设备，它们在正常运行时必须消耗无功功率，这是由用电设备本身性质决定的。这将使供电系统的功率因数下降,增大供配电系统的线路损耗,增大变送电设备的输出容量。因此,在交通供配系统中应进行适当的无功功率补偿,同时还应防止过补偿现象的出现。

2.6.1 无功功率的来源与危害

(1) 无功功率和功率因数

交流电力系统需要电源供给两部分能量,一部分将用于做功而被消耗掉,这部分电能将转换为机械能、光能、热能或化学能,称为有功功率,在电力系统的负载中,只有电阻才消耗有功功率。另一部分能量是用来建立磁场,用于交换能量,对于外部电路它并没有做功,由电能转换为磁能,再由磁能转换为电能,周而复始,并没有消耗,这部分能量称为无功功率。无功是相对于有功而言,不能认为无功是无用之功。对于电动机、变压器等电气设备,如果没有这部分功率,就不能建立感应磁场,电动机、变压器等设备就不能运转。因此,在交流供配电系统中除需要有功电源外,还需要无功电源,二者缺一不可。

在交流电路中,电感器和电容器能够在一个周期中的一部分时间内从电源吸收能量,以磁场能和电场能的形式存贮,而在另一部分时间内又会将存贮的磁场能和电场能释放出来,并反送回电源,这使得在一个周期内的平均功率为零。因此,对于交流电源而言,电感器和电容器在一个周期内没有消耗能量,其中的能量只是在储能元件(电感器和电容器)和电源之间来回传送交换。这种能量交换率的最大值即为无功功率。

在正弦电路中,无功功率定义为:

$$Q = UI\sin\varphi \tag{2-18}$$

式中:Q——无功功率,W;

U——电压有效值,V;

I——电流有效值,A;

φ——电压和电流的相位差。

功率因数 λ 则定义为有功功率 P 和视在功率 S 的比值:

$$\lambda = \frac{P}{S} \tag{2-19}$$

此时,视在功率 S、有功功率 P 和无功功率 Q 之间有如下关系:

$$S^2 = P^2 + Q^2 \tag{2-20}$$

因此,在正弦电路中,功率因数 λ 是由电压和电流的相位差 φ 决定的,存在:

$$\lambda = \cos\varphi \tag{2-21}$$

在含有谐波的非正弦电路,无功功率的情况比较复杂,定义很多,而且至今尚无权威定义。这里介绍一种简单并被广泛接受的定义,即:

$$Q = \sqrt{S^2 - P^2} \tag{2-22}$$

设正弦波电压有效值为 U,谐波电流有效值为 I,而基波电流有效值、电流与电压的相位差分别为 I_1、φ_1。这时有功功率为:

$$P = UI_1\cos\varphi_1 \tag{2-23}$$

功率因数则为:

$$\lambda = \frac{P}{S} = \frac{UI_1\cos\varphi_1}{UI} = \frac{I_1}{I}\cos\varphi_1 = \gamma\cos\varphi_1 \tag{2-24}$$

式中：$\gamma = \dfrac{I_1}{I}$——基波电流有效值与总电流有效值之比，称为基波因数；

$\cos\varphi_1$——基波功率因数或位移因数。

由式(2-24)可见，在含有谐波的非正弦电路中，功率因数由基波电流相移和电流波形畸变这两个因素共同决定。这就是通过抑制电网谐波可以提高电网系统功率因数的理论依据。

(2) 无功功率的来源

在用电设备中，阻感性负载占有相当大的比例，如异步电动机、变压器、荧光灯。凡是阻感性负载中都含有电磁线圈(即电感)，其工作时必须以磁能的形式吸收一定数量的无功功率，这是其自身工作性质决定的。因此，就无功功率的来源而言，凡是接入公共电网中的阻感性负载都会引起无功功率，降低电网功率因数。

(3) 无功功率的危害

无功功率的危害主要体现在以下几方面：

① 增加供电线路的有功损耗，导致变送电设备、供电线路、用电设备发热量增加。

② 增加供电线路上的电压降，导致供电线路末端输出电压进一步降低，致使用电设备的实际输出功率大大降低。

③ 如果变送电设备的负荷容量中增加了无功功率，将导致变送电设备输出的有功功率减小。

2.6.2 无功功率补偿的意义与方法

虽然无功功率是电气设备或系统正常工作所必需的，且本身并不产生能耗，但它在电网中传输时，会产生各种不良影响。为此，按照国家电力部门对用户功率因数的一般要求，高压供电的用户，其功率因数不能小于0.9，而低压供电的用户，其功率因数不能小于0.85。电力系统无功功率补偿具有以下现实意义：

① 无功功率增大了输电线路中的电流，加大了电能损耗，因此，无功功率补偿可以达到节能的目的。

② 无功功率增大了系统供电容量，增大了线路和开关设备的规格及变压器的容量，因此，无功功率补偿有助于降低供电系统的投资。

③ 无功功率增大了输电线路电压降，降低了电网的电能质量，因此，无功功率补偿具有调节和稳定电网电压的作用，是改善电网电压质量的有效手段。

在供配电系统中，补偿无功功率的方法有并联电容器、同步调相机和静止无功补偿装置。由于并联电容器简单经济、方便灵活，所以被广泛采用；同步调相机控制方法则因需要同步电机和直流励磁设备，资金投入、损耗和噪声都比较大，并且运行和维护复杂，所以较少采用；而静止无功补偿装置是一种新型无功补偿装置，虽然近些年得到了很大的发展，但目前在供配电系统中还没有得到广泛应用。

在实际运行的电力系统中，大部分负载是感性的，其可以看作电阻 R 与电感 L 的串联，如图2-26所示。功率因数为：

$$\cos\varphi = \frac{R}{\sqrt{R^2 + X_L^2}} \tag{2-25}$$

$$X_L = \omega L$$

图 2-26 感性负载的等效电路及其相量图

当在感性负载的两端并联电容 C 后,其等效电路及相应相量图如图 2-27 所示。其电路中的电流为:

$$\dot{I} = \dot{I}_C + \dot{I}_{RL} \tag{2-26}$$

由图 2-27b)可见,当在感性负载两端并联适当的补偿电容 C 后,电压 $\dot{U}$ 与电流 $\dot{I}$ 的相位差由 φ 减小到 φ_1,即供电回路的功率因数提高了。但此时供电电流 $\dot{I}$ 的相位还滞后电压 $\dot{U}$,这种情况称为欠补偿。

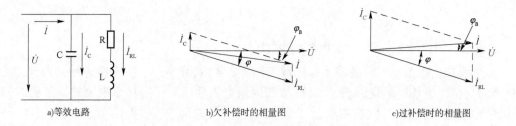

图 2-27 感性负载并联电容补偿的等效电路及其相量图

由图 2-27c)可见,当补偿电容 C 过大时,会使得供电电流 $\dot{I}$ 的相位还超前电压 $\dot{U}$,这种情况称为过补偿。由于此情况会引起变压器二次电压升高,而且容性无功功率在电力线路上传输时同样会增加电能损耗。因此,这种过补偿情况应避免出现。

2.6.3 无功功率的补偿方式

如果电网无功补偿采用的是并联电容器,则按电容安装位置的不同,可以将补偿方式分为集中式补偿、分组式补偿和就地式补偿三种。

(1)集中式补偿

集中式补偿是指将电容器组集中装设在地方总降压变电所的母线上,用以提高整个降压变电所的功率因数,使该变电所的供电范围内无功功率基本平衡。此方法不仅可以减小高压线路的损耗,而且还能够提高变电所的供电电压质量。该方法通常应用于 6~10kV 母线上。按《10kV 及以下变电所设计规范》(GB 50053—1994)的规定,高压电容器组宜采用中性点不接地的星形(Y形)接线;而容量较小(450kvar及以下)时,则可以采用三角形(D形)接线。

(2)分组式补偿

分组式补偿也称为分散式补偿,是指将电容器组分别装设在功率因数较低的终端变电所低压母线上的无功功率的补偿方法。与集中式补偿相比,该方法虽无功补偿容量且范围相对较小,但补偿效果却比较明显,应用较为广泛。

(3)就地式补偿

就地式补偿是指将电容器或电容器组装设在感性负载设备附近,实现对该负载设备无功功率的就地补偿。此方法既可以提高用电设备供电回路的功率因数,又能改善用电设备的电能质量,它适用于负荷容量较大、连续运行且供电距离较远的场合,具有投资少,节电效果显著的优点。

2.6.4 无功功率补偿容量的计算

(1)集中式和分组式补偿容量的计算

当采用集中式补偿和分组式补偿时,总的补偿容量可以按以下公式计算:

$$Q_C = \beta_{av} P_C (\tan\varphi_1 - \tan\varphi_2) \tag{2-27}$$

式中:P_C——变电所月最大有功功率,W;

β_{av}——月平均负载率;

φ_1——进行无功补偿前的功率因数角;

φ_2——进行无功补偿后的目标功率因数角。

(2)就地式补偿容量的计算

当采用就地式补偿时,补偿容量应根据设备的无功功率计算,但要注意当感性负载与电源断开时,会因补偿电容向负载电感放电而可能产生自激现象,为此补偿电容器的容量不宜过大。因此,电容器的放电电流应以不大于负载空载电流为限。其计算式为:

$$Q_C = \left(\sqrt{\frac{1}{\cos^2\varphi_1} - 1} - \sqrt{\frac{1}{\cos^2\varphi_2} - 1}\right) P \tag{2-28}$$

式中:P——电机实际负载下的有功功率,W。

近似计算也可按下列估算:

$$Q_C \approx \left(\frac{1}{4} \sim \frac{1}{2}\right) P_N \tag{2-29}$$

式中:P_N——电机的额定有功功率,W。

2.7 备用电源系统

对于交通系统中的重要负荷,如计算机系统、隧道照明系统、消防系统等设备,为了防止正常供电电网突然停电时出现事故,一般要求在正常供电电源以外,还要设置应急用备用电源系统,其中最常用备用电源系统就是柴油发电机组。对于计算机、计算机网络等重要设备,还必须另外再设置交流 UPS(Uninterrupted Power Supply,缩写 UPS)不间断电源,以保证这些负荷不间断持续工作。对于隧道照明系统、通风系统、消防系统等涉及道路运行安全的重要基本设施还应再增设 EPS(Emergency Power Supply,缩写 EPS)应急电源,以确保这些重要设备能够不间断、持续、稳定工作。所以交通供配电系统中的备用电源应包括柴油发电机组、UPS 不间断电源、EPS 应急电源共三种。

2.7.1 应急用柴油发电机组

柴油发电机组是以柴油机为原动机,拖动同步发电机发电的一种电源设备,主要由柴油机、发电机以及控制系统三部分组成。由于它具有起动迅速、操作方便、发电成本较高的特点,所以柴油发电机组作为备用电源和临时电源得到了广泛应用。

按柴油发电机组起动形式及控制方式的不同,可以将机组分为普通型、自起动型和全自动化型。作为应急电源,应选用自起动型或全自动化型。自起动型柴油发电机组能够在公共电网停电时自行起动;全自动化型机组则不仅能够在公共电网停电时自行起动,而且还能够在公共电网恢复供电时,使柴油发电机组自动退出发电运行状态。

采用柴油发电机组作为自备电源具有以下优点:

①柴油发电机组操作简便,且起动迅速,当公共电网供电中断时,机组能在十几秒的短时间内启动并恢复供电。

②柴油发电机组效率较高,且体积小,重量轻,便于搬运和安装。

③柴油发电机组的燃料是柴油,它具有便于储存和运输的优点。这是以煤为燃料的汽轮发电机组所无法比拟的。

④柴油发电机组运行可靠,维修方便。这是作为备电源最为关键的指标。

2.7.2 交流不停电源(UPS)

交流不停电源(UPS)主要用于保障计算机系统、计算机网络等重要设备在停电之后继续工作一段时间,以使用户能够紧急系统复位,数据存盘,避免出现因停电而影响工作或数据丢失;其次是消除供电网上的电涌、瞬间高电压、瞬间低电压、电线噪声和频率偏移等"电源污染",改善电源质量,为计算机系统提供高质量的电源。

不停电源(UPS)主要由整流器(UR)、逆变器(UV)和蓄电池(GB)共三个主要部分组成,如图 2-28 所示。当公共电网正常供电时,交流电源的电能经整流器(UR)转换为直流,为蓄电池(GB)充电。当公共电网突然停止供电时,电子开关(QV)在保护装置的作用下进行切换,使 UPS 投入工作,蓄电池(GB)放电,直流电经逆变器(UV)变换为交流电对负荷供电,实现在一定时间内对负荷的不间断供电。

不停电源(UPS)与柴油发电机组相比,具有体积小、效率高、无机械噪声、维护费用低、可靠性高等优点,但其容量相对较小,主要用于向电子计算机和自动控制器等不易突然断电的重要设备短时间供电。

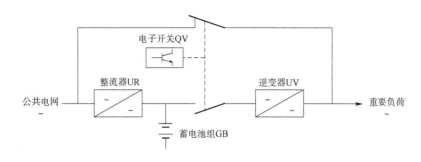

图 2-28 交流不间断电源(UPS)组成示意图

2.7.3 EPS 应急电源

应急电源 EPS 是根据消防设施、应急照明、事故照明等一级负荷供电设备需要而组成的电源设备。主要目标是为一级负荷提供一种符合消防规范的具有独立回路的应急供电系统。该系统能够在应急状态下提供紧急供电,用以解决照明用电或只有一路市电缺少第二路电源,或代替发电机组构成第二电源,或作为第三电源的场合使用。目前已经被广泛应用于大楼照明、道路交通照明、电力、工矿企业、消防电梯(消防泵)等消防设备。

如图 2-29 所示为 EPS 应急电源基本结构框图,主要由输入输出单元、充电模块、电池组、逆变器、监控器、输出切换装置等部分组成。其工作原理为:在电网供电正常时,电网通过输出切换开关向重要负荷供电,同时充电器为蓄电池进行充电或浮充;反之,当电网断电或电压超出供电范围时,控制器启动逆变器,同时输出切换装置将电网供电状态立即切换到逆变器供电,为负荷设备提供应急供电;当电网供电恢复正常时,应急电源将恢复为电网供电。

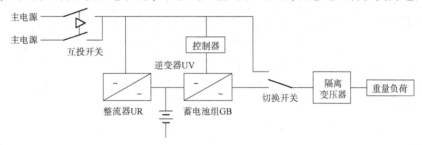

图 2-29 EPS 基本结构框图

应急电源 EPS 具有以下优点:

①电网有电时,处于静态,无噪声;供电时,噪声小于 60dB。不需排烟和防震处理,具有节能、无公害、无火灾隐患的特点。

②自动切换,可实现无人值守,电网供电与 EPS 电源供电相互切换时间均为 0.1 ~ 0.25s。

③带载能力强,EPS 功率在 0.5 ~ 400kW 范围内,适应于电感性、电容性及综合性负载的设备,如电梯、水泵、风机、办公自动化设备、应急照明等。

④使用可靠,主机寿命长达 20 年以上。

⑤适应恶劣环境。可放置于地下室或配电室,也可于紧靠应急负荷使用场所就地设置。

2.8 谐波分析与抑制

在交通供配电系统中,由于存在着大量的荧光灯、电动机、变频器等非线性装置或负载,当一个正弦电压源加载在一个非线性装置或负载上时,所产生的电流将不完全是正弦的,而由于系统阻抗的存在,非正弦的电流将产生非正弦的电压降,因而在负载端将引起电压畸变,即电压波形中含有谐波,进而使供电系统的电压波形发生畸变,电能质量降低。

2.8.1 谐波的概念、危害及相关标准

在理想的电力系统中,电流、电压都是纯粹的50Hz正弦波。但在实际电力系统中,由于某些设备及负荷的非线性,使所加载的电压与产生的电流不能呈线性关系,而造成波形畸变,电压电流出现非50Hz的成分,即出现谐波电压、谐波电流。当电力系统向非线性设备及负荷供电时,这些设备及负荷(如变压器)变换(如交直流变换器)、吸收(如电弧加热设备)系统发电机所供给的能量的同时,又会把部分基波能量转换为谐波能量,向系统馈送大量的高次谐波,使电力系统的正弦电压(电流)波形发生畸变,电能质量下降。

谐波频率是基波频率(50Hz)的整数倍(一般为 $N \times 50\text{Hz}$,其中 $N = 2, 3, 4 \cdots$)。

目前随着电气设备用量的增加,电气设备自动化水平的提高,其谐波源也在不断增多,注入电网的谐波电流也在不断加大,对电力系统的污染与危害日益严重,其危害主要体现在以下几个方面:

①谐波使公用电网中的元件及供电线路产生附加损耗,降低了发电、输电及用电设备的效率,而且大量的三次谐波(150Hz)电流流过中性线时会使线路过热甚至引起火灾。

②影响各种电气、电子设备的正常工作。如:对电动机,谐波除会引起附加损耗外,还会产生机械振动、噪声、过电压,甚至谐波过大时会引起电动机爬行。对变压器,会使其局部严重过热、绝缘老化、使用寿命缩短。

③谐波会使电网中局部谐振,而使谐波被放大。

④谐波会导致继电保护装置和自动化装置的误动作,使电气测量仪表计量不准确。

⑤谐波会形成高频电磁辐射场而干扰邻近的通信系统正常工作。

由于公共电网中的谐波电压和谐波电流对用电设备和电网本身都会造成极大的危害,为此世界各国都发布了限制电网谐波值的国家标准,我国原水利电力部于1984年根据原国家经济委员会批准的《全国供用电规则》的规定,制定并发布了《电力系统谐波管理暂行规定》(SD 126—1984),国家技术监督局于1993年又发布了中华人民共和国国家标准《电能质量 公用电网谐波》(GB/T 14549—1993),该国家标准从1994年3月1日起开始实施。从此以后我国相关部门又相继颁布并实施了多部关于"电网谐波"的国家标准,如2000年以后颁布并实施的《电磁兼容 限值 谐波电流发射限值(设备每相输入电流≤16A)》(GB 17625.1—2003)、《电磁兼容 限值 对额定电流大于16A的设备在低压供电系统中产生的谐波电流的限制》(GB/Z 17625.6—2003)、《电磁兼容 试验和测量技术—交流电源

端口谐波、谐间波及电网信号的低频抗扰度试验》(GB/T 17626.13—2006)、《电磁兼容 试验和测量技术 供电系统及所连设备谐波、谐间波的测量和测量仪器导则》(GB/T 17626.7—2008)、《电能质量 公用电网间谐波》(GB/T 24337—2009)。这些新的国家标准详尽地规定了谐波限值、试验方法、试验仪器等几方面内容。

2.8.2 常见谐波源

作为谐波源,非线性设备可以划分为以下两类:
①传统非线性设备。如变压器、旋转电机、电弧加热设备。
②现代电力电子非线性设备。如荧光灯、现代办公及通信设备中的电子控制装置和开关、电源等设备,电机驱动设备如变频器、可控整流设备等。

变压器是一种谐波源。由于经济的原因,变压器所使用的磁性材料通常工作在接近非线性区或非线性区。所以在这种情况下,即使所加的电压是正弦的,变压器的励磁电流也是非正弦的,因而会包含谐波,其中主要是三次谐波。同样,如果励磁电流是正弦的,那么电压也是非正弦的,因此这些谐波会注入公共电网。

对于旋转电机,由于电机的绕组是沿圆周嵌入线槽中的,而沿圆周的线槽不可能严格地按正弦形分布,从而使得所形成的磁动势将发生畸变,因此旋转电机也被认为是谐波源。

在荧光灯中,每隔半个周期电压被建立起来,直到荧光灯被点亮,而在点亮状态下荧光灯虽呈电阻特性,但其所配的镇流器呈非线性特性,因此流过的电流是畸变的,呈现非正弦波形。

变频器是一种频率可变的交流电机驱动器,虽然其输出也是三相交流电,但并非正弦电压,而是含有大量高频谐波的脉冲波,这将使得公共电网中电压与电流发生畸变。

2.8.3 谐波畸变的计算

根据傅立叶(M·Fourier)分析原理可以证明,任何重复的波形都可以分解为含有50Hz基波频率的和一系列 $N \times 50Hz$ 谐波频率的正弦分量。为此非正弦电压可以表示为:

$$u(\omega t) = a_0 + \sum_{n=1}^{\infty}(a_n \cos n\omega t + b_n \sin n\omega t) \qquad (2\text{-}30)$$

$$a_0 = \frac{1}{2\pi}\int_0^{2\pi} u(\omega t)\mathrm{d}(\omega t)$$

$$a_n = \frac{1}{\pi}\int_0^{2\pi} u(\omega t)\cos n\omega t \mathrm{d}(\omega t)$$

$$b_n = \frac{1}{\pi}\int_0^{2\pi} u(\omega t)\sin n\omega t \mathrm{d}(\omega t) \quad (n = 1,2,3\cdots)$$

或

$$u(\omega t) = a_0 + \sum_{n=1}^{\infty} c_n \sin(n\omega t + \varphi_n) \qquad (2\text{-}31)$$

$$c_n = \sqrt{a_n^2 + b_n^2}$$

$$\varphi_n = \arctan\frac{a_n}{b_n}$$

$$a_n = c_n \sin\varphi_n$$

$$b_n = c_n \cos\varphi_n$$

对于非正弦电流的情况,式(2-30)、式(2-31)也完全适用,只是将 $u(\omega t)$ 改写为 $i(\omega t)$ 即可。

n 次谐波电压含有率以 HRU_n 表示,其计算式为:

$$\mathrm{HRU}_n = \frac{U_n}{U_1} \times 100\% \tag{2-32}$$

式中:U_n——第 n 次谐波电压有效值(均方根值),V;
$\quad\;\; U_1$——基波电压有效值,V。

n 次谐波电流含有率以 HRI_n 表示,其计算式为:

$$\mathrm{HRI}_n = \frac{I_n}{I_1} \times 100\% \tag{2-33}$$

式中:I_n——第 n 次谐波电流有效值(均方根值),A;
$\quad\;\; I_1$——基波电流有效值,A。

谐波电压含量 U_H 和谐波电流含量 I_H 分别定义为:

$$U_H = \sqrt{\sum_{n=2}^{\infty} U_n^2} \tag{2-34}$$

$$I_H = \sqrt{\sum_{n=2}^{\infty} I_n^2} \tag{2-35}$$

电压谐波总畸变率 THD_u 和电流谐波总畸变率 THD_i 分别定义为:

$$\mathrm{THD}_u = \frac{U_H}{U_1} \times 100\% \tag{2-36}$$

$$\mathrm{THD}_i = \frac{I_H}{I_1} \times 100\% \tag{2-37}$$

2.8.4 谐波的抑制及治理

减小谐波应优先对谐波源自身及邻近区域采取抑制技术,而实际选择的方法要根据谐波的限值、经济性等因素综合考虑。谐波的抑制及治理主要有以下方法。

1)严格执行国家标准,限制谐波的注入量

国家标准《电能质量 公用电网谐波》(GB/T 14549—1993)规定:电压奇次谐波畸变率 <4%,偶次谐波畸变率 <4%;注入电网的谐波电流 <38A(3 次)、<61A(5 次)、<43A(7 次)等。

国家标准《低压电气及电子设备发出的谐波电流限值(设备每相输入电流 ≤16A)》(GB 17625.1—1998)规定了只有经过试验,并符合该标准规定的限值要求的电气、电子设备才能接入到公共低压配电网中,同时该标准还规定了接入到公共低压配电网中的电气、电子设备注入供电系统的总谐波电流限值。

如果各用电单位能够认真贯彻执行国家相关限制谐波的标准及规定,就能从总体上控制供电系统中的谐波水平,保证供电系统的供电质量。

2)谐波抑制的具体方法

谐波抑制的方法总体上可分为改善电网结构和加装滤波器两大类。具体方法如下:

(1)三相整流变压器采用 Yd 或 Dy 联结方式

这是抑制高次谐波的最基本方法,它可以有效地消除 3 次及 3 的整数倍次谐波。如图 2-30 所示为晶闸管整流变压器采用 Yd 联结方式时的结构图。当高次谐波从晶闸管整流器流入变压器绕组时,其中的 3 次及 3 的整数倍次谐波就会在二次侧三角形绕组内形成环流,将能量消耗在绕组的电阻中,因此抑制了 3 次及 3 的整数倍次谐波。

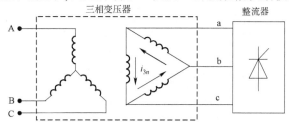

图 2-30 Yd 结构变压器中 3 次谐波电流的流通

(2)滤波技术

对于滤波器的分类,从不同角度可以有不同的分类方法,但最为常见是根据其原理不同,将其分为无源滤波器和有源滤波器两大类。

①无源滤波技术。无源滤波器也称为调谐滤波器,通常由电感、电容、电阻等无源元件构成,其工作原理是对某一频率及以上的高次谐波形成低阻抗通路,并使其能量存储或消耗在无源储能元件中,实现有选择地阻止 50Hz 以外的谐波成分通过而进入公用电网,完成滤波功能。LC 滤波器就是较为常见的一种无源滤波器。当其与谐波源并联时,除起滤波作用外,还兼有无功功率补偿的作用。

LC 滤波器按其工作频率通常可以分为单调谐滤波器、双调谐滤波器和高通滤波器几种,而在实际应用中常是几组调谐滤波器和高通滤波器的组合。如图 2-31 所示为无源滤波器在供电系统中的连接示意图。

图 2-31 中 2 为单调谐滤波器,滤波电感 L 与电容 C 的理论参数应满足:

$$\omega_s = \frac{1}{\sqrt{LC}} \tag{2-38}$$

式中:ω_s——希望滤除的谐波。

当滤波器的电容和电感满足式(2-38)时,单调谐滤波器在 ω_s 下呈现阻抗最小,滤波器对此次谐波呈现一个微小的电阻通道。

图 2-31 中 3 为高通滤波器,由于电感 L 与电阻 R 并联,其合成阻抗低于 R 值,当谐波频率低于截止频率时,滤波器因电容器容抗较大而呈高阻抗,阻止低次谐波电流流通。反之,当谐波频率高于截止频率时,滤波器呈低阻抗,使高次谐波电流流通。

无源滤波器在基波频率下均呈现容性,所以无源滤波器同时具有抑制电网谐波和补偿负载无功功率的双重作用。因此,滤波器设计时应与无功补偿要求相配合。为此,通常先按无功补偿要求确定

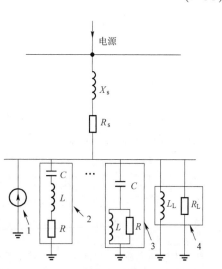

图 2-31 无源滤波器在供电系统中的连接示意图
1-谐波源;2-单调谐滤波器;3-高通滤波器;4-负载

滤波电容的容量,然后按谐振关系并考虑失谐❶问题来确定滤波电感的参数,最后再按滤波性能的要求和运行要求对滤波器参数进行校验。

②有源滤波技术。有源滤波技术的工作原理是首先对谐波信号进行检测,再借助于由有源器件组成的电路向系统注入相位相反的噪声信号,达到消除或降低谐波噪声能量的目的。有源滤波器通常由电流运算电路和电流补偿电路两部分组成。电流运算电路的作用是检测出电流中的谐波电流分量,电流补偿电路则是根据电流运算电路中的谐波电流产生补偿电流。如图 2-32 所示为有源滤波器的基本工作原理,其中 E_s 为交流电源,i_L 为负载电流,i_{Ln} 为负载电流中的谐波分量,i_n 为电流补偿电路根据检测出的谐波电流分量而产生补偿电流,并且 $i_{Ln}=i_n$。

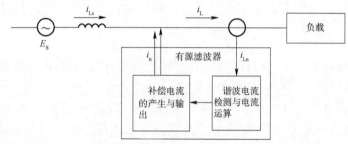

图 2-32 有源滤波器的基本工作原理

按滤波器接入电网方式的不同,有源滤波器可以分为串联型有源滤波器、并联型有源滤波器、串联混合型有源滤波器和并联混合型有源滤波器。与无源滤波器相比,有源滤波器具有滤波频带宽、体积和质量较小、滤波效果好等优点,但也有容量小、功率损耗大的缺点。

由于无源滤波器具有容量大、结构简单可靠、成本低的优点,滤波性能相对较差的缺点;反之,有源滤波器具有滤波性能好,容量有限、电压水平低、成本高的缺点。因此,在实际工程应用中通常将无源滤波器和有源滤波器有机地结合起来,形成混合滤波器,已达到较好的滤波效果。

习题与思考题

2-1 什么是计算负荷?确定计算负荷的目的是什么?

2-2 负荷密度法、需要系数法、二项式系数法各适用于什么情况下的负荷计算?

2-3 变电所变压器台数的确定应考虑哪些因素?什么是明备用?什么是暗备用?

2-4 变压器容量的确定应考虑哪些因素?

2-5 什么是变电所电气主接线?常用母线制主要有哪几种?

2-6 什么是变电所二次接线?按照功能划分主要有哪些变电所二次回路?

---

❶ 当滤波器运行在非谐振频率点时,滤波器所呈现的阻抗将偏离其极小值,从而使滤波器抑制谐波的效果变坏,这种情况称为滤波器的失谐。造成滤波器失谐的主要原因:电网工频频率发生偏差;滤波器组成元件的参数误差;环境温度变化元件参数的影响等。

2-7 什么是操作电源？常用的直流操作电源有哪几种？各自有何特点？
2-8 继电保护装置的作用是什么？继电保护装置的基本要求是什么？
2-9 用户供电系统高压配电网常用接线方式有哪几种？分析其优缺点。
2-10 常用的低压配电线路接线方式有哪几种，分别适合于什么场合？
2-11 高压断路器和高压隔离开关在电力系统中的作用与区别是什么？
2-12 供电系统中无功功率的补偿方式有哪些？
2-13 供电系统中常用的备用电源有哪几种？
2-14 供电系统谐波抑制方法有哪些？

3 交通供配电高、低压电气设备

电气设备是电力系统的重要组成部分,在电能的生产、输送、分配过程中起着控制、保护与测量等作用,其性能直接影响着电力系统的安全、稳定运行。

3.1 供配电电气设备概述

3.1.1 供配电电气设备的定义与分类

供配电电气设备是指用于发电、输电、变电、配电和用电的所有相关电气设备。其种类很多,如变压器、输电线、各种开关、互感器等。供配电电气设备按电压等级可分为高压设备和低压设备,通常高压设备是指用于交流50Hz、额定电压1 200V以上及直流、额定电压1 500V以上场合的电气设备,如高压隔离开关、高压负荷开关等。低压设备是指用于交流50Hz、额定电压1 200V以下和直流、额定电压1 500V以下场合的电气设备,如刀开关、断路器等。供配电电气设备按设备所属回路又可分为一次回路设备和二次回路设备,一次回路设备是指设置在一次回路中,用于输送、变换和分配电能的电气设备,如电力变压器、隔离开关等。二次回路设备是指设置在二次回路中,用于控制、检测和保护一次回路运行的电气设备,如测量仪表、继电器、控制器等。

3.1.2 电气设备中的电弧问题

1)电弧的产生与危害

电弧是指电气设备运行过程中出现的一种强烈的电游离现象,如电气开关(特别是高压开关)在切断正常负荷电流或过负荷电流瞬间,开关触头之间所产生的高温电弧。其产生的根本原因在于开关触头自身及其周围的介质(一般为空气)中含有大量可被游离的电子,当分断的触头之间存在足够大的外施电压时,就可以形成强烈的电游离而出现电弧,即开关触头自身及触头之间气体分子中的电子被游离。

由于电弧的温度极高(电弧中心温度为5 000~13 000℃),不仅可以烧毁开关设备的触头及附近的其他部件,而且还可以引起电路的弧光短路,引起爆炸而危及人身和设备的安全。此外,还会使已经分开的触头之间仍存在以电弧形式继续流通的电流,而未能断开电路,这一现象直至电弧熄灭。因此,在切断电路时,应尽可能使电弧迅速熄灭。

2)电气设备中常用的灭弧方法

(1)迅速熄灭电弧的条件

由于产生电弧的原因是开关触头自身及其周围介质分子中的电子被游离,因此迅速熄灭电弧的条件就是电弧中游离电子的消失速率大于其产生的速率。为此,可人为创建一种加强去游离电子作用的条件,也就是使电弧区的正、负电子数量减少,加速电弧的熄灭,如利用正负电子的"复合",正、负电子的"扩散"。

(2)开关设备中常用的灭弧方法

①速拉灭弧法。迅速拉长电弧有助于散热,还可以使弧隙电场强度骤降,正负电子的"复合"速度增强,从而加速电弧的熄灭。所以这一方法已在开关设备中被广泛采用,如高压开关中,为加快触头分断速度,迅速拉长电弧而装设的强力断路弹簧。

②吹弧灭弧法。在灭弧室内,利用外力(如气流、油流、电磁力)吹动电弧,使其迅速冷却,并拉长电弧,增强电子的"复合"与"扩散",同时降低电场强度,从而加速电弧的熄灭。按吹动电弧方向的不同,可分为横吹弧和纵吹弧两种方式。其中,由于横吹可以将电弧拉长,电弧表面积增大,冷却加强,所以灭弧效果相对较好,如图3-1所示。

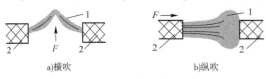

图3-1 吹弧方式
1-电弧;2-触头

按外力的性质不同,吹弧方式又可分为气吹弧(图3-1)、油吹弧(图3-2)、电动力吹弧(图3-3)和磁力吹弧(图3-4)。气吹弧和油吹弧是利用各种形式灭弧室,使高温分解的气体或具有很大压力的气体或绝缘油体在灭弧室内按特定的通路吹动电弧,加强其扩散和复合去游离而使电弧迅速熄灭。如图3-5所示的磁力吸弧,相当于反向吹弧。

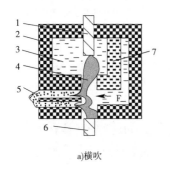 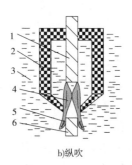

图3-2 油吹弧
1-静触头;2-灭弧室;3-油;4-电弧;5-气泡;6-动触头;7-空气垫

③冷却灭弧法。利用流体介质对电弧进行横吹或纵吹,或通过电弧与耐热绝缘材料(如石棉、水泥、陶瓷等)密切接触,降低温度,使其热游离减弱,增强正负电子的"复合",加速电弧的熄灭。该方法是一种基本的灭弧方法,在开关设备中被广泛使用,如高压油断路器。

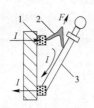 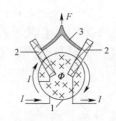 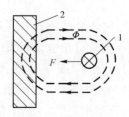

图 3-3　电动力吹弧 　　　　　图 3-4　磁力吹弧　　　　　　图 3-5　磁力吸弧
1-静触头；2-电弧；3-动触头　　1-磁吹线圈；2-吹弧角；3-电弧　　1-电弧；2-磁性材料

④长电弧切短灭弧法。由于电弧的电压降主要降落在阴极和阳极上，电弧柱（电弧的中间部分）的电压降是很小的，因此可以利用金属片将长电弧切割成若干短弧段，使电弧上的电压降增大若干倍。当外施电压小于电弧上的电压降时，电弧就不能维持而迅速熄灭，如图 3-6 所示。金属灭弧栅片由镀铜或镀锌铁板制成，插在灭弧罩内，且各片之间相互绝缘。当开关触头分离时将产生电弧，电弧电流在其周围产生磁场，于是电弧将受到磁场力的作用，而将电弧拉至栅片间隙内，将电弧分割成若干个串联的短电弧，使触头间的电压不足以击穿所有栅片间的气隙，同时栅片还将吸收电弧的热量，从而实现电弧迅速熄灭。

⑤利用固体介质的狭缝灭弧法。电弧在由固体介质所形成的狭缝中移动燃烧。由于固体介质的冷却，使电弧的去游离增强，从而可以实现电弧的迅速熄灭，如图 3-7 所示为绝缘灭弧栅片对电弧的作用。

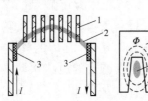 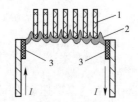

图 3-6　金属灭弧栅片对电弧的作用　　　　　图 3-7　绝缘灭弧栅片对电弧的作用
1-金属灭弧栅片；2-电弧；3-触头　　　　　　1-绝缘灭弧栅片；2-电弧；3-触头

⑥粗弧分细灭弧法。如果将粗大的电弧分成若干平行的细小电弧，使其与周围介质的接触面积增大，降低电弧的温度，增强电弧中电子的"复合"与"扩散"作用，就可以实现电弧的迅速熄灭。如低压断路器中所设置的灭弧罩。

⑦真空灭弧法。由于真空环境中不存在气体游离问题，并且具有较高的绝缘强度，所以可以将开关的触头安装在真空容器中，实现电弧迅速熄灭而不致复燃。如真空断路器采用的就是真空灭弧方法。

⑧六氟化硫灭弧法。六氟化硫（SF_6）气体在常温下是一种无色、无味、无毒，且不易燃烧的惰性气体，其绝缘性能是空气的 2~3 倍。其在 150℃以下时，化学性能稳定，既不溶于水和变压器油，也不与氧、氮、铝等物质发生作用，而且电弧在 SF_6 中，具有弧柱导电率高、导热性好、电流过零时 SF_6 的绝缘强度恢复比空气快 100 倍，极易熄弧等优点，所以可以将开关的触头安装在装有 SF_6 的容器中，实现迅速熄灭电弧的目的，如六氟化硫断路器。

3.2 低压熔断器

3.2.1 低压熔断器的工作原理和基本结构

熔断器是利用当通过的电流大于规定值时，以其自身产生的热量使熔体熔化，而自动分断电路的一种电器。由于熔体允许长期通过一定大小的电流而不会熔断，所以当熔断器串联于被保护电路中，并且流过熔体的最大电流为额定负载电流时，熔体不会熔断，电路能够正常工作。反之，当电路发生严重过载或短路故障时，熔体能够在较短时间内或瞬间熔断，进而起到保护电路的作用。因此，熔断器常用于电路或用电设备的严重过载及短路保护。

熔断器主要由熔体和安装熔体的熔管（或熔座）组成。熔体采用熔点较低的铅、锡或铅锡合金等制成丝状或片状；熔管是熔体的外壳，通常由陶瓷或玻璃纤维制成，在熔体熔断时兼有灭弧的作用。按结构不同可以分为开启式、半封闭式和封闭式。封闭式又分为无填料管式、有填料管式和有填料螺旋式等；按工作特性不同可分为一般熔断器、快速熔断器、有限流作用的自复熔断器等。低压配电系统中常用的有无填料管式熔断器（RM10型）、瓷插式熔断器（RC1A型）、有填料螺旋式熔断器（RL1型）和有填料管式熔断器（RTO型）等类型，如图3-8所示。

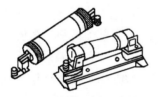
a) RM10型无填料管式熔断器

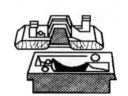
b) RC1A型瓷插式熔断器

c) RL1型有填料螺旋式熔断器

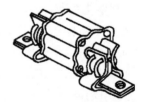
d) RTO型有填料管式熔断器

图3-8 低压配电系统中常用熔断器

熔断器的特性可以用通过熔体的电流与熔体熔断时间的关系曲线描述，即安—秒特性，如图3-9所示。熔体熔断时间与熔体熔断电流的二次方成反比关系，电流越大，熔体的熔断时间就越短。不同类型的熔断器具有不同的保护特性，如图3-10所示。由特性曲线可见，当大小相等的短路电流通过不同类型熔断器时，熔断器切断短路电流的时间是不同的，其中，快速熔断器的熔断速度是最快的，保护特性最好，螺旋式熔断器次之。因此，快速熔断器一般用于晶闸管元件、硅整流器等设备的短路保护和过负荷保护,而无填料熔断器、有填料熔断器、螺旋式熔断器等用于低压配电网和电气设备的短路保护和过负荷保护。

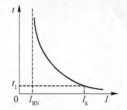

图 3-9　熔断器的安—秒特性
I_{RN}-熔断器熔体的额定电流;I_k-短路电流

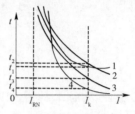

图 3-10　各类熔断器的保护特性曲线
1-有填料熔断器;2-无填料熔断器;
3-螺旋式熔断器;4-快速熔断器

3.2.2　熔断器的常用技术参数

(1)额定电压

额定电压是指熔断器长期工作所能承受的电压。

(2)额定电流

熔断器的额定电流取决于熔断器各部分长期工作所允许的温升,该数值根据被保护电器、电路的容量确定。因此,在实际应用中,相近等级的熔体有时也可以装入同样级别的熔断器。而熔体的额定电流则取决于熔体的最小熔断电流和熔化系数。

(3)分断能力

分断能力是指熔断器能够分断的最大短路电流的能力。它取决于熔断器的灭弧能力,而与熔体的额定电流大小无关。一般熔断管内有填料的熔断器分断能力较强,通常在数千安培至数十千安培之间,而具有"限流作用"的熔断器,分断能力更强。限流作用是指当电路发生短路时,鉴于短路电流达到最大值(峰值)需要一定的时间,如果采取缩短熔体熔化时间和提高灭弧能力等措施,使熔断器短路电流未达到最大值之前就断开电路的作用。因而选用具有限流作用的熔断器,对电气设备在动稳定性与热稳定性的要求可以相应地降低。

(4)临界电流和熔化系数

临界电流又称最小熔化电流,是指熔断器通过此电流时,经长时间以后能够使熔体熔化的电流最小值。而熔化系数是指熔断器临界电流与熔体额定电流之比,通常为 1.5~2,它反映了熔断器不同的保护特性。在实际应用中,如果被保护的设备为电动机,则熔化系数应该大一些,以避免电动机启动时熔体熔化,而影响电动机正常工作;反之,如果意在使熔断器能够保护小的过载电流,则熔化系数应该小一些。

3.2.3　熔断器和熔体的选择

由于熔断器的额定电流与熔体的额定电流是不同的,并且某一额定电流等级的熔断器可以装入几个不同额定电流的熔体,所以选择熔断器作为线路和电气设备的保护时,首先要选定熔体的规格,然后再根据熔体选择熔断器。

熔断器选择的一般原则有:

①熔断器额定电流应大于或等于所装熔体的额定电流。
②熔断器额定电压应大于或等于电网电压。
③熔断器的极限分断电流应大于或等于被保护设备可能出现的短路冲击电流的有效值,否则不可能获得可靠的短路保护。
④由于熔断器的保护特性是不稳定的,因此在电网中,各级熔断器必须相互配合以实现选择性。一般要求一级熔体的熔断时间至少为下一级熔断时间的3倍以上,以避免发生越级动作而扩大停电范围。
⑤熔断器熔体的熔断时间与启动设备动作时间应配合合理,当短路电流超过启动设备的极限遮断电流时,要求熔断器熔体的熔断时间小于启动设备断开时间,以避免损坏启动设备。一般要求熔断器熔体的熔断时间为启动设备断开时间的1/2,即可靠系数为2。
⑥熔断器与被保护导线或电缆之间应配合合理。在线路过负荷或短路时,绝缘导线或电缆出现过热甚至引起燃烧时,熔断器必须迅速可靠地切断电流。为此应满足:

$$I_{RN} < KI_Z \tag{3-1}$$

式中:I_{RN}——熔断器熔体的额定电流,A;

I_Z——绝缘电线或电缆的允许载流量,A;

K——绝缘电线或电缆允许短时过负荷系数,常用 K 值的选取如下:

a. 如果熔体只用于短路保护,且绝缘导线明敷,$K=2$;如绝缘电线穿管敷设或电缆,$K=2.5$。

b. 如果熔体既用于短路保护,又用于过负荷保护,且用于建筑中的照明线路,$K=0.8$。

⑦变压器和照明等负载,熔体额定电流应略大于或等于负载电流。
⑧用于保护电动机时,应考虑电动机启动电流的影响,可按下式选择:

$$I_{RN} \geq (1.5 \sim 2.5)I_N \tag{3-2}$$

式中:I_{RN}——熔断器熔体的额定电流,A;

I_N——电动机额定电流,A。

对于频繁启动的电动机,式(3-2)中的系数可选择 2.5~3.5。

⑨当用于保护多台电动机时,可按下式选择:

$$I_{RN} \geq (1.5 \sim 2.5)I_{Nmax} + \Sigma I_N \tag{3-3}$$

式中:I_{RN}——熔断器熔体的额定电流,A;

I_{Nmax}——容量最大的一台电动机的额定电流,A;

ΣI_N——容量非为最大的电动机的额定电流的总和,A。

3.3 低压刀开关

3.3.1 刀开关用途

刀开关是一种结构简单且带有刀刃楔形触头的开关电器。通常安装在低压配电系统的前端,主要用于配电设备中的电源隔离或不频繁地接通与分断额定电流以下的负载电流(根据结构的不同),一般不具备切断故障电流的能力。由于刀开关具有敞开式结构,有明显的断开点,因此断开时能有效地隔离电源。

3.3.2 刀开关的常用技术参数

①额定电压。刀开关在长期工作时所能承受的最大电压。目前我国生产的常用刀开关的额定电压一般为交流380V或直流440V。

②额定电流。刀开关在闭合位置允许长期通过的最大电流。

③分断能力。刀开关在额定电压下能够可靠开断的最大电流。刀开关在有灭弧罩,并采用连动杆操作时,允许开断额定值以下的负荷电流。反之,若无灭弧罩或采用手柄操作时,一般只能在无负荷或小负荷下操作,作为隔离开关使用。

④电动稳定性电流。刀开关通以某一最大短路电流时,若不会因其所产生电动力的作用而发生变形、损坏或触刀自动弹出等现象,则这一短路电流值的峰值就是刀开关的电动稳定性电流。

⑤热稳定性电流。当发生短路事故时,如果刀开关能在一定时间(通常为1s)内通过某一最大短路电流,而且此时刀开关并不会因温度的急剧升高而发生熔焊现象,则这一短路电流就称为刀开关的热稳定性电流。

3.3.3 刀开关的分类和常用类型

刀开关的类型很多,按极数的不同可以分为单极、双极和三极式;按灭弧结构的不同可以分为带灭弧罩的和不带灭弧罩的;按操作方式的不同可以分为手柄直接操作、杠杆操作、气动操作和电动操作;按合闸方向的不同又可以分为单投和双投等。常用的有以下几个类型。

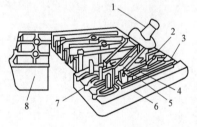

图3-11 开启式负荷开关
1-操作手柄;2-静触点;3-出线端;4-熔丝;
5-动触点;6-瓷座;7-进线端;8-胶盖

①开启式负荷开关。开启式负荷开关又称为胶盖刀闸开关,由瓷座、胶盖、刀闸和熔丝等部分组成,如图3-11所示。主要作为照明线路和分支线路的控制开关,三相刀开关也可作为不频繁操作的小型异步电动机(小于5.5kW)的控制开关,此时额定电流应按电动机额定电流的3倍选用。

②封闭式负荷开关。封闭式负荷开关又称为铁壳开关,由触头、灭弧系统、熔断器和操作机构等部分组成,如图3-12所示。一般应用于不频繁地接通和分断负荷电路,也可以用作15kW以下的电动机的不频繁启动的控制开关。

③熔断器式刀开关。熔断器式刀开关即为熔断器式隔离开关,又称为刀熔开关,是由低压刀开关与低压熔断器组合的开关电器,常见结构如图3-13所示。具有刀开关和熔断器的双重功能,既可带负荷操作,也可进行短路保护,通常用于低压成套配电设备中。

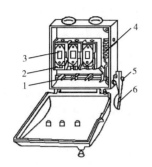
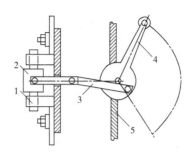

图 3-12 封闭式负荷刀开关
1-闸刀;2-夹座;3-熔断器;4-速断弹簧;5-转轴;6-操作手柄

图 3-13 熔断器式刀开关
1-弹性触座;2-熔断器的熔体;3-传动连杆;4-操作手柄;5-操作手柄配电屏面板

3.4 低压断路器

3.4.1 低压断路器的工作原理

低压断路器过去称为自动开关或自动空气开关,为了与 IEC 标准一致,现在改用此名。它是一种可以自动切断故障电路的开关电器。当设备电路发生短路、过负荷和失压等故障时,能够自动切断电路;正常情况时,也可以作为不频繁地接通和断开电路的开关使用。它主要由触头系统、灭弧装置、自动脱扣器、传动装置等组成,结构与接线如图 3-14 所示。

在实际使用时,断路器的主触点应串联在被保护电路中,当操作合闸后,如果线路电压及被保护电路正常,则主触点闭合,锁键由锁扣锁住,电路处于正常受电状态。反之,如果电路上出现短路故障时,主触点会根据过电流脱扣器动作通过杠杆的移动而跳开,进而切断电流;同样,当出现过负荷或线路电压严重下降及失压时,主触点也会根据所对应的热脱扣器和失压脱扣器的动作而跳开,切断电路。如果按下脱扣按钮,同样也会使主触点跳开。

3.4.2 低压断路器的分类和常用类型

低压断路器的分类方法很多,按全部断开时间可以分为一般型和快速型两类。快速型低压断路器具有限流开断能力,其中交流限流式低压断路器能够在短路电流第一个波峰最大值尚未出现时将电路分断;直流快速型低压断路器能够在短路电流尚未达到稳态短路电流时将电路分断。

按结构不同可以分为框架式低压断路器和小型低压断路器两类。框架式低压断路器又称万能式低压断路器,能够对配电电路和用电设备实现多种非正常情况的保护,如过电流、短路、欠电压保护等。通常是敞开地装设在金属框架上,其操作上可以通过各种传动机构实现手动(直接操作、分闸、杠杆连动操作等)或自动(电磁铁、电动机、压缩空气等操作),因此被广泛地用于工业企业的变配电所、发电站等。

如图3-15所示为目前较为常见的DW10型框架式低压断路器,其具有较为完善的灭弧罩,断流能力较强,并且合闸操作方式较多,除有直接手柄操作外,还有杠杆操作、电磁操作、电动操作等方式,如图3-16所示为DW型框架式低压断路器杠杆连动操作示意图。

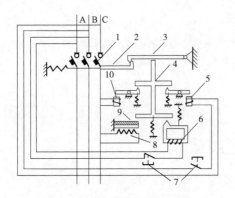

图3-14 低压断路器的原理结构与接线
1-主触头;2-锁键;3-锁扣;4-杠杆;5-分励脱扣器;6-失压脱扣器;7-脱扣按钮;8-加热电阻丝;9-热脱扣器双金属片;10-过电流脱扣器

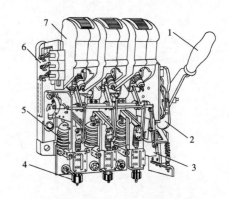

图3-15 DW型框架式低压断路器
1-操作手柄;2-自由脱扣器;3-失压脱扣器;4-过电流脱扣器电流调节螺母;5-过电流脱扣器;6-辅助触点;7-灭弧罩

小型低压断路器又称装置式低压断路器,可以分为塑料外壳式和微型式两种。小型低压断路器如图3-17所示,其结构特点是全部机构和导电部分都装设在一个塑料外壳内,一般装有热脱扣器和过电流脱扣器,分别作为过负荷和短路保护用。在壳体盖的中央部分露出操作手柄,供手动操作用,通常装设在低压配电装置中。

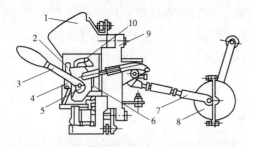

图3-16 框架式低压断路器杠杆连动操作示意图
1-灭弧室;2-斧头形杠杆;3-操作手柄;4-脱扣器;5-主轴;6-冲击杆;7-连杆;8-连杆传动机构;9-底架;10-掣子

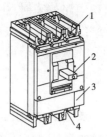

图3-17 塑料外壳式低压断路器外形
1-上接线端;2-操作手柄;3-绝缘外壳;4-下接线端

按用途可以分为配电用低压断路器、电动机保护用低压断路器、照明用低压断路器、漏电保护用低压断路器和特殊用途低压断路器等几种,具体见表3-1。

3 交通供配电高、低压电气设备

低压断路器按保护特性及用途的分类　　　表 3-1

名　称	电流类型和范围（A）	保护特性			主要用途
配电用断路器	交流 200~63 000	选择型	二段保护	瞬时、短延时	电源总开关和支路近端开关
			三段保护	瞬时、短延时、长延时	
		非选择型	限流型	短延时、瞬时	支路端开关和支路末端开关
			一般型		
	直流 600~6 000	快速型	有极性		保护硅整流设备
			无极性		
		一般型	长延时		保护一般直流设备
			瞬时		
电动机保护用断路器	交流 60~600	直接启动用	一般型	过电流脱扣器瞬动倍数$(8\sim15)I_N$	保护鼠笼型电动机
			限流型	过电流脱扣器瞬动倍数$12I_N$	
		间接启动用	过电流脱扣器瞬动倍数$(3\sim8)I_N$		保护鼠笼型电动机和绕线型电动机
照明用断路器	交流 5~50	过载长延时,短路瞬时(单级)			用于照明和二次信号回路
漏电保护用断路器	交流 20~200	30mA、0.1s 内分断			确保人身安全、防止漏电引起火灾
特殊用途的断路器	交流或直流	瞬时动作			灭磁开关和闭合开关

注:1. I_N 表示电动机额定电流。
　　2. 此表所给出的电流范围如需要可以超出。

3.4.3 低压断路器的常用技术参数

①额定电压。低压断路器长期运行时所能承受的工作电压。

②额定电流。过去称为脱扣器额定电流,表示脱扣器允许长期通过的电流,对于可调式脱扣器,则为脱扣器可以长期通过的最大电流。

③分断能力。是指在规定条件下能够接通和分段的短路电流。通常采用额定极限短路分断能力和额定运行短路分断能力两种方式描述。

④动作时间。也称为全分断时间,是指从电网出现短路的瞬间开始至触头分离后电弧熄灭,电路完全分断所需的时间。框架式和小型低压断路器的动作时间一般为 30~60ms;限流式和快速低压断路器的动作时间一般小于 20ms。

⑤过电流保护特性。低压断路器的过电流保护特性可以用各种过电流情况与断路器动作时间的关系来描述。为了能够起到更好的保护作用,低压断路器的保护特性必须与被保护对象的允许发热特性相匹配,即要求被保护对象的允许发热特性必须位于低压断路器的

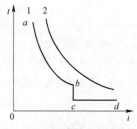

图 3-18 低压断路器与被保护对象保护特性的匹配
1-低压断路器的保护特性;2-被保护对象的发热特性

保护特性曲线的右侧,使被保护回路中的配电设备和用电设备免于受到不能允许的发热量和电动力的冲击,如图 3-18 所示。图 3-18 中曲线 1 表示三段保护特性,ab 段为过负荷长延时部分,与热脱扣器相同,属于反时限性的;bc 段为短延时部分,属于定时限的,即当电流达到某一定值时,经过一定时间的延时后动作;cd 段为瞬时部分,具有瞬时动作特性,当回路发生短路时,脱扣器立即动作,切断回路电流。由此可见,低压断路器的保护特性可以分为两段式(过负荷时长延时、短路时短延时)或三段式(过负荷时长延时、短路时短延时和特大短路时瞬时动作)。

3.4.4 低压断路器的选择

低压断路器的选择包括额定电压、额定电流及脱扣器整定电流(脱扣器不动作时的最大电流)的选择与确定。

(1)低压断路器选择的一般原则

①低压断路器的额定电压≥线路的额定电压。

②低压断路器的欠压脱扣整定电压=线路的额定电压。

③低压断路器的分励脱扣整定电压=控制电源电压。

④低压断路器壳架等级的整定电流=线路计算负载电流。

⑤低压断路器的脱扣器整定电流≥线路计算负载电流。

⑥低压断路器的额定短路通断能力≥线路中最大短路电流。

⑦线路末端单相对的短路电流≥1.5 倍断路器瞬时(或短路时)脱扣整定电流。

⑧低压断路器的类型符合安装条件、保护性能及操作方式的要求。

(2)配电用低压断路器的选择

①配电变压器低压侧低压断路器,应具有长延时和瞬时动作的特性。脱扣器的动作电流,应按下列原则选择:瞬时脱扣器的动作电流,为配电变压器低压侧额定电流的 6~10 倍;长延时脱扣器的动作电流,可以根据配电变压器低压侧允许的过负荷电流确定。

②出线回路开关脱扣器的动作电流,应比上一级脱扣器的动作电流至少低一个级差。

a. 瞬时脱扣器的动作电流,应该躲过电流回路中短时出现的尖峰负荷电流。

b. 长延时脱扣器的动作电流,可按回路最大负荷电流的 1.1 倍确定。

(3)电动机保护用低压断路器的选择

电动机保护用低压断路器按其作用可以分为两类,一类是只用作保护而不担负正常操作;另一类是既用于保护又用于不频繁操作。选择原则如下:

①低压断路器长延时电流脱扣器的整定电流等于电动机的额定电流。

②低压断路器瞬时(或短延时)脱扣器的整定电流应大于峰值电流。

(4)低压断路器的校验

①低压断路器的分断能力应大于安装的三相短路电流(周期分量有效值)。

②低压断路器的灵敏度应满足下式要求：

$$\frac{I_{\min}}{I_{op}} \geq K_{op} \tag{3-4}$$

式中：$I_{\min}$——被保护线路的最小短路电流，A；

I_{op}——瞬时脱扣器的动作电流，A；

K_{op}——动作系数，一般取1.5。

3.5 低压成套装置

3.5.1 低压成套装置的概述

低压成套装置是指由低压电器（如控制电器、保护电器、测量电器等）和电气部件（如母线、载流导体等）按一定要求和接线方式组合而成的一种成套低压配电设备，也称为低压成套设备。主要应用于发电厂、变配电所、企业等电力用户，作为动力、照明、配电设备。按外部设计的不同，可以分为开启式、前面板式和封闭式，而封闭式又分柜式、柜式组合式、台式、箱式和多箱组合式等；按安装位置的不同，可分为户外型和户内型；按安装条件的不同，可分为固定式和移动式等。

目前国产配电设备产品的外部设计多采用前面式（屏）、柜式（包括多柜组合）和箱式（包括多箱组合），也有部分产品（如开关柜中的控制中心）采用抽屉式柜的形式。

成套装置通常可以满足各种主接线的要求，并且具有占地面积小、安装、使用方便等特点。选用成套配电设备时应首先确定线路方案，这包括该配电设备在配电系统中的安装位置、配电系统的构成形式和具体线路等问题。目前我国生产的成套配电设备多为标准型产品，用户可以根据所选用的具体线路方案，按实际需要进行组合，以满足配电系统的需要。一般技术要求如下：

①配电装置的布置和导体、电器、架构的选择，应满足在当地环境条件下正常安全运行的要求。其布置与安装还应满足短路及过电压时的安全要求。

②配电设备应动作灵活，工作可靠。

③配电装置各回路的相序应一致，并应有相色标示。

④室内配电装置间隔内的硬导体及接地线应留有接触面和连接端子。

⑤充油电气设备的布置应满足在带电时可以安全、方便地观察油位、油温及抽取油样的要求。

3.5.2 常用低压配电屏

低压配电屏又称开关屏或配电盘、配电柜，它是将低压电路所需的开关设备、测量仪表、保护装置和辅助设备等,按一定的线路方案安装在金属柜内构成的一种组合式电气设备,用于对系统进行监控、保护、计量、电能分配。适用于发电厂、变配电站和电力用户作为额定工作电压不超过 380V 低压系统中的动力、配电。

我国目前生产的低压配电屏基本可以分为固定式和手车式两大类,其基本结构方式分为焊接式和组合式两种。由于固定式低压配电屏的价格较低,所以目前被广泛采用的,其主要类型有:PGL 型交流低压配电屏、GGD 型交流低压配电柜和 GCK 系列电动机控制中心。

PGL 型为户内开启式、双面维护(离墙安装)结构,通常采用的有 PGL1 型和 PGL2 型,其中的低压断路器分别采用 DW10、DZ10 型和 DW115、DZX10 型。

GGD 型为封闭式结构,其中的低压断路器主要采用 DW15 型,分断能力强,动热稳定性好,性能比较先进,是目前推广应用的一种新产品。

GCK 系列电动机控制中心是一种电力用户动力配电、照明配电及电动机控制用新型低压配电装置。根据功能特征可以分为 JX(进线型)和 KD(馈线型)两类,均为全封闭功能单元独立式结构,所有功能单元均可通过接口与可编程控制器或微处理器连接,作为自动控制系统的执行单元。

3.6 高压熔断器

3.6.1 高压熔断器的用途与原理

高压熔断器在供配系统中,主要用于 35kV 及以下的小容量输、配电线路及电力变压器、电压互感器等设备的过负荷和短路保护。高压熔断器的工作原理与低压熔断器相同,当通过短路电流或长期过载电流时它能够自行熔断,保护电气设备,其选择及使用方法也与低压熔断器基本相同。

3.6.2 高压熔断器的类型与分类

高压熔断器一般由熔断管、熔体、灭弧填充物、动静接触座、绝缘支持物及指示器等组成。按使用场所的不同可分为户内式和户外式两类。目前户内式广泛采用 RN 型高压管式熔断器,如图 3-19 所示;户外式则广泛采用 RW 型跌落式熔断器,如图 3-20 所示。

(1) 户内式高压熔断器

户内式高压熔断器也称为"限流式"熔断器。采用瓷熔管内充填石英砂填料的密封管式结构。当短路电流或过负荷电流通过熔体时,熔体熔断,同时,指示熔体也相继熔断,熔断指示器弹出,表示熔体已熔断。这种熔断器熔体熔断所产生的电弧是在填充石英砂的密闭瓷管内熔化的,所以其灭弧能力很强,能在短路电流尚未达到冲击值之前将电弧熄灭。由于限流式熔断器在限制短路电流时会产生过电压,因此要求限流式熔断器的工作电压必须和额定电压相符合,不得用于低于其额定电压的系统,以免产生过电压使其他设备的绝缘损坏。在实际应用中，RN1型高压熔断器主要作为高压线路和变配电设备的短路和过负荷保护；RN3型主要用于配电线路的短路保护；RN2、RN4型则主要用作电压互感器一次侧的短路保护。

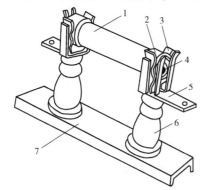

图3-19 RN型高压熔断器
1-熔断管;2-金属管帽;3-弹性接触座;4-熔断指示器;5-接线端子;6-陶瓷绝缘子;7-底座

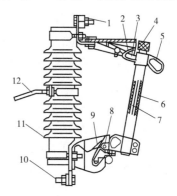

图3-20 RW型户外型高压跌落式熔断器
1-上接线端子;2-上弹性接触片;3-上动;4-套管;5-操作环;6-熔断管;7-下熔丝;8-下触头;9-下弹性接触片;10-下接线端;11-绝缘支柱;12-抱箍

（2）户外式高压熔断器

目前，户外式高压熔断器主要是指跌落式高压熔断器，主要用于输电线路和配电变压器的保护。这种跌落式高压熔断器由固定的支架和活动的熔断管组成，熔断管（熔体管）由树脂层卷纸板制成，且中间衬以石棉。熔体两端各压接一段连接用的编织铜绞线，它穿过熔断管，用螺栓固定上下两端的动触头上，可动的上触头被熔丝拉紧固定，并被上静触头上的"鸭嘴"中的凸撑卡住，熔断器处于"通路"位置，使电路接通正常运行。反之，当线路发生短路时，短路电流使熔体熔断，熔管内产生电弧。熔断管内壁在电弧作用下产生大量气体，使管内压力急剧增高，并且沿管道形成强烈的向外喷出的气流，将电弧熄灭。同时，熔丝熔断以后，熔断管上的上触头松脱，熔管因自重而从上静触头的"鸭嘴"中滑脱，并迅速跌落，切断短路电流，并形成明显可见的断开间隙。

3.7 高压断路器

3.7.1 高压断路器概述

高压断路器也称高压开关，是发电厂及变配电所的重要电气设备。在电力系统正常运行时，它能够切断和接通线路，以及电气设备的空载电流和负荷电流；当电力系统发生故障时，它能够与继电保护装置相配合迅速切断故障电流，防止事故范围扩大。并且大部分高压断路器还具有快速自动重合闸操作功能，能够在线路临时性故障排除后，自动及时地恢复正常运行。因此，高压断路器同时承担着控制和保护的双重任务，其工作情况直接影响电力系统的安全稳定运行。

3.7.2 高压断路器的常用技术参数

①额定电压。高压断路器运行中所能承受的正常工作电压(线电压)。

②额定电流。高压断路器长期允许通过的最大电流。

③额定开断电流。高压断路器在额定电压下能够可靠地切断最大电流(有效值),它表明了高压断路器的断路能力。当工作电压低于额定电压时,允许实际开断电流值要比额定值有所增大,但也不能超过断路器的极限断开电流。

④额定断流容量。由于断路器的开断能力不仅与开断电流有关,而且还与开断此电流时的工作电压相关,所以,一般用额定开断电流与额定电压的乘积来表示断路器的额定断流容量。

⑤动稳定电流。动稳定电流是指断路器处合闸位置状态所能通过的最大断路电流,也称极限通过电流。它表征断路器在冲击短路电流(峰值)作用下,所能承受的电动力能力。当断路器通过动稳定电流时,不会因电动力作用而损坏。

⑥热稳定电流。热稳定电流是指在规定时间内允许通过断路器的最大短路电流,它表征了断路器承受短路电流热效应的能力。

⑦合闸时间。配有操作机构的断路器自合闸线圈加载电压起到断路器接通为止所需的时间称为断路器的合闸时间。

⑧分闸时间。分闸时间是指从跳闸线圈加载上电压起,到断路器开断,且三相电弧完全熄灭为止所需的全部时间,也就是断路器的固有分闸时间与电弧完全熄灭的时间之和。对于一般断路器,分闸时间要小于合闸时间,为 $0.06 \sim 0.12s$。

3.7.3 高压断路器的分类与常用类型

高压断路器的类型很多,根据使用场合可分为户内式和户外式两种;根据灭弧原理的不同通常可以分为油断路器、压缩空气断路器、六氟化硫(SF_6)断路器和真空断路器。目前,压缩空气断路器已经基本不再使用了,油断路器虽然趋于淘汰但仍然被广泛采用,而真空断路器和 SF_6 断路器则日益被广泛应用。为此,下面重点介绍目前被广泛应用的 SN10-10 型少油断路器,而简要介绍真空断路器和 SF_6 断路器。

(1)少油断路器

油断路器是指以绝缘油作为介质的断路器。按油量的多少和功能的不同,又可以分为少油式和多油式两类。对于少油式高压断路器,油介质起着灭弧和触头间绝缘的作用,此时断路器外壳通常是带电的。而对于多油式高压断路器,油介质既起着灭弧作用,同时还兼有带电体与对地接地油箱之间的绝缘和散热介质的作用,此时断路器外壳通常是不带电的。

如图 3-21 所示为我国统一设计、推广应用的 SN10-10 型三相户内式高压少油断路器,广泛用于20kV及以下的发电厂和变配电站。它主要由油箱、传动机构和框架组成。油箱是核心部分,它由上帽、上出线座、静触头、绝缘筒、下出线座及基座组成。油箱上部的上帽内安装有油气分离器。油箱的中部是灭弧室和下端带有若干片状弧触指的插座式静触头。油箱下部是基座,操作断路器导电杆(动触头)的转轴和拐臂的传动机构位于其中,中间滚动触头固定在上面。

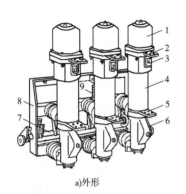 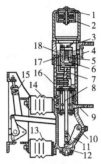

a)外形　　　　　　　　　b)一相油箱的内部结构

1-铝帽;2-上接线端子;3-油标;
4-绝缘筒;5-下接线端子;6-机
座;7-主轴;8-框架;9-断路弹簧

1-上帽;2-油气分离器;3-上接线端子;4-油标;5-弧触指;6-插座式静触头;7-灭弧室;8-动触头;9-下接线端子;10-转轴;11-拐臂;12-基座;13-下支柱瓷瓶;14-上支柱瓷瓶;15-断路弹簧;16-绝缘筒;17-逆止阀;18-绝缘油

图 3-21　SN10-10 型高压少油断路器

由于断路器合闸时,导电杆(动触头)要插入静触头内,而在这一过程中首先相互接触的是弧触指。反之,断路器分闸时,导电杆要与静触头脱离,而这一过程中最后脱离的是弧触指。因此,断路器无论是合闸,还是分闸,电弧总是在弧触指与导电杆端部之间产生。为此,为了避免烧损插座式静触头的工作触头,通常会在灭弧室上端,靠近弧触指的一侧嵌入吸弧铁片,利用磁吸原理使电弧偏向铁片,即使电弧偏向弧触指方向,而减小电弧与触头的接触面积。由此可见,断路器导电回路是由上接线端子→静触头→导电杆(动触头)→中间滚动触头→下接线端子。

高压少油断路器的灭弧主要依赖于断路器的灭弧室。一方面,当导电杆离开静触头,并向下运动时,所产生的电弧会使油分解,而产生气泡。这将导致静触头周围的油压剧增,此时灭弧室油压会随之迅速增大,灭弧沟及油囊也相继被打开,这时强烈的油气流会起到吹弧的作用。另一方面,导电杆向下的运动,也可以在灭弧室内形成附加油流射向电弧,起到了灭弧的作用。(2)真空断路器

真空断路器是指利用真空灭弧的一种断路器。这里的真空不是绝对的真空,而是真空度范围为 $10^{-12} \sim 10^{-8}\mathrm{Pa}$ 的稀薄气体。这是因为如果是绝对的真空,则会因为灭弧速度过快,而在感性电路中出现很大的过电压($u = L\mathrm{d}i/\mathrm{d}t$),威胁供电系统的安全稳定运行。

真空断路器的灭弧原理是高真空介质中的高绝缘强度和稀薄气体中电弧生产物(带电粒子和金属蒸气)具有很高扩散速度的特性,能够使电流过零后电弧暂时熄灭,触头周围的

金属蒸气迅速扩散,触头间隙介质的高绝缘强度迅速恢复,而实现触头分离。这种短燃弧时间(至多半个周期)既保证了断路器触头的快速分断,同时又不致产生很高的过电压。

真空断路器的特点:

①灭弧能力较强,燃弧及触头全分断时间短。

②触头电侵蚀小,电寿命长,触头不受外界有害气体的侵蚀。

③触头开距小,操作功小,机械寿命长。

④适宜于频繁操作和快速切断电路,特别是切断容性负载电路。

⑤体积小,质量轻,能够防火、防爆。

真空灭弧室是真空断路器绝缘与灭弧的关键部件,由动静触头、金属屏蔽罩、波纹管屏蔽罩、绝缘外壳等组成,如图3-22所示。动、静触头位于灭弧室的中部,且为圆盘形。波纹管起密封作用。动触头能够在相关运动机构的作用下,在真空灭弧室内沿轴向运动,实现分闸和合闸。触头周围设置金属屏蔽罩的目的是防止金属蒸气落到灭弧室壳体主绝缘上,并发生凝结。这是由于在触头刚分离时,触头之间所产生的高温度电弧会使触头表面产生金属蒸气,这一金属蒸气密度会随着触头分离和电弧电流的减小而逐渐减小。当电弧电流过零时,电弧会暂时熄灭,触头周围的金属蒸气就会迅速扩散,并凝结在屏蔽罩上。

高压真空断路器目前已在供配电系统中得到了广泛应用,主要产品是ZN系列真空断路器,如ZN12系列户内式真空断路器。该型号高压真空断路器用途非常广泛,既可以配置在固定式开关柜中,也可以配置在手车上。额定电流为1 250~3 150A,额定开断电流分别为31.5kA、40kA和50kA几种,分闸时间不大于0.06s,触头开距11mm。

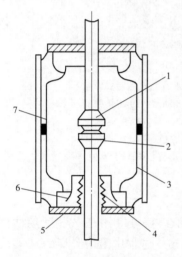

图3-22 真空断路器灭弧室结构
1-静触头;2-动触头;3-屏蔽罩;4-波纹管;
5-端板;6-波纹管屏蔽罩;7-外壳

(3)六氟化硫(SF_6)断路器

六氟化硫(SF_6)断路器是指采用SF_6作为灭弧介质和绝缘介质的断路器。为了满足遮断容量、电寿命、便于现场维护和避免绝缘油滴漏等要求,目前我国正在逐步推广使用SF_6断路器,并且已在高压系统得到了较好的应用。

虽然SF_6在150℃以下时,其化学性能相当稳定,但在电弧高温作用下还是要分解出氟(F_2),并且氟还能够与触头的金属蒸气结合成具有绝缘性的粉末状的氟化物,但这些氟化物能够在电弧熄灭后的极短时间内自动还原。因此SF_6断路器的触头一般都设计成具有自动净化作用的。

灭弧室是SF_6断路器绝缘与灭弧的关键部件,并且按其灭弧方式的不同,又可分为双压式、单压式。双压式是指断路器设有两种气压的SF_6气体,低压SF_6气体为3~5个大气压(1标准大气压=101.325kPa),只负责内部绝缘;而高压SF_6气体为10个大气压以上,用于吹弧分断。而单压式则是双压式SF_6断路器的升级换代产品,它的内部只设有一种压力的SF_6气体,压力为5~6个大气压,其工作原理是在短时间内提高压气室内的压力,当压力满足

3 交通供配电高、低压电气设备

吹弧需要时,再断开触头打开喷口,完成吹弧,同时吸收电弧能量,使电弧收缩并迅速冷却,直至将电弧熄灭。其基本结构如图3-23所示。其工作过程是在断路器开断过程中,由动触头带动压气活塞或压气罩,利用压缩气流吹熄电弧,分闸完毕时,压气作用停止,分离的动、静触头处在低压的SF_6气体中。

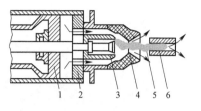

图3-23 单压式高压SF_6断路器灭弧室结构
1-压气活塞;2-汽缸;3-动触头;4-绝缘喷嘴;
5-电弧;6-静触头

单压式SF_6断路器也称压气式SF_6断路器,是目前应用最为广泛的SF_6断路器产品。其优点在于结构简单、气体液化温度低,不需额外加热装置,比起双压式SF_6断路器使用更为方便。

3.7.4 高压断路器的操作机构

高压断路器同低压断路器一样,其分闸、合闸动作也可以通过传动机构实现手动或自动等操作,按其动力源的不同可以分为手动操作机构和动力操作机构。如CD10型电磁操作机构、CS2型手动操作机构、CT7型弹簧操作机构。

CD10型电磁操作机构是一种户内悬挂式电磁操作机构,可以实现手动操作、远程合闸和跳闸,适于实现自动化,但需要直流操作电源。

CS2型手动操作机构可以实现手动和远程跳闸,合闸只能手动操作,由于操作电源采用了交流,简化了控制装置,而被中小供电系统广泛采用。

CT7型弹簧操作机构与电磁操作机构一样,可以实现手动、远程合闸和跳闸,并且在动力源方面,除采用交流操作电源外,还利用了弹簧机构储能,因而易于实现一次自动合闸,但结构复杂、价格较贵,因此应用相对较少。

3.8 高压隔离开关

高压隔离开关简称刀闸,没有专门的灭弧装置,所以不能用于接通和切断负荷电流及短路。由于它具有足够的热稳定性和动稳定性,所以不会因电动力的作用而自动断开。因此,高压隔离开关的主要用途如下:

①隔离电源。将电气设备与电源隔离,以保证被隔离的电气设备与电源之间形成明显的断开点以隔离带电部分,并且断开点间有足够的绝缘距离,以保证在恶劣气候条件也具有可靠地绝缘,并在过电压及相间闪络情况下,不致使断开点击穿而危及人身和设备安全,以保证安全地进行停电设备的检修。

②改变运行方式。在双母线的电路中,利用隔离开关将电气设备或供电线路从一组母线切换到另一组母线上。

③接通或断开小电流电路,如电压互感器、避雷器等电路。

高压隔离开关按安装地点的不同可以分为户内式和户外式两大类。户内式通常采用手动操作机构操作,而户外式则大多采用绝缘钩棒(令克棒)手工操作。另外,也可以采用电动机操作机构,如 CJ2-XG 型、CJ9-X 型操作机构。如图 3-24 所示为额定电压 10kV、额定电流 600A 的 GN8-10/600 型高压隔离开关结构图。

在电力系统中,通常为了保证操作的安全性,应设置与断路器、接地刀闸等装置配合使用。合闸时应首先合上隔离开关,最后再合上断路器等;反之,拉闸切断电路时,应首先断开断路器等,最后再断开隔离开关。上述操作顺序不允许颠倒,否则会发生严重事故。这是由于如果采用隔离开关切断负荷电流或短路电流,将会产生强烈的电弧,而又无法熄弧,这不仅会被烧毁隔离开关,而且很长的开弧还会造成多相短路或母线短路等故障。

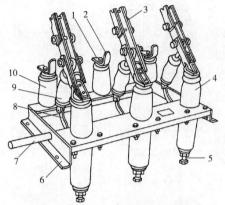

图 3-24 GN8-10/600 型高压隔离开关
1-上接线端子;2-静触头;3-闸刀;4-绝缘套管;5-下接线端子;6-框架;7-转轴;8-拐臂;9-升降瓷瓶;10-支柱瓷瓶

3.9 高压负荷开关

高压负荷开关是一种介于隔离开关与断路器之间的结构简单,具有简单灭弧装置的高压电器,当断开时,会有明显的隔离断口。主要用于闭合及断开规定范围内的负荷电流,但不能分断短路电流。因此在大多情况下,负荷开关要与熔断器配合使用,利用熔断器进行短路保护,此时相当于高压断路器,但容量不会很大,主要用于高压配电装置中的控制。

高压负荷开关按照灭弧方式的不同可以分为固体产气式、压气式、真空式和 SF_6 式等,而按安装地点的不同又可以分为户内式和户外式两大类。如图 3-25 所示为 FN3-10RT 户内

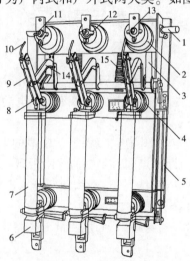

图 3-25 FN3-10RT 户内压气式高压负荷开关
1-主轴;2-上绝缘子兼汽缸;3-连杆;4-下绝缘子;5-框架;6-热脱扣器;7-RN1 型高压熔断器;8-下触座;9-闸刀;10-弧动触头;11-绝缘喷嘴(内有弧静触头);12-主静触头;13-上触座;14-绝缘拉杆;15-断路弹簧

压气式高压负荷开关。

3.10 高压成套配电装置

高压成套配电装置也称高压开关柜,是按一定的线路方案将相关的一、二次电器组装在一起构成一种高压成套电气设备,其中都安装有高压开关设备、保护设备、检测仪器、母线和绝缘子等,主要用于配电系统,作为接受与分配电能的设备。高压开关柜的种类很多,分类方法也有很多种,如:按断路器的安装方式的不同可以分为固定式和手车式;按柜体结构形式的不同可以分为开启式和封闭式。

对于用于交通共配电的一般中小型电力用户,目前普遍采用较为经济的固定式高压开关柜,其主要是 GG 系列(用于 3~10kV 系统)和 GBC 系列(用于 35kV 系统)。

3.11 电力变压器

3.11.1 电力变压器的作用与分类

电力变压器是变配电所最关键的一次设备,其功能是将电能的电压和电流变成另一种(或几种)不同电压和电流,且频率相同。供配电系统中,由于受绝缘水平的限制,发电机所输出的电压通常是 10.5kV,而为了减少远距离输电带来的线路损耗,通常都是采用高压输电形式,如采用 110 kV、220kV 等电压等级输电。因此,发电机输出的电压需要先经过变压器升压后,再通过高压输电线传送到远方的用电地区。由于电压过高不能直接被用户使用,所以还需要经变压器降压,以满足各类负荷的需要。因此,在电力系统中,需要大量各种电力变压器的配合使用,以满足供配电要求。

电力变压器的分类方法很多,按相数可以分为单相变压器和三相变压器。按变压器内部绝缘介质可分为油浸式变压器、干式变压器和充气式(SF_6)变压器。按作用可分为升压变压器、降压变压器、配电变压器和联络变压器。按容量系列可以分为 R8 容量系列变压器和 R10 容量系列变压器。所谓 R8 容量系列,是指容量等级是按 $R8 = \sqrt[8]{10} \approx 1.33$ 倍数递增的,如容量等级为 100、135、180、240、320、420kVA 的变压器;而所谓 R10 容量系列,是指容量等级是按 $R10 = \sqrt[10]{10} \approx 1.26$ 倍数递增的,如容量等级为 100、125、160、200、250、315kVA 的变压器。由于 R10 系列的容量等级相对较密,便于合理选用,同时也是 IEC 所推荐的,所以目前我国新变压器容量广泛采用 R10 容量系列。如图 3-26 所示为普通中小型三相油浸式电力变压器的总体结构。

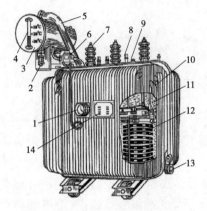

图 3-26 油浸式电力变压器
1-信号式温度计;2-吸湿器;3-储油柜;4-油位计;5-安全气道;6-气体继电器;7-高压套管;8-低压套管;9-分接开关;10-油箱;11-铁芯;12-线圈;13-放油阀门;14-铭牌

3.11.2 电力变压器的常用技术参数

(1) 额定电压

额定电压是指变压器长时间运行时所规定的工作电压。铭牌上的额定电压包括一、二次绕组额定电压。一次绕组额定电压是指加载在一次侧的电压;二次绕组额定电压是指当分接开关放置在额定电压位置,且一次绕组加载额定电压时,二次侧开路的电压值。对于三相变压器,额定电压是指线电压。

(2) 额定电流

额定电流是指变压器在额定容量下允许长时间通过的工作电流。对于三相变压器,额定电流是指线电流。

(3) 额定容量

额定容量是指变压器在额定工况条件下连续运行时二次侧输出能力(视在功率)的保证值,单位是 kVA。由于变压器正常运行时功率损耗很小,所以可以认为一、二次侧的额定容量是相等的。对于三相变压器则是指三相的总容量。

对于单相变压器,变压器额定电压、额定电流、额定容量的关系表示为:

$$S_N = U_N I_N \tag{3-5}$$

式中:S_N——变压器额定容量,kVA;

U_N——变压器额定电压,V;

I_N——变压器额定电流,A。

对于三相变压器,变压器额定电压、额定电流、额定容量的关系表示为:

$$S_N = \sqrt{3} U_N I_N \tag{3-6}$$

(4) 额定电压比

额定电压比是指高压绕组与低压绕组的额定电压之比,额定电压之比要大于 1。对于单相变压器,变压器的变比与额定电压比相等;但对于三相变压器,变压器的变比与额定电压比不一定相等。变压器的变比是额定相电压之比,而变压器的额定电压比则是额定线电压之比。当高压侧与低压侧接线方式相同时,二者相等;当高、低压侧接线方式不相同时,二者为 $\sqrt{3}$ 倍关系。

(5) 阻抗电压百分比

阻抗电压百分比也称作短路电压百分比,是指当变压器一、二侧的电流均为额定电流值时,二次绕组漏阻抗所产生的电压降占额定电压的百分比数。短路电压的物理意义即为该变压器在满载(电流达到额定值)运行时,变压器内部漏阻抗压降的数值。该数值的大小与变压器容量的大小有关,一般变压器容量小时,短路电压百分数也相对较小,当变压器容量增大时,短路电压百分数也逐渐增大。我国生产的电力变压器,按国家标准规定一般在 4%~24% 的范围内。

(6) 分接范围

分接范围也称作变压器调压范围,是指调节电压的最大、最小值的范围,以百分数表示。这一方法是通过改变变压器分接头开关位置,来改变高压绕组的匝数,从而改变变压器变比,来实现调整电压的。通常容量在 6 300kVA 及以下的电力变压器,高压绕组的分接头有 +5%,0,-5% 或 0,-5%,-10%。容量在 8 000kVA 及以上的电力变压器,高压绕组的分接头有 +5%,0,-5% 或 +5%,+2.5%,0,-2.5%,-5%。

对于升压变压器,当一次侧(低压侧)运行电压一定时,如果将二次侧(高压侧)分接头置于 +5% 位置,则高压绕组匝数就会比额定电压时的匝数增加5%,于是其二次高压侧输出电压就会提高5%。对于降压变压器,当一次侧(高压侧)运行电压一定时,如果将高压侧分接头置于 +5% 位置,则是将变压器的二次侧(低压侧)输出电压也降低了5%。

(7) 温升

温升是指变压器线圈或上层油面的温度与变压器所处环境的温度差。国家规定,当变压器安装地点的海拔高度不超过 1 000m 时,对于 A 级绝缘等级的油浸式变压器,绕组极限工作温度为105℃。由于绕组的平均温度要比油温高出10℃,所以规定变压器上层油面的温度不得超过95℃。如果变压器所处环境的温度不超过40℃,则变压器上层油面的温升限值应为55℃。为了不使变压器油迅速老化、变质,国家规定变压器上层油面的温度一般不应超过85℃。对于采用其他级绝缘等级的变压器,其温升限值可以增加。绝缘材料耐热等级见表3-2。

绝缘材料耐热等级　　　　表3-2

绝缘材料耐热等级	A	E	B	F	H	C
耐热温度(℃)	105	120	130	155	180	220

对于变压器,如果长期过负荷运行,温升必然过高,而使变压器的使用寿命缩短。对于 A 级绝缘等级的变压器,每增加6℃,其使用寿命会减少一半。因此,温升对于变压器的使用寿命影响很大。为此在变压器运行时,应注意其温升变化情况。

3.11.3 电力变压器的联结组别

由于当变压器一、二次(或一、二、三)绕组采用不同的联结方式时,变压器一、二次(或一、二、三)侧所对应的线电压之间就会出现不同的相位关系,因此可以按一、二次线电压的相位关系把变压器绕组的联结分成各种联结组,即为变压器的联结组别。

理论和实践证明,对于三相变压器,无论绕组采用何种联结方法(包括绕组的联结方法、绕组的绕向及绕组端子的首末端定义等的不同),其一、二次侧线电压的相位差总是30°电角度的整数倍。因此,通常采用"时钟表示法",即用钟面上的12个数字来表示这种相位差。具体方法是把高、低绕组的两个线电压相量三角形的重心重合在一起,并把高压侧线电压相量三角形的一条中线作为时钟的长针,指向钟面的数字12,再把低压侧线电压相量三角形中相对应的中线作为时钟的短针,则此时短针所指向的钟点数即为该变压器的联结组"标号"。由此得联结组"标号"为 0~11 共计12个,每个标号相差30°电角度。对于一般 6~10kV 用户变电所的变配电变压器(二次侧电压为380V/220V)通常选用 Yn0 或 Dyn11 两种联结组标号的变压器。

Yyn0 联结组标号变压器的绕组接线图和相应的相量图如图 3-27 所示,Y 表示高压侧三相绕组采用星形连接;y 表示低压侧三相绕组也采用星形连接;n 表示低压侧三相绕组有中性线引出,即绕组的三个首端为引出端,而三个末端则连接在一起,并将其引出作为中性线;0 表示高、低压侧相互对应的线电压是同相位的。对于该标号变压器,由于高、低压侧各绕组均以同名端作为首端,则相电压 $\dot{U}_A$、$\dot{U}_B$、$\dot{U}_C$ 同与之对应的 $\dot{U}_a$、$\dot{U}_b$、$\dot{U}_c$ 同相位,此时,若将高压绕组线电压 $\dot{U}_{AB}$ 作为时钟的长针,指向时钟钟面的数字 12,则相对应的低压绕组线电压 $\dot{U}_{ab}$ 作为时钟的短针,并指向时钟钟面的数字 12,即 0 点钟时刻。

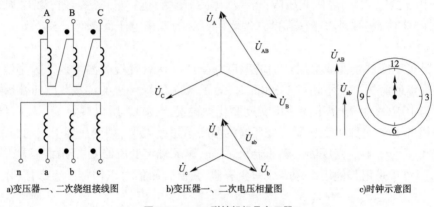

a)变压器一、二次绕组接线图　　b)变压器一、二次电压相量图　　c)时钟示意图

图 3-27　Yyn0 联结组标号变压器

Dyn11 联结组标号变压器的绕组接线图和相应的相量图,如图 3-28 所示。D 表示高压侧三相绕组采用三角形连接,y 表示低压侧三相绕组采用星形连接,n 表示低压侧三相绕组引出中性线,11 表示高、低压侧相互对应的线电压相位相差 30°,且高压侧线电压超前低压侧线电压 30°。对于该型号变压器,高、低压侧各绕组均以同名端作为首端,若用高压绕组线电压 $\dot{U}_{AB}$ 作为长针指向时钟钟面的数字 12,则相对应的作为短针的低压绕组线电压 $\dot{U}_{ab}$ 将指向时钟钟面的数字 11,即 11 点钟位置,即二者相位相差 30°。

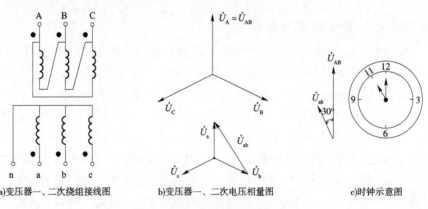

a)变压器一、二次绕组接线图　　b)变压器一、二次电压相量图　　c)时钟示意图

图 3-28　Dyn11 联结组标号变压器

我国过去的配电变压器大多采用的是 Yyn0 结构,而近些年 Dyn11 结构开始被广泛采用。这是由于 Dyn11 结构较 Yyn0 结构有以下优点:

①对于 Dyn11 结构变压器,其 3n 次(n 为正整数)谐波电流能够在三角形接线的一次绕组内形成环流,不致注入公共高压电网,这较之一次侧绕组为星形接线的 Yyn0 结构变压器能够更有利于抑制高次谐波电流。

②Dyn11 结构变压器的零序阻抗要比 Yyn0 结构变压器的零序阻抗小得多,从而有利于低压单相接地短路故障的保护和切除。

③当接用单相不平衡负荷时,由于 Yyn0 结构变压器要求中性线电流不超过二次绕组额定电流的 25%,因而严格地限制了接入单相负荷的容量,进而影响了变压器能力的充分发挥。为此,国家标准《供配电系统设计规范》(GB 50052—2009)规定:低压为 TN 及 TT 系统时,应首选 Dyn11 结构变压器。

由于 Yyn0 结构变压器一次侧绕组的绝缘强度要求比 Dyn11 结构变压器低,比 Dyn11 结构变压器的售价低,因此,对于 TN 及 TT 系统,当单相不平衡负载所引起的中性线电流不超过低压绕组额定电流的 25%,且当某一相满载电流不超过额定值时,也可以选用 Yyn0 结构变压器。

3.11.4 干式变压器

干式变压器是指采用以空气作为铁芯和绕组的冷却介质,并依靠其对流进行冷却的变压器。一般用于对安全防火要求较高的场合。干式变压器按其结构的不同,通常可以分为开启式、封闭式和浇筑式。

(1)开启式

开启式是最为常用的形式,变压器器身与空气直接接触,适用于比较干燥、清洁的室内环境,其冷却方式可以采用空气自冷和风冷两种形式。

(2)封闭式

变压器器身处在封闭的壳内,与外部空气不直接接触。该结构的干式变压器可以用于恶劣环境中,如用于易燃易爆的矿山。由于变压器器身被封闭,散热变差,所以也有采用填充 2~3 个大气压六氟化硫气体,并加以强循环结构的封闭式干式变压器。这种结构适用于高电压等级的变压器,此时已成为气体绝缘变压器。

(3)浇筑式

是指采用以环氧树脂或其他树脂浇筑作为绝缘介质的变压器,通常可以满足 25 000kVA、35kV 以下负荷要求,且结构简单、体积小,能够深入负荷中心,所以被广泛用作电气设备的配套装置。如图 3-29 所示为常见的环氧树脂浇筑绝缘三相干式变压器结构。

干式变压器与油浸式变压器相比,由于其绝缘强度和散热性能都比油差,且有效材料消耗要多一些,制造成本较高,所以干式变压器只在地下铁道、隧道、建筑物等防火等级要求较高的场所适用。如深圳轨道交通 3 号线全线牵引变压器和降压变压器均采用树脂浇筑干式变压器。

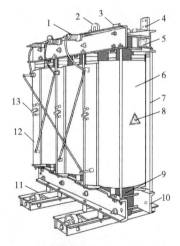

图 3-29 环氧树脂浇筑绝缘三相干式变压器
1-高压出线套管;2-吊环;3-上夹件;4-低压出线接线端子;5-铭牌;6-环氧树脂浇注绝缘绕组;7-上下夹件拉杆;8-警示标牌;9-铁芯;10-下夹件;11-底座;12-高压绕组相间连接导杆;13-高压分接头连接片

3.12 互 感 器

3.12.1 互感器概述

互感器是电路系统中一次侧和二次侧之间的联络元件,是一种特殊的变压器,它可以向测量仪表、继电器的电压线圈和电流线圈等设备供电,使之能够正确地反映电气设备的运行及故障情况。互感器按其功能不同可以分为电压互感器和电流互感器。其主要功能包括以下几项。

①用于向二次系统提供一次系统的电压、电流信号。这些电压、电流信号送至测量、控制及调节系统,并经过分析计算,指示出一次系统的运行状态正常与否,为控制和调节系统提供依据。

②用于使仪表、继电器等二次设备与主电路的电气隔离。这既可以避免主电路的高电压直接引入仪表、继电器等二次设备,又可以防止仪表、继电器等二次设备的故障影响主电路,提高了一、二次电路的安全性,进而有利于人身安全。

③用于扩大仪表、继电器等二次设备的应用范围,使二次系统的装置和仪表小型化、标准化。对于电压互感器,一次侧额定电压与电力系统的额定电压相同,一般使二次侧额定电压为100V;对于电流互感器,一次侧额定电流有多种,而在实际使用中为了便于系统工作电流的相互匹配,一般使用二次侧额定电流为5A。因此,不管是何种电压、电流的系统,其二次系统经互感器获取的电压、电流信号的额定值分别为100V、5A,从而使二次系统设备的容量小型化,并且还可以按标准化进行生产制造,实现各种系统的通用化。

3.12.2 电压互感器

(1)电压互感器的基本原理

电压互感器是将电力系统高电压变换成一定标准的低电压的电气设备。从结构上讲,电压互感器是一种小容量、高电压比的降压变压器,如图3-30所示。电压互感器与降压变

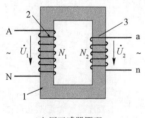

a)电压互感器原理

1-铁芯;2-一次绕组;3-二次绕组

b)常用电压互感器外形结构

1-一次绕组接线端子;2-高压绝缘套管;3-一、二次绕组,树脂绝缘;4-铁芯;5-二次绕组接线端子

图3-30 电压互感器

压器不同之处是电压互感器不用于输送电能,而仅作为测量和保护用的标准电源,并且为了便于测量仪表、继电器及自动装置的系列化和标准化生产制造,我国统一规定电压互感器二次侧电压的额定值为100V。电压互感器工作时,一次侧绕组并联在一次电路中,二次侧绕组与仪表、继电器等电器的电压线圈并联连接。由于这些电器电压线圈的阻抗一般都很大,所以电压互感器工作时二次侧接近于空载状态。

于是,电压互感器一、二次侧电压之间的关系为:

$$U_1 \approx \frac{N_1}{N_2}U_2 = K_V U_2 \tag{3-7}$$

式中:U_1——电压互感器一次侧电压,V;

U_2——电压互感器二次侧电压,V;

N_1——电压互感器一次侧绕组的匝数;

N_2——电压互感器二次侧绕组的匝数;

K_V——电压互感器的电压比,即电压互感器一次、二次侧绕组的匝数比。

(2)电压互感器的误差等级

电压互感器的误差通常有两种。一种是电压误差,用 ΔU 表示;另一种是角误差,用 δ_V 表示。电压误差对测量仪表的指示及继电器的输入值都会带来直接影响;而角误差只是对功率型测量仪表和继电器带来影响。

电压误差是指电压互感器二次绕组电压实际测量值 U_2 与额定电压比 K_V 的乘积与一次绕组电压实际测量值 U_1 差值对 U_1 的百分比。即:

$$\Delta U = \frac{U_2 K_V - U_1}{U_1} \times 100\% \tag{3-8}$$

角误差是指电压互感器二次绕组电压相量 $\dot{U}_2$ 旋转180°后与一次绕组电压相量 $\dot{U}_1$ 之间的夹角,即 $-\dot{U}_2$ 与 $\dot{U}_1$ 的相角差。同时还规定,当 $-\dot{U}_2$ 超前于 $\dot{U}_1$ 时 δ_V 为正值,反之为负值。

电压互感器误差的数值就是它的准确度(级数),通常分为0.2、0.5、1、3共四级。0.2级用于实验室的精密测量,0.5级和1级一般用于发配电设备的测量和保护,电能计量一般采用0.5级,3级则用于非精密测量及要求不高的继电保护。

由于电压互感器二次回路的负载及功率因数,对电压互感器的误差有显著影响。为了提高精度,应使互感器二次负荷容量不大于其准确度级所限定的额定二次负荷容量,保证其在正常运行时接近于空载,使负载电流要接近于零。即:

$$S_{2N} \geq S_2 \tag{3-9}$$

式中:S_{2N}——互感器额定二次负荷容量,VA;

S_2——互感器二次负荷容量,VA,即互感器二次侧所有并联的仪器、继电器电压线圈总容量。

(3)电压互感器的容量

对于电压互感器一般都要标出额定容量和最大容量。这是因为电压互感器的误差与其负荷容量有关,不同准确度等级将对应于不同的负荷容量。额定容量是指在额定条件下,对应于所规定的准确度等级的负荷容量。最大容量是指满足线圈发热条件时所允许的最大负荷容量。当电压互感器按最大容量运行时,其误差往往要大于其准确度等级所规定的误差。

(4) 电压互感器的分类

电压互感器按相数可以分为单相式和三相式两种,通常采用单相式,只有在10kV及以上才制作成三相式结构。按每相绕组数可以分为双绕组式和三绕组式。三绕组式电压互感器具有两个二次绕组,用于测量的绕组称其为基本二次绕组,用于接地保护的绕组则称为辅助二次绕组。按绝缘方式又可以分为干式、浇注式和油浸式。干式电压互感器多用于低压电路,浇注式多用于3~35kV电路,而油浸式则主要用于35kV及以上的电路。

(5) 电压互感器的接线方式

电压互感器接线应该遵守一次侧绕组并联在一次电路中,二次侧绕组与仪表、继电器等电器的电压线圈并联构成闭合回路的原则。在三相电力系统中,电压互感器按其作用不同,通常有如下四种接线方案:

①1个单相电压互感器的接线,为仪表、继电器提供一个线电压,如图3-31a)所示。

②2个单相电压互感器连接成V/V形,为仪表、继电器接成三相三线制电路提供线电压。该方法目前被广泛应用于变电所的6~10kV高压配电装置中,如图3-31b)所示。

③3个单相电压互感器连接成Y_N/Y_n形,向供给要求为线电压的仪表、继电器,以及进行相电压绝缘检测的电压表提供相电压,如图3-31c)所示。

④1个三相五芯柱三绕组电压互感器连接成$Y_N/Y_n/L$形,星形Y_N/Y_n接线的二次绕组用于测量线电压和相电压;开口三角L形接线的二次绕组作为零序电流的滤波器,接绝缘监测用电压继电器。在正常情况下,三相电压对称,加载在开口三角L上的电压为0,但当一次电路发生单相接地短路时,在开口三角L上将感应出一定电压值的零序,电压继电器将会动作,发出相应的预告信号,如图3-31d)所示。

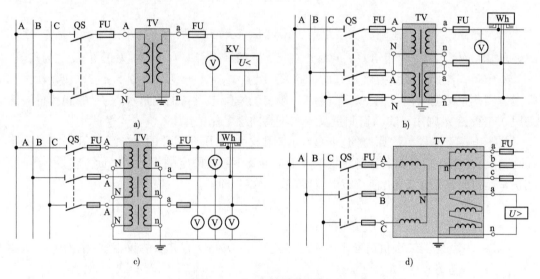

图3-31 电压互感器的接线方案

QS-隔离开关;FU-熔断器;KV-电压继电器;Wh-电能表

(6) 使用电压互感器的注意事项

①电压互感器在工作时,其二次绕组不允许短路。这是因为电压互感器二次绕组的短路阻抗很小,当二次绕组发生短路时,短路电流会很大,而损坏互感器。为此,电压互感器在

使用时,二次侧电路中应串接熔断器,作为短路保护。

②电压互感器的铁芯及二次绕组的一端必须可靠接地。其目的是防止一、二次绕组间的绝缘击穿时一次绕组的高电压窜入二次侧,危及人身和设备的安全。

③电压互感器二次侧所连接的测量仪表和继电器的电压线圈应按要求的极性连接。

3.12.3 电流互感器

(1) 电流互感器的基本原理

电流互感器是将高电压系统中的电流或低压系统中的大电流变换成一定标准小电流的电气设备。为了便于测量仪表、继电器及自动装置的系列化、标准化生产制造,我国统一规定电流互感器二次侧电流的额定值为 5A 或 1A(适用于弱电控制系统)。电流互感器基本结构原理如图 3-32 所示,其结构特点是一次绕组匝数很少,而二次绕组匝数很多。有时还可以没有一次绕组,如母线式电流互感器,利用穿过其铁芯的一次电路(即母线)作为一次绕组,此时相当于匝数为 1。工作时,一次绕组应串接在一次电路中,而二次绕组与仪表、继电器等的电流线圈串联构成闭合回路。由于电流线圈的阻抗一般都很小,所以电流互感器工作时其二次回路接近于短路状态。

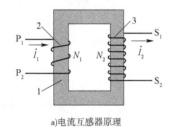
a)电流互感器原理
1-铁芯;2-一次绕组;3-二次绕组

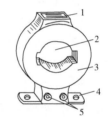
b)常用电流互感器外形结构
1-铭牌;2-一次母线穿孔;3-铁芯;二次绕组;4-安装板;5-二次绕组接线端子

图 3-32 电流互感器

电流互感器一、二次侧电流之间的关系为:

$$I_1 \approx \frac{N_2}{N_1}I_2 = K_I I_2 \tag{3-10}$$

式中:I_1——电流互感器一次侧电流,A;
I_2——电流互感器二次侧电流,A;
N_1——电流互感器一次绕组的匝数;
N_2——电流互感器二次绕组的匝数;
K_I——电流互感器的电流比,即电流互感器二次、一次绕组的匝数比。

(2) 电流互感器的误差等级

电流互感器的误差同电压互感器一样,也分为电流误差(用 ΔI 表示)和角误差(用 δ_I 表示)两种。电流误差对测量仪表的指示及继电器的输入值都会带来直接影响;而角误差只是对功率型测量仪表和继电器带来误差。

电流误差是指电流互感器二次绕组电流实际测量值 I_2 与额定电流比 K_I 的乘积与一次绕组电流实际测量值 I_1 差值对 I_1 的百分比。即:

$$\Delta I = \frac{I_2 K_I - I_1}{I_1} \times 100\% \tag{3-11}$$

角误差是指电流互感器二次绕组电流相量 $\dot{I}_2$ 旋转 180°后与一次绕组电流相量 $\dot{I}_1$ 之间的夹角,即 $-\dot{I}_2$ 与 $\dot{I}_1$ 的相角差。同时还规定,当 $-\dot{I}_2$ 超前于 $\dot{I}_1$ 时 δ_I 为正值,反之为负值。

电流互感器准确度(级数)是按其误差的大小划分的,其大小与一次侧电流的大小、铁芯质量、结构尺寸及二次侧负载阻抗有关,通常分为 0.1、0.2、0.5、1、3、5、10 共七级。0.1 级、0.2 级用于实验室的精密测量;一般测量用 0.5 级;监控测量一般用 1 级、3 级;保护性测量一般用 1 级以上的。电流互感器负载的大小直接影响其测量精度,为此,在实际使用时应要求实际负载阻抗不大于规定准确度下的阻抗值。

(3) 电流互感器的接线方式

电流互感器的接线应该遵守一次绕组与被测电路串联,二次绕组与仪表、继电器等的电流线圈串联构成闭合回路的原则。在三相电力系统中,电流互感器按其作用不同通常有如下四种接线方案。

① 一相式接线。只采用一个电流互感器测量一次电路相对应的相电流。该方法通常用于三相对称电路中,供测量电流、电能或过载保护用,如图 3-33a)所示。

② V 形接线。通常也称两相不完全星形接线。该方法在中性点不接地的三相三线制电路中被广泛用于测量三相电流、电能及过电流保护,如图 3-33b)所示。其中 $\dot{I}_a + \dot{I}_c = -\dot{I}_b$ 反映的是未接入电流互感器相的相电流。

③ 两相电流差接线。这种接线方式适用于中性点不接地的三相三线制电路中,用于过电流继电保护,此时也称作两相一继电保护,如图 3-33c)所示,互感器二次侧公共线上的电流为 $\dot{I}_a - \dot{I}_c$。

④ 三相星形接线。这种接线方式要采用三个电流互感器,它们能够准确反映各相的电流,一般用于负载不对称的三相四线制,或负载不对称的三相三线制电路中,用于电流、电能的测量及过电流继电保护,如图 3-33d)所示,其中流过中性线的电流为 $\dot{I}_a + \dot{I}_c + \dot{I}_b$。必须指出,这种接线方式必须有中性线。如果没有中性线,当保护范围内发生单相接地短路时(假如 B 相),故障相的二次电流将没有正常流通路径,只能通过 A、C 相流回。此时由于电流互感器二次线圈本身的阻抗很大,B 相电流互感器将会达到不能允许的过负荷。反之,如果有中性线存在,则 B 相的短路电流将流过发生故障相的继电器与中性线所形成的回路。

(4) 电流互感器的使用注意事项

① 电流互感器在运行时,二次绕组不允许开路,否则会产生高电压,危及人身和设备的安全,因此电流互感器的二次侧不允许串接熔断器。如果运行中必须要拆下所连接的电流表,则应该先将电流互感器二次侧短路,然后再拆除电流表。

② 电流互感器的铁芯及二次绕组的一端要可靠接地,以避免在绝缘损坏时带电,危及人身和设备的安全。

③ 电流互感器的一次、二次绕组都标有" + "、" - "或" · "表示同名端,所以二次侧连接功率表或电能表的电流线圈时,其极性不能接错。

3 交通供配电高、低压电气设备

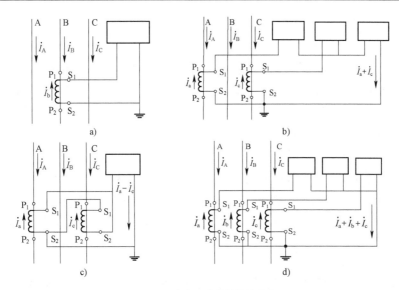

图 3-33 电流互感器的接线方案

3.13 电线与电缆

3.13.1 概述

电线与电缆是电力系统中构成电网的重要元件,担负着输送和分配电能的作用。"电线"和"电缆"并没有严格的界限。通常将芯数少、产品直径小、结构简单的产品称为电线;而将由几根或几组导线绞合在一起,且每组导线之间相互绝缘,整个外面包有高度绝缘覆盖层的产品称为电缆。

电力系统采用的电线与电缆产品主要有架空裸线、汇流排(母线)、电力电缆(塑料线缆、油纸电力电缆、橡套线缆、架空绝缘电缆)、分支电缆(取代部分母线)、电磁线及电力设备用电线电缆等。其中,裸电线因其自身没有绝缘层,散热性好,应用时需要绝缘子支持,因此仅用于户外架空线路;电缆因其自身带有绝缘层,所以多用于户内。如图3-34所示为常用的钢芯铝绞线和油浸纸绝缘电力电缆的基本结构。

a) 钢芯铝绞线

1-钢芯;2-铝线

b) 油浸纸绝缘电力电缆

1-缆芯;2-油浸纸绝缘层;3-麻筋;4-油浸纸统包绝缘;5-铅包(内护层);6-涂沥青的纸带(内护层);7-浸沥青的麻被(内护层);8-钢铠(外护层);9-麻被(外护层)

图 3-34 电线电缆

3.13.2 电线与电缆的选择

在选择电线和电缆的型号与截面积时,一方面,既要保证电力系统的安全可靠运行,又要充分利用电线和电缆的负载能力;另一方面,由于电线和电缆所用的有色金属(铝、铜)都是经济建设需求量很大的物资,因此,正确地选择导线与电缆的类型与截面积,具有重要意义。

(1)电线与电缆类型的选择

选用电线电缆时,既要考虑其用途和敷设条件,又要考虑安全性等因素。例如,根据用途不同,可选用电力电缆、架空绝缘电缆、控制电缆等;根据敷设条件不同,可选用一般塑料绝缘电缆、钢带铠装电缆、钢丝铠装电缆、防腐电缆等;根据安全性要求,可选用阻燃电缆、无卤阻燃电缆、耐火电缆等。

(2)电线与电缆截面积选择的基本原则

①满足发热条件,在最高温度和最大负荷的条件下,保证电线不会被烧毁,即电线中长时间通过的持续电流应不大于允许电流。

②满足电压损失条件,以保证线路的电压损失不超过允许值。

③满足机械强度条件,在任何恶劣的条件下,应保证在电气安装和正常运行过程中电线不会被拉断,即满足架空线路的最小允许截面积。

④满足经济电流密度条件,以节约电能损耗和节约有色金属及相应的线路投资,达到最佳。

(3)电线与电缆截面积的选择方法

①按机械强度选择电线与电缆的最小截面积。架空线在运行中除要承受自身质量的载荷外,还要承受温度变化及冰、雪、风等外荷载。这些荷载可能使电线电缆承受的拉力大大增加,甚至造成断线故障。为此,为了保证安全,应该使电线与电缆具有一定的抗拉强度,不至于在大风、覆冰及低温等不利气象条件下,发生断线故障,需要使电线与电缆的截面积不能小于某一规定的最小值。按机械强度要求规定的电线与电缆的最小截面积见表3-3。

电线与电缆的最小截面积(mm^2)　　　　表3-3

电线与电缆的种类	3~10kV 线路 居民区	3~10kV 线路 非居民区	0.4kV 线路	接户线路
铝绞线及铝合金线	35	25	16	绝缘线6.0
钢芯铝绞线	25	16	16	—
铜线	16	16	直径3.2mm	绝缘铜线4.0

②按允许载流量选择电线与电缆的截面积。当电线与电缆线路通过长期最大负荷电流(即计算电流值)时,电线与电缆线的温度不应超过其连续发热最高允许温度,对于铝导线一般为70℃,铜导线为70~85℃,电缆为60~80℃。

电线与电缆的温度不超过允许温度时,电线与电缆中所能通过的最大电流称为允许电流。电线与电缆的允许电流值既与导电材料、结构、截面积、敷设条件有关,又与其环境温度有关。为此,为了方便起见,一般文献只列出标准空气温度为25℃时电线与电缆的允许电

流。而求解其他温度的允许电流时,应再乘以一个校正系数,该校正系数的计算式为:

$$K_t = \sqrt{\frac{t_1 - t_0}{t_1 - t_2}} \quad (3\text{-}12)$$

式中:K_t——温度校正系数;
t_0——电线与电缆敷设处的环境温度,℃;
t_1——电线与电缆允许长期工作的最高温度,℃;
t_2——标准温度,即25℃。

在实际应用中,所用的环境温度应该是一年中较高的温度,通常用当地最热月份的最高气温平均值。于是,电线与电缆的允许电流计算式为:

$$I_1 = K_t I_2 \quad (3\text{-}13)$$

式中:I_1——实际应用中电线与电缆的允许电流,A;
I_2——标准气候下电线与电缆的允许电流,A。

③按经济电流密度选择电线与电缆的截面积。对于电线与电缆的选择,从技术角度而言,电线与电缆的截面积越大,电能损耗就越小;但从经济角度而言,截面积越大,线路投资、维修费用和有色金属用量都要增大。因此,从经济方面考虑,电线与电缆的截面积可以选择一个比较合理的数值,既有比较小的电能损耗,又不致过分增大线路投资、维修费用和有色金属用量。这种从经济效益考虑,以使线路投资和运行费用的综合效益最佳的电线与电缆截面积,称为经济截面积。

技术经济计算结果表明:为了保证所选择的电线与电缆截面积在经济上最合理,线路上通过的电流与截面积之比应为一个常数,并且将这个常数称为经济电流密度。计算式为:

$$S = \frac{I_L}{J} \quad (3\text{-}14)$$

式中:S——电线与电缆的经济截面积,mm^2;
I_L——线路最大负荷电流,A;
J——经济电流密度,A/mm^2。

各国根据其具体国情都规定了各自的电线与电缆的经济电流密度,我国的经济电流密度见表3-4。

电线与电缆的经济电流密度(A/mm^2)　　　　表3-4

线路类型	导电材质	年最大有功负荷利用小时数		
		3 000h以下	3 000~5 000h	5 000h以上
架空线路	铜	3.00	2.25	1.75
	铝	1.65	1.15	0.90
电缆线路	铜	2.50	2.25	2.00
	铝	1.92	1.73	1.54

在选择电线与电缆的截面积时,应尽可能地接近按式(3-14)计算得出的经济截面积,电线与电缆标准截面积可以查阅电力工程电气设计手册,若计算值处于两个标准截面积之间,一般选取较大的。

按经济电流密度所选择的导体截面积必须满足式(3-13)的要求,即电线与电缆不能超过允许温度所对应的允许电流。此外,还要按发热条件和机械强度进行校验。按经济电流密度选择的导体截面积的方法,一般只用于高压线路。

例 3-1 某变电所以 35kV 架空线路向用户供电,已知该用户的视在计算负荷为 1 313.5kV·A,年最大负荷利用小时数为 5 600h,架空线路拟采用 LGJ 线,试选择其经济截面积。

解: 工作时的计算电流为:

$$I = \frac{S}{\sqrt{3}U_N} = \frac{1\ 313.5 \times 10^3}{\sqrt{3} \times 35 \times 10^3} = 21.7(A)$$

通过查表 3-5 电线与电缆的经济电流密度可得,架空钢芯铝绞线在年最大有功负荷利用小时数为 5 600h 时对应的经济电流密度为 0.90A/mm²。

于是,经济截面积为:

$$S = \frac{I_L}{J} = \frac{21.7}{0.90} = 24.1(A/mm^2)$$

因此,选择截面积为 25mm² 的标准 LGJ-25 钢芯铝绞线。

④按允许电压损失选择电线与电缆的截面积。由于电力系统线路导体必然存在电阻、电感,所以当电流通过线路时必然产生电压降。因此,为了确保用户的电压保持在合格的水平上,线路上的电压降必须限制在一定的范围内,即规定了受电端用户的允许电压偏差。

a. 线路电压损失的计算。对于三相对称系统,各相线路中电流、电压的大小相等,相位差相等,所以可以先计算某一相的电压损失后,再换算成线电压损失。

图 3-35、图 3-36 分别表示线路末端有一个集中负荷的三相线路对应的单相线路图和相应的相量图,U_N 为线路的额定电压,U_1、U_2 分别为线路的首、末端电压,$p+jq$ 为末端用电负荷(p 为有功功率,q 为无功功率),R、X 分别为线路的电阻、电抗,φ 为用电负荷的功率因数角。

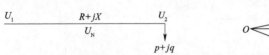

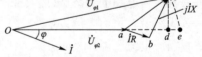

图 3-35 三相线路对应的单相线路图　　　　图 3-36 三相线路对应的单相线路相量图

由图 3-36 可见,线路的电压损失可以表示为 $U_{\varphi1} - U_{\varphi2} = \overline{ae}$,由于 $\overline{ae}$ 的准确计算比较复杂,所以在实际工程计算中,往往以 $\overline{ad}$ 代替 $\overline{ae}$,而且由此引起的误差一般不会超过实际电压损失的 5%,于是每一相的电压损失可以表示为:

$$\Delta U_\varphi = U_{\varphi1} - U_{\varphi2} \approx \overline{ad} = \overline{ab}\cos\varphi + \overline{bc}\sin\varphi = IR\cos\varphi + IX\sin\varphi \tag{3-15}$$

将式(3-15)的相电压损失 ΔU_φ 换算为线电压损失 ΔU,并以用电负荷 $p+jq$ 代替电流,则有:

$$\Delta U = \sqrt{3}\Delta U_\varphi = \frac{\sqrt{3}U_N IR\cos\varphi + \sqrt{3}U_N IX\sin\varphi}{U_N} = \frac{pR + qX}{U_N} \tag{3-16}$$

当某一线路由 n 段组成时,则整个线路的电压损失是各段用电负荷所引起的电压损失之和,而各段线路的电压损失,可以按单负荷的方法求解。于是有:

$$\Delta U = \frac{\Sigma(pR+qX)}{U_N} \tag{3-17}$$

对于"无电感"线路,即线路感抗忽略不计或负荷功率因数约等于1的线路,电压损失可以表示为:

$$\Delta U = \frac{\Sigma(pR)}{U_N} \tag{3-18}$$

线路损失的百分值表达式为:

$$\Delta U\% = \frac{\Delta U}{U_N} \times 100\% = \frac{\Sigma(pR+qX)}{U_N} \times 100\% = \frac{R_0}{10U_N^2}\Sigma pL + \frac{X_0}{10U_N^2}\Sigma qL \tag{3-19}$$

式中:$\Delta U\%$——线路损失的百分值;

U_N——线路的额定电压,kV;

p——有功功率,kW;

q——无功功率,kVA;

R_0——线路每1km的电阻值,Ω/km;

X_0——线路每1km的电抗值,Ω/km;

L——线路长度,km。

例3-2 某变电所通过10kV线路向B、C两企业供电,如图3-37所示。线路参数为$R=0.48\Omega$/km,$X=0.34\Omega$/km,三相负载采用三角形连接,试求该线路的电压损失百分比。

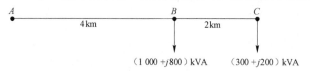

图3-37 例3-2图

解:该线路的电压损失百分比为:

$$\Delta U\% = \frac{\Sigma(pR+qX)}{U_N} \times 100\%$$

$$= \frac{0.48}{10 \times 10^2}(1\,000 \times 4 + 300 \times 6) + \frac{0.34}{10 \times 10^2}(800 \times 4 + 200 \times 6) = 4.3$$

b. 电线与电缆截面积的选择。由上述分析可知,因线路导体电阻、电感的存在,当电流通过线路时必然产生电压降,而影响受电端的电压质量,因此,在选择电线与电缆时,线路的电压损失应小于或等于允许电压损失。对于10kV及以下三相供系统,允许电压损失为额定值的±7%;220V单相供系统,允许电压损失为额定值的+5%、-10%。

当全线回路的电线与电缆型号规格一致且感抗可以不计或负荷功率因数约为"1"时,电压损失为:

$$\Delta U = \frac{\Sigma(pL)}{\rho S U_N} = \frac{\Sigma(Pl)}{\rho S U_N} = \frac{\Sigma M}{\rho S U_N} \tag{3-20}$$

式中:ρ——导线的电导率,对于铜导线 $\rho = 0.053$ km/$\Omega \cdot$ mm^2,对于铝导线 $\rho = 0.032$ km/$\Omega \cdot$ mm^2;

S——电线与电缆的截面积,mm^2;

l——各段线路的长度,km;
L——线路首端至各负荷点的长度,km;
P——各段线路所通过的有功负荷,kW;
M——功率矩,kW·m,$M = Pl$。

线路电压损失的百分值表达式为:

$$\Delta U\% = \frac{\sum M}{\rho S U_N^2} \times 100\% = \frac{\sum M}{CS} \qquad (3\text{-}21)$$

于是,对于均一无感线路,当按允许电压损失选择电线与电缆截面积的计算式为:

$$S = \frac{\sum M}{C \Delta U\%} \qquad (3\text{-}22)$$

式中:C——计算系数。

具体计算公式与数值见表 3-5。

公式 $\Delta U\% = \sum M/CS$ 中的计算系数 C 值　　　　表 3-5

线路额定电压(V)	线 路 类 型	C 的计算公式	计算系数 C(kW·m/mm²)	
			铜线	铝线
380/220	三相四线	$\rho U_N^2/100$	76.5	46.2
220	两相三线	$\rho U_N^2/225$	34.0	20.5
220	单相、直流	$\rho U_N^2/200$	12.8	7.74
110			3.21	1.94

注:表中 C 值是导线工作温度为 50℃、功率矩 M 的单位为 kW·m、导线截面积 S 单位为 mm² 时的数值。

例 3-3　某 380V/220V 两相三线制线路,如图 3-38 所示。拟采用 BX-500 铝芯电缆户内明敷,环境温度为 30℃,允许电压损失为 5%,试选择该电缆的截面积。

解:线路的等效变换:带有均匀分布负荷的线路,在计算其电压损失时,可将其分布负荷等效地集中于分布线段的中心,按集中负荷计算,等效线路图如图 3-39 所示。

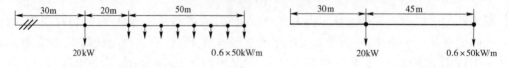

图 3-38　例 3-3 的线路图　　　　　　图 3-39　例 3-3 线路的等效线路图

电缆的截面积的选择:

$$\sum M = \sum PL = (0.6 \times 50) \times (30 + 20 + \frac{50}{2}) + 20 \times 30 = 2\,850(\text{kW·m})$$

查表 3-6(公式 $\Delta U\% = \sum M/CS$ 中的计算系数 C 值)得系数 $C = 20.5$ kW·m/mm²,则有:

$$S = \frac{\sum M}{C \Delta U\%} = \frac{2\,850}{20.5 \times 5} = 27.8(\text{mm}^2)$$

于是,选择截面积为 35mm² 的铝电缆。

按发热条件校验:如图3-40所示为均一无感的两相三线制线路,如图3-41所示为其对应的相量图。由图3-41可知,假设负载电流在A-N和B-N之间平均分配,则$I_A = I_B = I_N = 0.5P/U_\varphi$。于是有:

$$I_\varphi = I_A = I_B = I_N = 0.5 \frac{P}{U_\varphi} = 0.5 \times \frac{(20+30) \times 10^3}{220} = 113(A)$$

通过查环境温度25~40℃时绝缘导线明敷允许载流量表可知,30℃截面积为35mm²的铝电缆明敷时允许载流量为129A,大于113A。因此相线和中性线均可以选择35mm²的铝芯电缆。

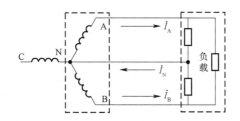

图3-40 例3-3线路对应的两相三线制线路

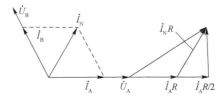

图3-41 例3-3线路对应的相量图

机械强度校验:查绝缘导线线芯最小截面积表可知,室内明敷时铝芯最小截面积为2.5mm²,因此,选择35mm²的铝芯电缆完全满足机械强度要求。

3.14 高、低压电气设备的选择与校验

3.14.1 电气设备的选择与校验概述

交通供配电系统是由各种电气设备按需要进行有机组合而成的,所以要使其运行安全、可靠、稳定,首先必须正确选择电气设备。对于供电系统中的高、低压电气设备,除根据正常运行条件下的额定电压、电流等基本条件选择外,还应按短路电流所产生的电动力效应和热效应进行校验。

高、低压电气设备的选择原则是"按正常运行条件选择,按短路条件校验",应进行校验的项目见表3-6。该表所示的只是电气设备的一般性校验项目,不包括如电流互感器选择需要满足的精度要求、电抗器选择需要满足的短路容量要求等个别电气设备的特殊要求。

遮断容量通常用来表征开关元件在短路状态下的断路能力,是表征开关元件开断能力的参数。由于高压电流在断开的过程中要产生电弧,此时即使断路器触头已分开,但电路并未断开,所以必须要消弧,才能完全断开电路电流,因此把断路器完全断开电路电流称为遮断。在额定电压下,断路器能保证可靠开断的最大短路电流就是额定开断电流,其单位用断路器触头分离瞬间短路电流周期分量有效值的千安数表示。断路器的额定开断电流与额定

电压乘积的$\sqrt{3}$倍就是遮断容量。于是在实际使用中,就要求断路器的遮断容量应大于安装处的最大短路容量。否则应选用更大容量的断路器或进行技术改造,降低安装处的短路容量,或对断路器进行增容改造。

选择高、低压电气设备时应进行校验项目　　　表 3-6

校验项目电气设备	电压 (kV)	电流 (A)	遮断容量 (kA 或 MV·A)	短路电流校验	
				动稳定性	热稳定性
高压断路器	※	※	※	※	※
高压负荷开关	※	※	※	※	※
高压隔离开关	※	※		※	※
高压熔断器	※	※	※		
电流互感器	※	※		※	※
电压互感器	※				
支柱绝缘子	※			※	
套管绝缘子	※	※		※	
母线		※		※	※
电缆	※	※			※
限流电抗器	※	※		※	※
低压断路器	※	※	※	Δ	Δ
低压刀开关	※	※	※	Δ	Δ
低压负荷开关	※	※	※	Δ	Δ
低压熔断器	※	※	※		
选择校验条件	设备额定电压应小于装置地点的额定电压	设备额定电流应小于通过设备的计算电流	设备最大开断电流(或功率)应小于其可能开断的最大电流(或功率)	按三相短路冲击电流校验	按三相短路稳态电流和短路发热假想时间校验

注:表中"※"表示应该校验的项目,"Δ"表示可以不进行校验的项目。

对于三相电路:

$$S_{Nbr} = \sqrt{3} U_N I_{Nbr} \qquad (3-23)$$

式中:S_{Nbr}——开关元件的遮断容量,MV·A;
　　　U_N——开关设备额定电压,kV;
　　　I_{Nbr}——开关设备额定开断电流(额定电压下,开关能够可靠切断的最大电流,用触头分离瞬间短路电流周期分量有效值表示),即断路器断开的最大电流,kA。

3.14.2　按正常运行条件选择高、低压电气设备

为了保证电气设备在正常运行情况下可靠地工作,电气设备必须按正常运行工况条件

进行选择,以满足可靠工作这一最基本前提。所谓的正常运行工况条件是指电气设备正常运行时的工作电压(额定电压)和工作电流(额定电流)。

(1)按工作电压选择

在选择电气设备时,应使被选择电气设备的额定电压不小于该电气设备安装地点的电网工作电压,即:

$$U_{eq} \geq U_e \qquad (3-24)$$

式中:U_{eq}——被选择电气设备的额定电压,kV;

U_e——电气设备安装地点的电网工作电压,kV;对于三相电气设备,三相电网额定电压是指线电压。

(2)按工作电流选择

电气设备的额定电流是指在规定的环境温度条件下,电气设备能够长时间通过的电流。对于三相电气设备,三相电网额定电流是指线电流。因此在选择电气设备时,通过电气设备的电流应满足:

$$I_{eq} \geq I_{gmax} \qquad (3-25)$$

式中:I_{eq}——被选择电气设备的额定电流,A;

I_{gmax}——通过电气设备的最大工作电流,A。

目前,我国所生产的高、低压电气设备(如隔离开关、各种互感器等)多是按周围介质最高温度40℃设计的。若电气设备实际安装地点的环境温度超过40℃,但不超过60℃,则其额定电流I_{eq}应乘以温度校正系数K_0(小于1),其值可按下式计算:

$$K_0 = \sqrt{\frac{\theta_0 - \theta}{\theta_0 - 40}} \qquad (3-26)$$

式中:θ——年最热月份的平均最高温度,℃;

θ_0——电气设备额定温度或长期工作所允许的最高温度,℃。

同样,当环境温度低于40℃时,每降低1℃,允许设备额定电流增加0.5%,但总数不得大于20%I_{eq}。

为了使电气设备能适应地区的温度变化,我国规定,对于按标准制造的电气设备,其适用温度为-40~40℃(变压器、电压互感器为-30~40℃),但不能在大于60℃的周围环境温度下工作。

此外,选择电气设备时,还应考虑电气设备的装置环境。户外配电装置的电气设备,要经常受到风、霜、雨露、霜冰、灰尘和有害气体等的影响,工作条件比户内配电装置的电气设备要差很多,因此,电气设备常制成户内装置和户外装置两种。周围环境有污秽的地区、海边、盐湖区等,必须注意加强绝缘,采用特殊绝缘结构的加强型电气设备,或选用额定电压高一级的电气设备。

3.14.3 电气设备的短路条件校验

由于电气回路在故障短路时,瞬间将流过非常大的短路电流,这个短路电流将会在电气设备上产生很大的电动力,破坏电气设备,同时,这个短路电流还会在电气设备上产生热量,烧坏设备及绝缘,所以,电气设备应当能够抵御这种破坏,而不会因为回路短路故障造成设备破坏。因此在选择电气设备时还要考虑动稳定性和热稳定性。对于高压断路器、负荷开关和熔断器等设备,还应校验其开断能力,以保证能够开断短路电流。

(1) 动稳定性校验

当系统发生短路时,短路电流流过电气设备导体和各部件所产生的电动力不应超过设备的允许值,即满足如下动稳定条件:

$$I_{\max} \geq I_{sh} \quad \text{或} \quad i_{\max} \geq i_{sh} \tag{3-27}$$

式中:$I_{\max}$、$i_{\max}$——电气设备允许通过的最大电流的有效值和峰值,A,其值可查电气设备说明书;

I_{sh}、i_{sh}——最大三相短路电流(即冲击电流)的有效值和峰值,A,其值根据短路校验点计算得到。

(2) 热稳定性校验

当系统发生短路时,短路电流流过设备导体所引起的各部件的温度(或热量)不应超过允许值,即满足如下热稳定条件:

$$I_t^2 t \geq I_\infty^2 t_{ima} \tag{3-28}$$

式中:I_t——电气设备在 t 时间内允许通过的热稳定电流,A;通常是厂家提供 1s、5s 或 10s 的数据;

I_∞——最大稳态短路电流,A;

t_{ima}——短路电流的假想时间,s;

t——与 I_t 相对应的电气设备的热稳态时间,s。

在校验热稳定性时,应选择三相短路和两相短路中最严重(短路电流最大)的一种作为计算依据进行计算。

(3) 开关设备断流能力校验

由于断路器、自动开关和熔断器等电气设备均承担着切断大的短路电流的任务,所以还必须具备在通过最大短路电流时,具有能够将其快速、可靠切断的能力。对于开关设备,一般制造商都要提供在额定电压下允许切断的最大(极限)断开电流 I_{off} 和断开容量 S_{off}。因此在选择开关设备时必须使其切断能力大于通过它的最大短路电流和短路容量,即:

$$I_{k\max} < I_{off} \quad \text{或} \quad S_{k\max} < S_{off} \tag{3-29}$$

式中:$I_{k\max}$——三相最大短路电流,A;

$S_{k\max}$——最大短路容量,MV·A;

I_{off}——制造商所提供的最大(极限)断开电流,A;

S_{off}——最大(极限)断开容量,MV·A。

习题与思考题

3-1 开关触头间产生电弧的原因是什么?迅速熄灭电弧的条件是什么?

3-2 高压断路器的作用是什么？其常见类型有哪些？

3-3 隔离开关的作用是什么？为什么不能带负荷操作？

3-4 采用高压断路器、隔离开关的电路中，进行送电和停电时应如何操作这两种开关？

3-5 试简述高压负荷开关与高压断路器和高压隔离开关在功能上的区别。

3-6 画出如图3-42所示三相变压器的相量图，并确定其联结组标号。

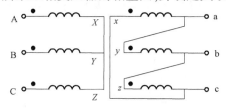

图3-42 习题3-6图

3-7 电压互感器与电流互感器各有何作用？为什么工作时，电压互感器二次侧不能短路，而电流互感器二次侧不能开路？

3-8 某10kV线路如图3-43所示，已知线路参数$R=0.58\Omega/km$，$X=0.366\Omega/km$，$P_1=250kW$，$P_2=400kW$，$P_3=300kW$，全部用电设备的$\cos\varphi=0.8$，试求AB段线路的电压损失。

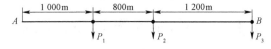

图3-43 习题3-8图

3-9 有一380V三相架空线路，配电给2台40kW（$\cos\varphi=0.8$、$\eta=0.85$）的电动机。该线路长70m，线间几何均距为0.6m，允许电压损失为5%，该地区最热月平均最高气温为30℃。试选择该线路的相线的截面积。

4 道路交通供配电系统

道路交通供配电系统为城市道路、高速公路、公路隧道、公路桥梁的机电设施和管理、生活设施提供可靠的电力保障,是实现道路安全运行和道路交通运营管理现代化的基本保障。道路交通信息化、智能化的不断发展,对供电的质量、可靠性、稳定性、安全性、经济性都提出了更高要求。

4.1 道路交通供配电系统概述

4.1.1 道路交通的主要用电负荷

道路交通用电负荷及等级见表4-1。

道路交通用电负荷及等级 表4-1

负荷分级	高速公路用电负荷	公路隧道用电负荷	公路桥梁用电负荷	城市道路用电负荷
一级负荷	收费亭照明、收费岛和收费车道设备、收费系统、监控中心、通信系统、机房电源、消防设施、应急照明	隧道照明、消防水泵、交通监控设施、排烟风机、电光标志、应急照明、火灾监控设施、紧急呼救设施、中央控制设施	主桥道路照明、主桥内部检修和除湿设备、主塔电梯、航空灯、航标灯、结构内部照明、消防设施	重要道路、交通枢纽及人流集中的广场等区段照明,智能交通设施
二级负荷	管理区、收费广场、收费天棚、服务区、互通立交等重点区域照明,一般设施的消防系统,管理、服务区的房建和生活配套设施	管理区照明、运营通风机	办公照明、空调、景观照明、生活水泵设施	城市道路照明
三级负荷	其他负荷	其他负荷	其他负荷	道路景观、道路广告

4.1.2 道路交通供配电系统的特点

与其他供配电系统相比,道路交通供配电系统具有以下显著特点:

①供电线路长,常跨供电区域运行,不宜集中供电。
②道路沿线用电负荷多、散、小,多为低压单相小容量设备,线路压降和线路损耗较大。
③道路交通用电设备大多为一、二级负荷,监控、机房、收费、通信、消防等设备,对供电质量和可靠性要求较高。
④道路交通用电设备工作环境较差,对环境的适应性要求较高,如照明、监控等户外设备要承受风雨雷电、严寒酷暑等气候变化及环境污染,隧道内的照明、监控等设备要适应烟雾大、透明度低、空气湿度大、腐蚀性气体浓度大等恶劣环境。
⑤沿线设施如交通监控设备、车辆检测器、监视器等对电磁干扰要求严格,应采取防干扰措施。

4.1.3 道路交通供配电系统的组成

(1) 交流供电系统

道路所用的电能,除少数外场监控设备外,绝大部分都是交流电。所用电源从10kV或35kV电力高压电网引出,经变电所变压器形成380V/220V的低压电源,再由低压配电屏及输配电线路送到各用电设备。为保证供电质量,高速公路收费站或管理所应配备自动稳压电源。

(2) 直流供电系统

直流电源主要给监控、通信系统中某些直流设备供电,如车辆检测器、紧急电话等。直流供电系统一般由交流电源经整流器整流后得到,直流供电系统的UPS电源由蓄电池组构成。

(3) 备用电源

为保证供电电源因故中断时道路运营管理设施的主要设备能够正常工作,供电系统需配备备用电源。目前国内多采用自动柴油发电机组。在电力系统发生故障断电时,先由蓄电池组通过逆变器保证UPS交流供电,再启动柴油发电机组发电并自动实现电源切换。

(4) 道路照明

照明是交通供配电系统中最主要的用电负荷。街道、街心广场、公路、桥梁和隧道等地的照明均属道路照明,有些国家还把免费公园和城市绿地的公共照明也包括在内。道路照明是确保夜间交通安全、提高道路夜间利用率、美化城市环境的重要措施,是城市建设不可缺少的一项公共设施。统计表明:良好的夜间道路照明,能使城市道路交通事故下降30%,乡村道路交通事故下降45%,高速公路交通事故下降30%。道路照明的重要性除了减少夜间交通事故,还在于增加夜间安全性,减少犯罪,增加夜间交通流量。

(5) 防雷系统

交通机电系统的特点是点多、面广、线长,既有强电设备,又有大量的监控设备、通信设备、传感器等弱电设备,造价较高,外场设备及传输、控制线路遍布全路段,常受到雷击和电磁干扰。交通机电设施对外界的干扰极其敏感,雷电流产生的瞬变电磁场对机电设备的干扰和损害尤为严重,一旦有雷电或雷电波侵入,对设备损坏严重,甚至使整个系统瘫痪,给交通安全带来极大隐患,造成无可挽回的损失。如变电站线路落雷,造成主控地与设备之间的电位差而损坏大量的保护设备;变电站的微波塔落雷,由于感应过电压而使大量的通信、运动设备损坏;灯杆等高处物体容易引雷。

(6)接地系统

将电力系统或电气装置的某一部分经接地线连接到接地极称为接地,接地导体将过电压产生的过电流通过接地装置导入大地,从而保护人身及电力、电子设备安全。同时,为满足电力系统或电气设备的运行要求,需将电力系统的某一点进行接地,保证电气设备绝缘所需的工作条件,保证继电保护及自动装置的正常工作。

4.1.4 道路交通供电方案

道路交通机电系统对供电的可靠性要求较高,为保证道路重要一、二级负荷的供电,实际工程中有以下几种供电方案:

①整个供电系统由来自电力部门不同变电所提供的两路独立电源供电,两路独立电源互为备用(图4-1)。该方案供电距离长、投入大,适合于附近有两个以上变电站的情况。

②整个供电系统由来自电力部门变电所提供一路独立电源供电,并在低压侧配备柴油发电机组作为备用电源和应急电源(图4-2)。该方案在国内应用最多。

③整个供电系统由来自电力部门同一变电所不同母线提供的两路电源供电。该方案较容易实现,且线路损耗低,节能省电。

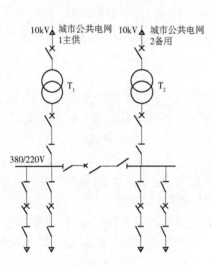

图4-1 两路独立电力电源供电

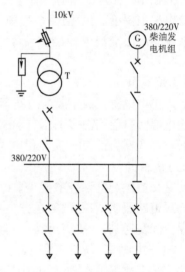

图4-2 低压备用电源供电

为保证道路交通一些重要一级负荷供电的可靠性和电能质量,通常采用 UPS 不间断供电系统。UPS 由一套将交流城市公共电网变为直流电的整流/充电装置和一套把直流电再转变为交流电的 PWM 逆变器组成。当电力发生故障时,UPS 在柴油发电机完全启动前取代城市公共电网,继续向一级负荷用电设备供电。

一个好的供电方案不仅应安全可靠,还应经济合理,应根据道路交通用电的实际情况,通过技术和经济分析,选择适当的供电方案。制订供电方案时,还要充分考虑节省基建投资,减少电损耗,降低运行费用,减少有色金属消耗量。

4.2 高速公路供配电系统

高速公路供配电系统是指将电力输电网电能(10kV 或 35kV)经变压器降压(380V/220V),由低压线路直接为高速公路沿线机电设施(监控、通信、收费、养护服务设施及道路照明等)提供符合标准的电能。高速公路供配电系统是确保高速公路安全、通畅、经济、快速、舒适等综合效益最大限度地发挥的重要支持系统,是实现高速公路运营管理现代化的根本保障。

4.2.1 高速公路机电系统

高速公路机电系统是发挥道路设施交通功能的主要辅助系统,是对高速公路实施现代化管理的主要工具。机电系统是包含多个子系统,以电子、电气、控制、通信、机械和交通工程等技术为基础的综合性大系统,它由监控、收费、通信、照明、供配电和隧道安全运行保障等子系统组成。子系统内部和各子系统间由通信网联系,监控和收费系统大都为计算机控制系统,通过光缆数字通信连接远程计算机网络。

4.2.2 高速公路供配电系统的设计要求

高速公路供配电系统设计与工矿企业供配电系统设计有所区别,应符合以下国家和行业标准:《高速公路交通工程及沿线设施设计通用规范》(JTG D80—2006)、《10kV 及以下变电所设计规范》(GB 50053—2009)、《低压配电设计规范》(GB 50054—2011)、《供配电系统设计规范》(GB 50052—2009)。

高速公路供配电系统设计应遵循以下原则:
①供电系统应满足监控、通信、收费三大系统及照明等设备的供电可靠性和质量要求。
②结合我国国情,有选择地采用国外先进技术,选取技术先进、经济合理的方案。
③适应高速公路系统的特点、规模和发展规划,考虑设备检修的需要,并能适应远期扩容需求。
④由于高速公路用电设备多、负荷不大且多为低压单相,考虑低压不宜远供的原则,可采用相对集中供电体系,对沿线外场设备应考虑从附近的收费站或服务区引专线,对个别离供电点较远的直流设备应采用独立直流供电电源。
⑤用电设备各相配置科学合理,力求达到三相负荷平衡。
⑥选用设备效率高、能耗低、性能先进,操作安全方便,维修简单。

4.2.3 高速公路变配电所

由于高速公路变配电所各种设备常受到来自高速公路上的水溅、尘埃、酸雾及汽车废气等的污染、腐蚀,所以常采用室内变配电所。

高速公路变配电所由变压器、有载调压分接开关、发电机组、高低压配电装置等组成,供高速公路收费站、收费雨棚、收费广场的动力及照明供电,同时为各单体建筑低压配电线路供电。

高速公路用电负荷,如匝道收费站、通信站、监控外场设备等,大多集中在互通立交附近、隧道、服务区及养护工区等处,变电所随之设置在管理中心、收费站、服务区及养护工区内,间隔为 20~30km。变电所的位置应接近负荷中心,并适当靠近电源进线方向,以使有色金属耗量最少和线路功率及电能损耗最小。同时,还应考虑变电所周围的环境、进出线的方便、设备输运的方便、建筑布局、未来发展等。

高速公路监控外场设备容量很小,对供电的可靠性要求较高,而且一些监控设备远离互通立交、服务区等处的变电站。当用电设备距离变电站 10~20km,为保证用电质量和可靠性,要从最近的变电站引出一条高压输电线路至用电设备处,然后经过变压器及低压开关设备进行配电;当用电设备距离变电站 3~5km,已超出低压供电范围,考虑到成本及运营费用,宜在变电站相应低压回路增设调压器方案,既能达到使用要求,又降低了成本造价。

4.2.4 高速公路低压配电系统

(1) 低压配电接线方式

高速公路对供电可靠性要求高,应采用发生故障时,影响范围小、切换操作方便、维护简单、便于自动控制的放射式配电形式。

(2) 低压配电线路敷设

因为高速公路为全封闭管理形式,所以低压配电线路一般采用铠装电缆直埋或聚氯乙烯绝缘电缆穿 PVC 保护管在土路肩下埋设,埋深大于 0.7m。电缆遇横穿道路时,要预先埋设两根镀锌钢管,一根穿线,一根备用;在电缆过桥时,须在桥上预埋钢管暗敷或预埋电缆管明敷。照明线路采用铠装电缆直埋敷设或聚氯乙烯绝缘电缆穿 PVC 管敷设。

4.2.5 高速公路供配电系统示例

如图 4-3 所示为某高速公路供配电系统,系统由电力变电所一路独立电源和备用柴油发电机组供电,两路电源通过"互投柜"实现自动切换。为保证收费系统、通信系统、监控系统等特别重要的一级负荷供电的可靠性,除由两个电源供电外,增设了稳压器和冗余 UPS 电源。

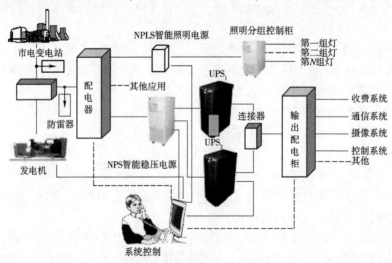

图 4-3 某高速公路供配电系统

如图4-4所示为某高速公路收费站供配电系统,系统由电力电源和备用柴油发电机组供电,收费站低压配电柜给收费站监控室供电。为保证收费、监控重要负荷供电的可靠性,设置了两个UPS电源,分布给监控室配电柜2和收费亭配电盘1供电。监控室配电柜2以放射式配电形式,给收费站计算机系统、闭路电视系统、有线对讲控制台和紧急报警控制台供电。收费亭配电盘1以放射式配电形式,分别给收费亭的手动栏杆、磁卡机、车辆检测器、费率显示器、闭路电视系统、车道控制器和黄色闪光报警器等重要设备供电。收费亭配电盘2以放射式配电形式,主要给收费亭的自动栏杆、车道通行信号灯、空调系统、天棚照明和天棚信号灯等设备供电。

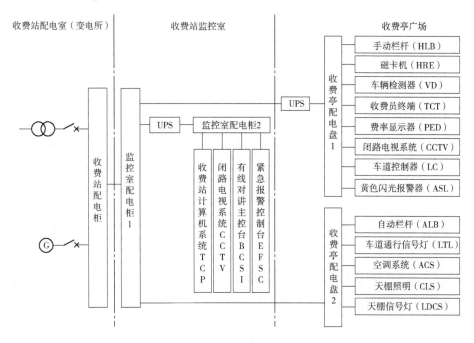

图4-4 某高速公路收费站供配电系统

4.3 公路隧道供配电系统

我国已成为世界上公路隧道最多、最复杂、发展最快的国家之一。近10年来,我国年均新建公路隧道350km。截至2012年,全国公路隧道有10 022处、8 052.7km,其中,特长隧道441处、1 984.8km,长隧道1 944处、3 304.4km。随着越来越多长大公路隧道的建设,如何更好地保障公路隧道的安全营运,一直是公路隧道设计中需要考虑的重点问题。公路隧道是一个封闭的环境,对于隧道安全营运的保障,通常是通过通风、照明、消防、监控等配套设施来实现的。因此,公路隧道供配电系统是保障公路隧道营运管理系统能够安全、稳定、可靠运行的前提和基础。

4.3.1 公路隧道配电系统的设计要求

公路隧道供配电系统应符合《公路隧道交通工程设计规范》(JTG/TD71—2004)和《公路隧道照明设计细则》(JTG D70/2-01——2014)的要求。

(1) 公路隧道供电要求

隧道一级负荷应由两个电源供电,两路电源互为备用,当一个电源发生故障时,另一个电源应不致同时受到损坏。一级负荷容量不大时,应优先采用从邻近的电力系统取得第二低压电源,也可采用发电机组作为备用电源。

对于隧道应急照明、交通监控设施、紧急呼救设施、中央控制设施等一级负荷中特别重要的负荷,还需设置UPS不间断电源装置作为应急电源,并严禁将其他负荷接入应急供电系统。隧道二级负荷的供电系统宜由两回路供电。

(2) 公路隧道供电低压和电能要求

隧道的高压配电电压一般宜采用10kV,当6kV用电设备的总容量较大时,宜采用6kV。低压配电电压应采用380V/220V。

为了减少电压偏差,隧道供配电系统的设计应合理选择变压器的变压比和电压分接头,合理减少系统阻抗,合理补偿无功功率,尽量使三相负荷平衡,隧道通风机宜设置降压启动装置。

4.3.2 公路隧道变配电所

(1) 隧道变配电所的设置

隧道变配电所宜设置在空气流通的环境中,通常设置在隧道口行车道旁。对长度1.3km及以下的中短隧道,可在入口或出口处设置一座变配电所。对长度为1.3~3km的长隧道,宜在入口与出口处各设置一座变配电所,两个变配电所宜优先考虑由上一级不同变电站的供电回路供电。长度大于3km的隧道,宜根据隧道的长度、负荷等级、负荷分布情况在隧道中合理设置变配电所。在隧道连续区段可将几条隧道统一考虑,便于管理控制和节省投资。为使供电灵活,提高故障情况下供电的可靠性,变配电所主接线宜采用分段母线供电,互为联络。

(2) 配电变压器的选择

在选择变压器容量和台数时,应根据负荷情况,综合考虑投资和年运行费用,对负荷合理分配,选取容量与电力负荷相适应的变压器。变压器在使用期内预留适当容量,变压器的负载率应定在75%~85%为宜。

由于隧道在正常营运期内,主要负荷为照明和监控设备,通风机很少工作,往往造成变压器"大马拉小车"的现象。为节省电能,同时提高隧道供电的可靠性,可在配置有射流风机的长隧道变电所里设置两台干式变压器:一台用于照明,一台用于动力(图4-5)。平时,照明

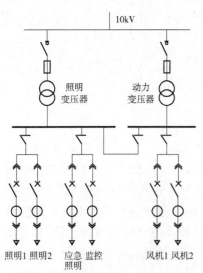

图4-5 隧道双变压器供电系统

变压器提供照明和监控设备用电,动力变压器不工作,需要通风机工作时由动力变压器供电。当照明变压器故障时,动力变压器自动切换,提供照明和监控设备用电,提高隧道供电的可靠性。

4.3.3 公路隧道低压配电系统

(1)低压配电方式

为保证隧道照明有较稳定的电源电压,以提高电光源和灯具的使用寿命,保证照度稳定,应对全隧道照明采用独立电源供电,以避免因大容量风机电机起动时造成的母线电压波动影响照明。同时,通风、监控、通信及事故设备用电也各自设置单独的供电回路。

隧道内供电设备必须符合特殊使用条件,如湿度、废气、污物、防冻、防水等,设备外壳防尘防水等级不低于IP55。

(2)低压配电线路敷设

在隧道内敷设的一般照明主电缆及其分支电缆采用阻燃型,应急照明主电缆及其分支电缆采用耐火型;风机电缆采用铠装电缆,由洞内电缆沟经隧道二次衬砌内的预埋钢管至风机段电缆,采用耐火型。

照明主电缆和分支电缆沿安装在隧道两侧壁上方的电缆桥架敷设;射流风机回路电缆沿隧道侧壁检修通道下面电缆沟中的电缆支架敷设。

4.3.4 公路隧道供配电系统示例

如图4-6所示为某隧道低压配电系统,系统由10kV电力电源和柴油发动机组备用电源供电,采用单母线放射式接线方式,共有7个低压配电屏,包括计量、备用电源接入、照明配电、通风配电、UPS应急照明接入、无功功率补偿等。

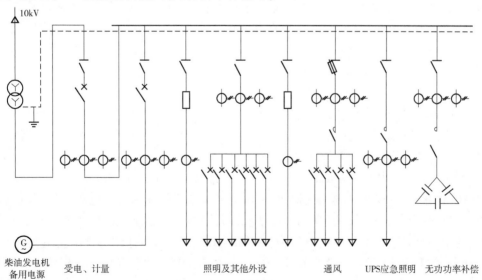

图4-6 某隧道低压配电系统

4.4 公路桥梁供配电系统

近年来公路桥梁建设发展迅速,特别是城市、高速公路、高等级公路的特大桥梁和枢纽立交桥。截至 2012 年,全国公路桥梁达 71.34 万座、36 627.8km,其中特大桥梁 2 688 座、4 688.6km,大桥 61 735 座、15 181.6km。为保证大桥的安全及车辆的正常行驶,一般都设置了道路照明、交通监控、桥梁检修等用电设备。

4.4.1 公路桥梁的用电负荷

公路桥梁的用电负荷主要包括照明、交通管理与监测设备、检修装置等。

照明主要包括道路照明、景观照明和广告照明,如主线、人行道、结构内部等照明。这些照明的合理设置能提高道路桥梁的使用效率,减少交通事故,减少犯罪率,便于道路桥梁的维修和维护。

交通管理与监测设备包括信号显示、航空灯、航标灯、消防设施、气象检测、路况监测等设施。

检修装置包括主塔电梯(用于主塔和主缆等设施的检修)和电动桁架车(用于钢箱梁的检修),钢结构大桥中还可能有内部除湿机系统。这些设备的功率、使用时间、使用系数各不相同,总负荷较大。

4.4.2 公路桥梁供配电系统概述

桥梁的自身安全、路面交通安全和航道安全等都对供电质量和可靠性要求较高,通常采用两路独立电力电源或一路专用电力电源和备用柴油发电机组供电。桥梁变电站一般在两岸各设一座或两座,采用两路 10kV 进线的双电源外线方式,10kV 侧采用单母线分段,0.4kV 侧采用单母线分段方式,将负荷按不同等级安排在相应的低压柜内,以满足一、二级负荷的供电要求。

为提高桥梁供配电系统的自动化运行水平,及时监测变配电所内的变压器、高低压开关柜、发电机等设备的运行参数,了解变电站内重要设备的运行状态,通常大型桥梁都设置了桥梁供配电设备的运行监控系统。

如图 4-7 所示为某大型桥梁供配电系统。该桥全长为 4.7km,用电设备所需功率的总和为 290kW,采用 10kV 专用电力线路供电,以柴油发电机组作为备用电源。由于供电距离远,为减小输电导线截面,保证用电电压,系统设置了两台 200kVA 的 10kV/380V 的降压变压器。其中一台设置在东岸变配电所内,一台设置在西锚碇顶部的室外组合变配电柜内。380V/10kV 的升压变压器,设置于东岸变配电所内,额定容量为 200kVA。两台柴油发电机作为后备电源,由于柴油发电机的质量及工作振动性,设置于东岸变配电所内,额定发电功率为 160kW。两路电源的切换均采用备用电源自动投入装置进行控制。城市公共电网停电时,自动启动柴油发电机供电,其中一台柴油发电机直接向主桥东段供电,另一台的电源经升压后供至西锚碇,降压后向主桥西段供电,此时主桥的东西两低压电网各自独立供电。

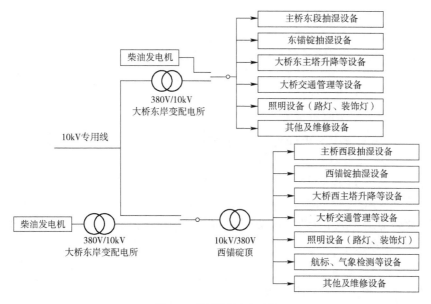

图4-7 某桥梁供配电系统

4.5 城市道路供配电系统

随着我国经济社会发展水平的不断提高,城市建设规模的不断扩大,城市基础设施建设的投入逐年增长,城市照明得到了前所未有的重视。城市道路照明不仅作为一种道路交通运输的视觉保证,而且成为城市道路美化、环境协调的重要组成部分。完善、合理的供配电系统更是城市道路照明正常运行必不可少的能源保障。

4.5.1 城市道路用电负荷

城市道路照明的基本功能是为各种车辆的驾驶人及行人创造良好的视觉环境,达到保障交通安全、提高交通运输效率、方便人民生活、降低犯罪率和美化城市环境的目的。随着经济发展、城市化发展进程和交通管理手段的需要,道路供电的负荷发展为道路照明用电、道路智能交通组织用电、道路景观用电和道路广告用电四大部分。其中,道路照明用电占了大部分比例。

4.5.2 城市道路供电方式

《城市道路照明设计标准》(CJJ 45—2006)规定:城市的重要道路、交通枢纽及人流集中的广场等区段照明应采用双路供电。目前,大部分城市道路照明均按三级负荷设计,但其供电电源采用专线专供,且智能交通组织用电增设不间断应急电源作临时断电保障措施。

城市道路照明的用电负荷性质除智能交通的少数仪表为直流用电外,其余均为220V交流用电,因此市政道路照明较多采用单相供电方式。所需的直流用电也是利用整流设备进行交直流转换获取的。供电点的选择主要考虑两个方面的因素:一是获取电源的方便,二是所设计道路范围的供电半径,应选择负荷中心点。

城市道路供电方式主要有三种:

①10kV 道路照明专用线一路供电,设置 10kV/0.4kV 变压器集中分配至各道路照明专用配电箱。

②道路沿线引入 10kV 高压电源线路,引入处设置室外箱式组合变电站。

③道路沿线就近引入 380V 低压电源线路。

前两种供电方式是城市道路照明常见及可取的供电方式,第三种方式在郊外道路及非重要道路中可以采用。

4.5.3 配电线路设计及敷设

城市道路照明的线路一般都比较长,但负荷不太大,电流较小。因此重点应考虑线路的电压损失问题。根据相关规范,城市道路照明最末端灯具的电压降控制在 5% 以内,以确保灯具的正常工作。减小压降通常有单灯增加电容补偿装置和加大电缆截面两种手段。后者优于前者,不仅能起到减小压降的作用,也为日后增加路灯数量留有余地。同时压降小,线路损耗随之减小,从而提高了系统的稳定性,延长了整个系统的寿命,又节约了电能。

城市道路照明线路敷设一般都在隔离带或者人行道上,虽然可以采用电缆直埋的方式,但为了减小开挖引起的破损,以及考虑线路故障排除和维修的方便,一般都采用穿 PE 管或者 PVC 管埋设的方式,并埋深在地面 0.7m 以下。横穿道路时保护管尽可能采用路灯专用电力管或镀锌钢管,以免施工过程中压扁或压碎。

4.6 道路交通中压供电系统

4.6.1 道路交通中的低压供电模式

在高速公路、公路隧道、公路桥梁、城市道路等道路交通供配电系统中,通常是集照明、监控、通信、收费等用电设施沿线分布的系统工程,具有典型的长距离分散性用电负荷特点:集中负荷多、散、小,负荷基本以线状分布在道路两侧或一侧,供电距离长,大多用电设备对供电质量要求较高。

常规的道路交通系统采用箱式变电站供配电,10kV 分散供电、0.4kV 低压配电。传统的 0.4kV 低压供配电区域是按其最大传输距离 500~600m 划分的,需要 1km 左右设置一个

10kV/0.4kV降压变电所。随着道路交通的不断发展以及长隧道、大型桥梁不断建设,道路交通供电距离不断增长,道路机电设备的数量也越来越多。由于变压器和沿电缆的电压损失,会造成较大的供电线路压降。采用传统的低压供电模式难度很大,为保证用电额定电压,通常需要增加变电所数量或增大0.4kV电缆截面,从而给设计、施工和运行管理带来以下问题:

①沿线的变电所和设备的数量较多,土建及设备投资较高。
②变电所须专人值班守护,管理控制不便,而且增加了运营成本。
③10kV外部供电线路庞大复杂,线路损耗和维护费用也较高。
④低压供电半径长,加大低压馈线电缆截面,将增加投资和运行损耗。
⑤供电系统的自动化水平较低,不利于实现集中控制和管理。
⑥电源的接入点多,影响供电的可靠性和供电质量,导致道路照明、外场监控设施不能完善配置,从而影响道路交通的安全和效率。

4.6.2 道路交通中的中压供电模式

(1)中压供电原理

为了解决道路交通中长距离分散性负荷的供电问题,提高配电电压等级,国内近年来引进了一种新型供电模式——中压供电。中压实际上是在0.4kV和10kV之间的较高配电电压,通常是3.2kV或5.5kV。中压供电技术是适应道路交通公路长距离分散负荷供电特点的一种新的设计理念,是一种能将配电终端深入到负荷中心的长距离电能传输系统。

在同样的输送距离下,配电电压越高,线路电流越小,可以减小线路的截面,从而降低了线路投资和电能损耗。太高的电压(高于7.2kV)将增加电气设备制造、安装的费用。另外,中高压电缆(10kV和20kV)接头的爆炸威力与电压二次方成正比。很多国家在高速公路、大型桥梁和隧道供配电工程都采用了中压供电模式,如法国诺曼底大桥采用5.5kV的配电电压。

(2)中压供电系统的组成

中压供电系统由高压供电、中压配电和低压配电三部分组成,如图4-8所示。高压供电是将区域电网10kV或35kV电压采用单支线路或双回线路,送至主变电站配变为5.5kV或3.2kV中压电压;中压配电是通过中压配电柜与出线保护柜,将5.5kV或3.2kV电压经中压电缆配送至分散性负荷供电点处的埋地式变压器;低压配电是将电压配变为0.4kV低压向道路照明、监控等设施直接供电。

中压干线系统一般为树干式接线,也可构成环网接线,以提高供电的可靠性。

埋地式变压器是中压供电系统的关键设备,具备良好的机电强度、耐电弧强度和耐火性能,对湿度环境敏感性低,振动和噪声较小,安装连接方便,热保护和过载保护性能好,可靠性较高。它外壳防护等级为IP68,具备防水、可浸水、防腐蚀功能,适合条件恶劣的环境。同时,这种中压系统专用变压器有空载调压、有载自动调压、过载保护等装置。

传统的低压供电系统中,供配电区域是按低压最大传输距离划分的。而中压供电系统在供配电区域划分上,应按负荷的等级、负荷的类型及减少低压传输距离为基本要素来划分供配电区域。

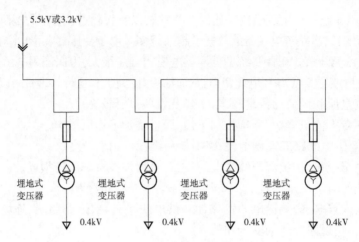

图 4-8 中压配电系统的组成

4.6.3 道路交通中压供电的优势

中压供电是解决长距离分散性负荷供电的一项技术成熟、设备先进、系统配套的专用供电技术,是当前国际节能供电的新技术。中压供电系统在技术经济上的优势主要表现在以下方面:

①配电范围大、距离远,可扩展。中压供电是集中供电方式,理论上供电半径可达 20km,与埋地式变压器配套的分路器,可使电网在一定范围内任意拓展。

②节能环保,节省占地。埋地式变压器损耗小、温升低、噪声小、免维修,是节能的绿色环保产品。高稳定、高安全、高防护等级的埋地式变压器特别适用于特大型桥梁和高速公路的高质量道路照明和道路监控设施的供电,整个供电网在地下建设可以节省占地,地上绿化使环境更加优美。

③供电质量高。供电电源可取自地方的高压供电主干网,避免了与地方在用电问题上的矛盾,减少了停电和供配电故障,保证设备的用电质量。

④节省投资。中压供电虽然增加了高压电缆和埋地式变压器的投资,但大大减少变电所数量、输电电缆截面和输电长度,可节省投资 25% ~40% 。

⑤降低运营管理费用。线路损耗小,值班人员少,外部供电线路短,维护费用也大大较低。

⑥自动化水平高。配合电力监控系统的使用,整体的自动化水平高,便于控制管理和维护。

4.6.4 中压供电在道路交通中的应用

近年来,中压供电已应用于国内很多道路交通供配电系统中,如江阴大桥及两岸的广靖高速、锡澄高速、重庆黄花园大桥、重庆长江鹅公岩大桥、南京长江二桥等道路桥梁工程。

江阴大桥主桥设置了 7 台中压变压器(2 ×315kVA,5 ×100kVA),给桥梁道路照明、景观照明(主塔、主缆、钢箱梁斜腹板)及航空、航行警示照明供电,还给电梯、除湿系统、检修行车、检修电源等集中负荷供电。

重庆黄花园大桥设中压变压器49台，供引道照明、主桥道路照明、夜景泛光照明、石黄隧道照明和通风、立交桥照明中压传输供电。

南京长江二桥只设置了中心变电站和分变电所各1座，全线21.2km实行5.5kV中压供电。与传统低压供配电方式相比，减少变电所13座。

中压配电系统除应用于特大型桥梁外，还应用于机场、港口、地铁、广场、住宅小区等处的照明配电工程中，如广州白云机场公路、沪宁高速等。

习题与思考题

4-1 道路交通供配电系统的特点是什么？
4-2 道路交通供配电系统由哪几部分组成？
4-3 高速公路变配电所通常设置在什么位置？
4-4 公路隧道通常采用哪种低压配电方式？
4-5 公路桥梁的用电负荷主要有哪几类？
4-6 城市道路供电方式主要有哪几种？
4-7 中压供电有什么主要优势？中压供电系统由哪几部分组成？

5 城市轨道交通供配电系统

城市轨道交通具有运量大、用地省、快速、准点、安全、舒适、环保等优势,发展以地铁和轻轨交通为骨干的公共交通网络已经成为解决特大城市、大城市交通问题的有效技术措施。城市轨道交通供配电系统不仅为城市轨道车辆提供牵引用电,而且还为城市轨道交通运营服务的其他设施提供电能,不仅技术要求高,可靠性和安全性也尤为重要。一旦出故障,不仅造成轨道交通的瘫痪,而且危及乘客的生命、财产安全。

5.1 城市轨道交通供配电系统概述

5.1.1 城市轨道交通的主要用电负荷

城市轨道交通是指以轨道承载列车运行和导向,以信号系统为控制手段,为城市内公共客运服务的轮轨交通系统,是一种在城市公共客运交通中起骨干作用,具有中等以上运量的现代化立体交通系统。

目前,世界各国的城市轨道交通无一例外地皆采用电力牵引,供配电系统是轨道交通安全可靠运营的重要保证。城市轨道交通供电系统应具备安全可靠、调度方便、技术先进、功能齐全、经济合理的特点,给不同电压等级、不同电压制式的用电设备供电,保证轨道车辆畅行无阻、安全快速运送旅客。

城市轨道交通用电负荷较多,按其功能可分为两大类:一是轨道车辆运行所需要的牵引用电负荷;二是车站、区间、车辆段、控制中心等其他建筑物所需要的动力照明用电负荷,如通风机、空调、自动扶梯、电梯、水泵、照明、屏蔽门、自动售检票系统(AFC)、防灾报警系统(FAS)、设备监控系统(BAS)、通信系统、信号系统等。既有不同电压等级直流负荷和交流负荷,也有固定负荷、变化的运动负荷。每种用电设备都有自己的用电要求和技术标准。城市轨道交通供电系统的负荷等级见表5-1。

5.1.2 城市轨道交通供配电系统的组成

城市轨道交通的供电电源一般都直接取自城市电网,通过城市电网电力系统和轨道交

5 城市轨道交通供配电系统

通供配电系统实现输送及变换,最后以适当的电流形式(直流或交流)和电压等级给用电设备供电。城市轨道交通供电系统如图 5-1 所示,图中虚线 1 上部分为城市电网发电厂,虚线 2 上部分为城市电网电力系统,虚线 2 下部分为轨道交通供电系统。

城市轨道交通机电设备负荷等级　　　　表 5-1

负荷分级	城市轨道交通机电设备负荷
一级负荷	电力牵引系统、排烟风机、消防泵、主排水泵、自动售检票系统(AFC)、屏蔽门/防护门、电力监控(SCADA)、防灾报警系统(FAS)、设备监控系统(BAS)、变电所操作电源、通信、信号、人防系统、地下站厅/站台救援及照明、地下区间照明、应急照明等
二级负荷	地上站厅及站台一般照明、设备及管理用房照明、出入口照明、局部通风机、普通风机、排污泵、直升电梯、自动扶梯等
三级负荷	空调制冷及配套设备、电热设备、广告照明、清洁机械设备、维修电源等

根据功能不同,城市轨道交通供配电系统可以分成:外部电源、主变电所、中压供电网络、牵引供电系统、动力照明配电系统、电力监控与数字采集系统(SCADA)。其中,牵引供电系统可分为牵引变电所和牵引网系统,动力照明供配电系统可分为降压变电所和动力照明低压配电系统,如图 5-2 所示。轨道交通集中式供电系统的组成框图如图 5-3 所示。

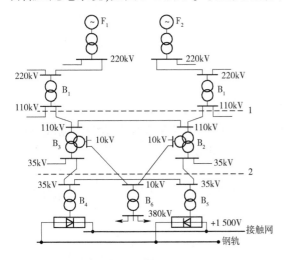

图 5-1 城市轨道交通供电系统示意图

F_1、F_2-城市电网发电厂;B_1、B_2、B_3-城市电网区域变电所;B_4、B_5-牵引变电所;B_6-降压变电所

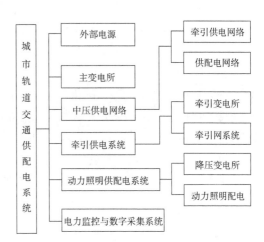

图 5-2 城市轨道交通供配电系统的组成

(1)主变电所

主变电所只有集中式供电方式才设置,是为轨道交通建设的专用变电所,专为轨道交通牵引供电系统和动力照明配电系统供电。主变电所一般沿轨道线路靠近车站的位置建设。

(2)中压供电网络

中压供电网络是通过中压电缆,纵向把主变电所和牵引变电所、降压变电所连接起来,横向把全线的各个牵引变电所、降压变电所连接起来构成的中压供电网络,一般采用环网供电方式。中压供电网络根据功能可分为以下几种:

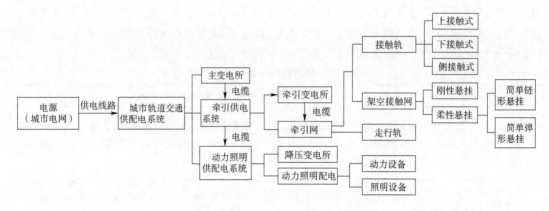

图 5-3　城市轨道交通集中式供电系统的组成

①牵引网络。专为牵引变电所供电。

②供配电网络。专为降压变电所供电。

中压供电网络根据结构形式可分为以下几种：

①混合网络。牵引变电所和降压变电所采用同一电压等级，共用一个中压供电网络，这是我国目前通常采用的一种中压供电网络形式。

②独立网络。牵引变电所和降压变电所采用各自专用的中压供电网络，两个独立网络的电压等级可以相同，也可以不同。如德黑兰地铁为系统电压等级 20kV 的独立网络，上海 1、2 号线采用 35kV 和 10kV 的独立网络。

（3）牵引供电系统

专为轨道交通车辆服务的供电系统，包括牵引变电所和沿线敷设的牵引网。牵引网由馈电线、接触网、轨道回路及回流线组成。如图 5-4 所示，电能从牵引变电所经馈电线、接触网输送给轨道车辆，再从车辆经钢轨、回流线流回牵引变电所。

（4）动力照明供配电系统

动力照明配电系统专为轨道车辆以外的所有动力照明负荷供电，包括降压变电所和动力照明低压配电系统。城市轨道交通动力照明供配电系统示意如图 5-5 所示。

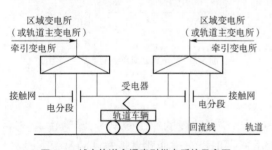

图 5-4　城市轨道交通牵引供电系统示意图

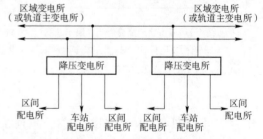

图 5-5　城市轨道交通动力照明供配电系统示意图

（5）电力监控与数字采集系统

电力监控与数字采集系统（SCADA）是在控制中心，对轨道交通供配电系统的主变电所、牵引变电所和降压变电所供电设备的运行状态进行集中管理和调度、实时控制和数据采集的系统。

SCADA系统由三部分组成：控制中心的主站监控系统(调度端)、各变电所的子站监控系统(执行端)及通信网络。

SCADA系统具有遥控、遥信、遥测、遥调功能，其主要作用为对供电系统安全运行状态进行在线监控，对供电系统运行实现经济调度，对供电系统运行实现安全分析和事故处理。

5.1.3 城市轨道交通的供电制式

城市轨道交通的供电制式包括供电系统的电流和电压制式。

(1)电流制式

城市轨道交通的电流制式有直流、交流两类。电流制式主要与轨道车辆牵引系统类型有关。

①直流牵引系统。采用直流电机作为牵引电机的牵引系统称为直流牵引系统，直流牵引系统还包括直流电机在内的主电路及控制电路。按照牵引电源的性质，直流牵引系统可分为直—直和交—直两大类。

直—直流牵引系统是最早应用于轨道车辆的一种牵引形式，它使用的是直流电源(直流电网或直流发电机)和直流串励牵引电机。早期的直流牵引系统采用电阻调速方式，不仅能耗大，而且难以实现连续、平滑的调速。随着电力电子技术的发展，在轨道车辆牵引中，已广泛采用了可关断晶闸管(GTO)和绝缘栅双极型晶体管(IGBT)等功率器件和斩波调压方式，不仅节能，而且能对电动机电源进行连续、平滑调节，实现车辆平稳调速。上海地铁1号线就采用了直—直流牵引系统。

交—直流牵引系统使用的是电网交流电源，牵引电机仍采用直流电机。此牵引系统的关键部分是将交流变成可控直流的整流调压装置，如图5-6所示。这种系统的交流电网电压很高，适用于大功率、长距离牵引。目前，大功率的干线电力机车已普遍采用交—直流牵引系统。

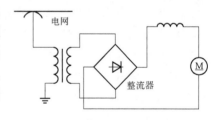

图5-6 轨道车辆交—直流牵引系统原理图

②交流牵引系统。交流牵引系统采用的是变频调速的交流牵引电机。随着电力电子技术和交流变频调速技术的发展，20世纪70年代以后，世界很多国家的城市轨道车辆都开始采用交流牵引系统。按供电电源的不同，交流牵引系统可分为直—交、交—交和交—直—交传动形式。

交流牵引系统可以实现平稳可靠的无级调速，具有调速范围大、功率大、过载能力强、噪声小、可靠性高、维护方便、节能等显著优点，尤其是没有直流电机换向器，克服了直流电机的许多弊端，被世界公认为是现代最优越的牵引调速系统。

(2)电压制式

我国城市轨道交通系统的电压制式主要有以下几种。

①主变电所电源电压。交流110kV、63kV。其中63kV为东北地区电网特有的电压等级。

②牵引供电系统电压。交流110kV、35kV、10kV。上海、广州、香港、南京、深圳等地地铁的牵引供电电压都为交流35kV,但35kV电压等级在各大城市电网中将逐渐减少,由110kV取代。北京地铁、大连轻轨采用10kV电压等级。另外,20kV电压等级也具有潜在发展趋势。

③降压变电所供电电压。交流35kV、10kV。

④轨道车辆接触网电压。直流750kV、1 500kV。北京地铁、武汉轻轨、天津地铁等采用直流750kV,上海、南京、深圳、广州、重庆、大连等城市轨道交通车辆采用直流1 500kV。

⑤动力照明低压配电低压。交流380V/220V。

⑥变电所操作电源、应急照明电源电压:直流220V、110V。

5.2 电源和主变电所

5.2.1 城市电网对轨道交通的供电方式

城市电网对轨道交通供电方式有三种:集中式供电、分散式供电和混合式供电。

(1)集中式供电

由城市轨道交通专用变电所构成的供电方案称为集中式供电,即在城市轨道交通沿线,根据用电容量和线路长短,建设一座或几座专用的主变电所。主变电所应由两路独立的电源,由发电厂或城市电网区域变电所以高压(110kV或63kV)向主变电所供电,经降压并在沿线结合牵引变电所、降压变电所形成35kV或10kV中压环网,由环网供沿线设置的牵引变电所经降压整流为直流电,对轨道车辆供电。

集中式供电尽管一般来说比分散式供电投资大,但可提高供电系统的可靠性和灵活性,提高运行的独立性,有利于轨道交通供电的管理,所以成为目前采用最多的供电方式。

集中式供电系统如图5-7、图5-8所示。图5-7系统为目前国内外采用较多的方式,其牵引供电系统和动力照明供配电系统的电源电压一致,如广州地铁(35kV)、南京地铁(35kV)、纽约地铁(34.5kV)、德黑兰地铁(20kV)等。图5-8系统的牵引供电系统和动力照明供配电系统的电源电压不相同,如香港地铁、上海地铁的牵引供电系统电压为33kV,动力照明供配电系统电压为10kV。

(2)分散式供电

在轨道交通沿线由城市电网引入多路电源而构成的供电系统称为分散式供电。分散式供电只比集中式供电少建主变电所,电源直接从城市电网引入,如图5-9所示。这种供电方式多采用城市区域变电所的10kV中压输电线直接向轨道交通沿线设置的牵引变电所、降压变电所供电并形成环网,并保证每座牵引变电所和降压变电所都能获得双路电源。采用这种供电方式必须是电网比较发达的城市,在有关车站附近有符合可靠性要求的供电电源。北京地铁、沈阳地铁、长春轻轨、大连轻轨等都采用分散式供电方案。

(3)混合式供电

以集中式供电为主,个别地段直接引入城市电网电源作为补充的供电方式称为混合式供电。它是前两种供电方式的结合，使供电系统更加完善和可靠。北京地铁1号线和环线工程在建成初期采用混合式供电方式，以35kV主变电所为主，个别点引入10kV电源，后因城市电网规划取消了35kV等级，把原有的主变电所改建为10kV开闭所。

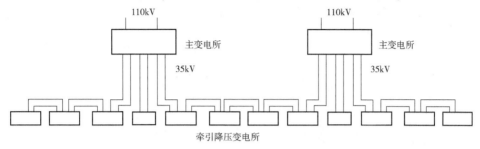

图5-7　城市轨道交通集中式供电方案1

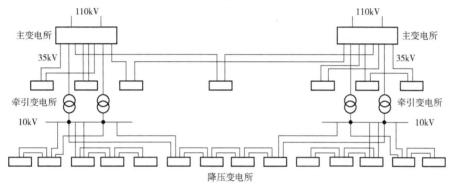

图5-8　城市轨道交通集中式供电方案2

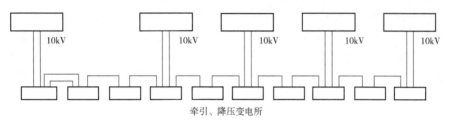

图5-9　城市轨道交通分散式供电系统

5.2.2　城市轨道交通主变电所

(1) 主变电所的位置、容量和数量

主变电所位置、容量和数量应根据牵引供电系统和动力照明配电系统负荷计算结果确定，并征得电力、规划部门的确认。为保证轨道交通牵引负荷一级用电需要，需设置两座或两座以上主变电所。为减少占地面积，主变电所应设计为室内式，设两台主变压器和两台自用变压器。从主变电所至轨道车站应设电缆通道。

主变电所位置的选择还应考虑以下因素：尽量靠近轨道交通线路，接近负荷中心；各主变电所负荷平衡，并使两侧的供电距离基本相同；靠近轨道车站以缩短电缆通道的距离，减少城市地下管网的干扰；应考虑路网规划与其他轨道线路资源共享，并预留电缆通道和容量。

(2) 主变电所主接线

主变电所主接线如图 5-10 所示。每座主变电所从城市电网引入两路独立的 110kV 或 63kV 电源，当一路电源故障时，另一路电源能承担重新调度后供电分区内全部一、二级负荷。

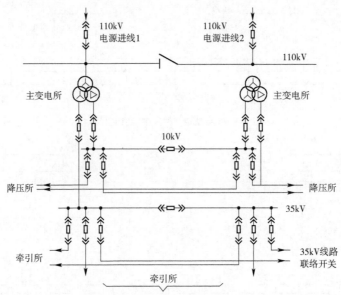

图 5-10 主变电所主接线

主变电所高压侧宜采用内桥式接线，设桥路开关，也可采用线路变压器组接线。中压侧单母线分段，设分段开关，失电压自投，故障闭锁。正常时桥路开关和分段开关处于断开状态。

由于轨道车辆用电已采取功率因数补偿措施，主变电所无须另设电容补偿装置。主变压器目前多采用油浸风冷有载自动调压变压器，根据需要可为三绕组或双绕组结构。主变电所应按就地、距离和远动三级控制设计，二次回路应与牵引变电所相协调，采用综合自动化系统。

5.3 牵引供电系统

5.3.1 牵引供电系统的组成

牵引供电系统由牵引变电所和牵引网组成(图 5-11)，二者在运行中相互协调，统一调度。牵引网正常实行双边供电，牵引变电所是牵引供电系统的核心，由区域变电所或主变电所获取中压电能，经降压与整流变换为轨道车辆牵引用直流电。

《城市轨道交通直流牵引供电系统》(GB/T 10411—2005)规定了城市轨道交通直流牵引供电系统中供电方式、牵引变电所、电缆、接触网、牵引供电保护装置及电力调度的主要性能指标和设备运行指标。

5 城市轨道交通供配电系统

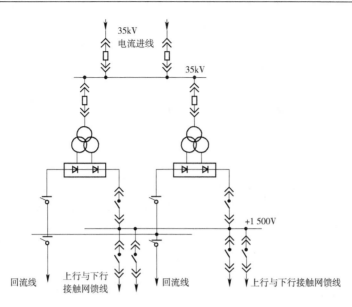

图 5-11 牵引变电所的组成

5.3.2 牵引变电所的设置

(1)牵引变电所的形式

牵引变电所有两种形式:户内式变电所和户外箱式变电所,前者适宜地下线路,后者适宜地面线路。一般尽可能设在地面,其优点是投资小、运行费用低、运行管理方便。

(2)牵引变电所的容量

牵引变电所的容量大小,需要根据运行高峰时的列车编组、发车间隔及车辆形式,经牵引供电计算和供电方案比较确定。牵引变电所按其所需总容量设置两组整流机组并列运行,沿线任意牵引变电所发生故障时,由两侧相邻的牵引变电所承担供电。

(3)牵引变电所的选址

①牵引变电所一般设置在沿线车站及车辆段附近,间隔一般为 2~4km。牵引变电所可沿线均匀布置,以减少变电所数量,保证馈电质量,但管理不方便;也可与降压变电所合建于车站站端,管理比较方便。天津地铁 1 号线正线全长 26.188km,共设 22 个车站,19 座 10kV 牵引变电所。

②地下车站设置牵引变电所时,一般位于车站站台端,或建于车站一侧端头井以里;地面车站设置牵引变电所时,宜与地面站务用房合建。

③牵引变电所的设置应首先考虑有列车检修线的车站一端,检修线应由专用回路供电,列车检修时,不影响线路的正常停电维修。

④地下车站牵引变电所应和车站主排水站分设于车站的两端,以免牵引变电所的地下通道渗水。

⑤牵引变电所内应留有大型设备的进出口、运输通道和电缆敷设通道,同时考虑通风、散热、防火、防电、防雷击要求。

(4)牵引变电所的平面布置

牵引变电所平面布置可分成变压器室、中压室、低压室、蓄电池室、集控室(值班室),也可以只分变压器室和其他设备室。地下牵引变电所应设置良好的通风散热装置,如机械送排风不能满足要求时,应设冷风系统。牵引变电所平面布置如图5-12所示。

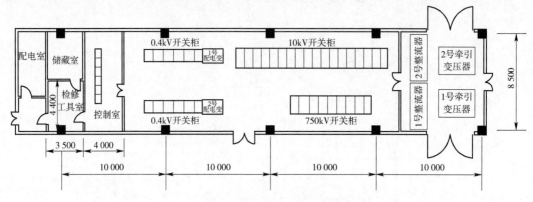

图5-12 牵引变电所平面布置图(尺寸单位:mm)

5.3.3 牵引变电所外部供电形式

为保证轨道交通牵引供电的可靠性,牵引变电所均由两个独立电源供电,沿线设置多个牵引变电所,电源线路的具体分布情况不同,因此造成牵引变电所外部供电形式复杂多样,主要有以下四种形式。

(1)环形供电

环形供电即电力系统将牵引变电所连成环形网,如图5-13所示。环形供电可靠性高,当一路输电线和一个主变电所(或地区变电所)同时停止工作时,只要其母线仍保持通电,就能保证任何一个牵引变电所的正常供电,但其投资较大。

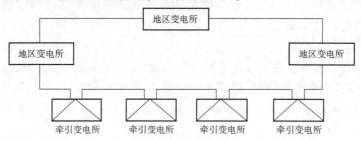

图5-13 牵引变电所环形供电

(2)双侧供电

双侧供电即电源来自两个主变电所(或地区变电所),如图5-14所示。为了增加供电的可靠性,通往牵引变电所的输电线采用双路输电线经母线连接供电,每路按输送功率计算。这种方式可靠性稍低于环形供电,开关设备多,投资多。

(3)单侧供电

单侧供电即由一个主变电所(或地区变电所)给数个牵引变电所供电,如图5-15所示。单侧供电较环形供电、双侧供电的可靠性差,为了提高可靠性,通常采用双回路输电线供电。单侧供电设备较少,投资也少。

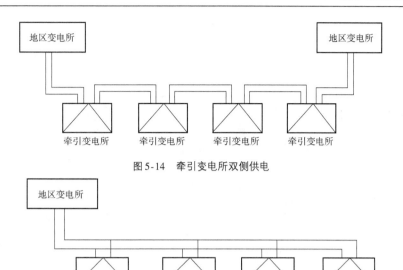

图 5-14 牵引变电所双侧供电

图 5-15 牵引变电所单侧供电

（4）放射式供电

放射式即每个牵引变电所用两路独立输电线与主变电所(或地区变电所)连接,如图5-16所示,当各牵引变电所与主变电所(或地区变电所)距离差不多(轨道线路成弧形),并且比单侧供电更经济时,可采用放射式供电方式。放射式供电接线简单,但可靠性差,当主变电所(或地区变电所)停电时,全线将停电。

实际上牵引变电所的供电方式常常是以上某些典型供电方式的综合,应保证当供电系统上一个环节故障时,能自动解列而不致破坏牵引供电。上海地铁1号线供电系统如

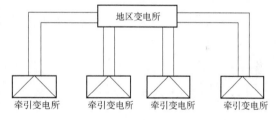

图 5-16 牵引变电所放射式供电

图 5-17 所示,系统采用两个主变电所,以双回路输电线向牵引变电所和沿线车站区间用电的降压变电所供电。其供电接线方式为单侧供电或双"T"形供电。主变电所为110kV双回路进线,以35kV双回路输电线向沿线牵引变电所作双侧或单侧供电,以10kV双回路输电线向降压变电所供电。该供电系统建设投资比较低,供电可靠性相当高,当轨道线路延长时,可在线路两端搭建主变电所,建设灵活性较高。

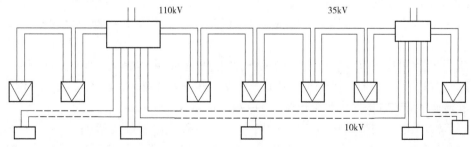

图 5-17 上海地铁 1 号线牵引变电所供电系统

5.3.4 牵引网供电方式

(1) 杂散电流

杂散电流又称迷流,是指直流牵引供电系统中,少量从回流走行轨中泄漏到地中,不能沿正常回路回流的牵引电流(图5-18)。

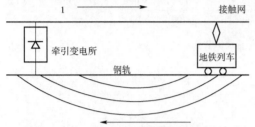

图5-18 直流牵引走行轨对地泄漏电流

杂散电流产生的原因及其大小由两个条件决定:一是走行轨对地电位,二是走行轨对地绝缘电阻(与道床结构钢间)。

杂散电流是轨道交通直流牵引供电系统产生的电磁污染源之一,其危害主要有三个方面:一是会造成走行轨、地下金属管线和结构钢筋的电腐蚀;二是杂散电流流入电气接地装置,将引起过高的接地电位,导致某些设备无法正常工作;三是较大的杂散电流可能引起牵引变电所的框架保护动作,引起整个变电所的断路器跳闸,影响轨道交通正常运营。

(2) 牵引网供电方式

牵引网供电方式有单边供电和双边供电两种方式。

①单边供电。单边供电是指馈电区只从一侧牵引变电所取得电源,只是在特定条件下(如车场线、停车线、检修线、试车线及线路终端牵引变电所故障解列等)可能采取的一种临时供电方式。单边供电走行轨对地泄漏电流如图5-19所示,单边供电走行轨对地电位如图5-20所示。

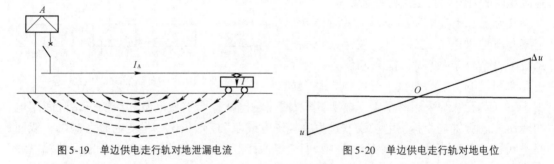

图5-19 单边供电走行轨对地泄漏电流　　图5-20 单边供电走行轨对地电位

②双边供电。双边供电是指任何一个馈电区同时从两侧牵引变电所取得两路电源,是城市轨道车辆最基本的牵引供电方式,是正线设计、正常运行和牵引变电所故障运行的首选方式。双边供电走行轨对地泄漏电流如图5-21所示,双边供电走行轨对地电位如图5-22所示。

双边供电比单边供电具有以下明显优点:双边供电时,牵引网的平均电压损失、功率损失、杂散电流和列车受流器上的电压损失都是单边供电的1/3~1/4;列车最大平均电压损失、列车启动时最大电压损失是单边供电的1/4。

③大双边供电。在牵引供电系统中,任何一座牵引变电所故障解列时,应采取技术措施,实行大双边供电。即当系统中任何相隔两座的牵引变电所故障解列时,靠其相邻牵引变电所的过负荷能力,保证列车的正常运行,而不影响最大客流的输送能力。实现大双边供电

有以下两种方式。

利用解列的牵引变电所的直流母线连接电分段构成大双边供电,如图 5-23 所示。必须具备两个条件:牵引变电所只有两套整流机组退出运行,直流母线、上下行四路馈线开关及其二次回路能正常运行。

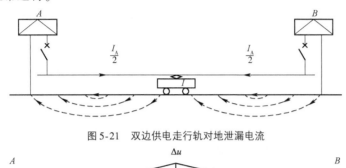

图 5-21 双边供电走行轨对地泄漏电流

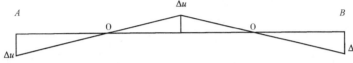

图 5-22 双边供电走行轨对地电位

利用纵向电动隔离开关 ZGD 连接电分段构成大双边供电,并使整个牵引变电所退出运行,如图 5-24 所示。

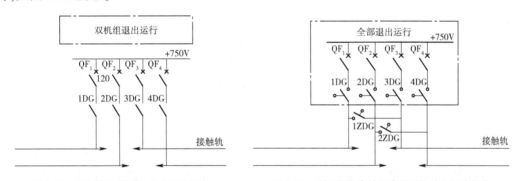

图 5-23 利用直流母线构成大双边供电　　图 5-24 利用纵向电动隔离开关构成大双边供电

5.3.5 牵引变电所主接线

牵引变电所主接线应力求简单可靠,全线尽量一致,便于运营管理。如果与降压变电所合建,则中压交流侧需单母线分段,设分段开关,双路电源引入,分列运行;否则,可为单母线、双路电源一用一备。牵引变电所一般设两套牵引整流机组,其容量按远期运量设计。

牵引变压所主接线由两部分组成:中压交流侧和牵引直流侧。

(1) 中压交流侧主接线

中压交流侧主接线有两种接线方式:一种方式为两套整流机组接至两段母线上,另一种方式为两套整流机组接至同一段母线上。

①两套整流机组分别接至中压两段母线上。这种方式有利于两路电源的负荷平衡,但要求牵引变电所两路中压电源电压需平衡或差别甚微,如牵引变电所两路中压电源电压不平衡,则会引起两套整流机组负荷不平衡,一套重载,一套轻载。如图 5-25 所示为单母线分

段,两台牵引变压器分别接于两段母线,北京地铁早期工程采用这种接线。

②两套整流机组均接至同一段母线上。这种方式有利于两套整流机组负荷的平衡,城市电网的实际情况是很难保证两路中压电源电压平衡,故在牵引变电所的主接线中,一般将两套整流机组接至同一段母线上。

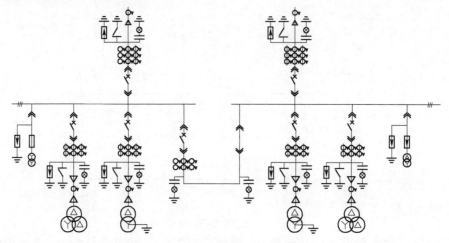

图 5-25　牵引变电所中压交流侧主接线 1

如图 5-26 所示为单母线分段,两台牵引变压器接于同一段母线,两台配电变压器分别接于两段母线上,两台牵引变压器出力平衡。目前国内多采用这种接线方式。

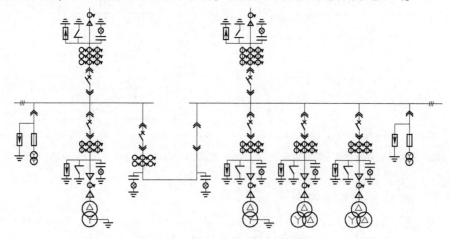

图 5-26　牵引变电所中压交流侧主接线 2

如图 5-27 所示为单母线分段,设三段母线,电源母线可形成环网供电,两台配电变压器分别接于两段电源母线上,两台牵引变压器接于第三段母线上,其双路电源一用一备,自动切换。德黑兰地铁采用这种接线方式。

如图 5-28 所示为单母线不分段,两台牵引变压器接于一段母线上,其双路电源一用一备,自动切换,适用于单独建设牵引变电所或箱式变电所。上海地铁的 1 号线、2 号线采用这种接线方式。

(2) 牵引直流侧主接线

牵引直流侧主接线有两种方案:双母线系统和单母线系统。早期修建的北京地铁采用双母线系统,其他城市地铁则采用单母线系统。

①双母线系统。双母线系统如图 5-29 所示。这一方案的特点是直流母线设工作母线和备用母线,在两条母线之间设置了备用开关,它可以代替四路馈线开关中的任何一路;在同一馈电区电分段处设置一台纵向电动隔离开关,当牵引所故障解列或退出运行时,可以通过它实现大双边供电。

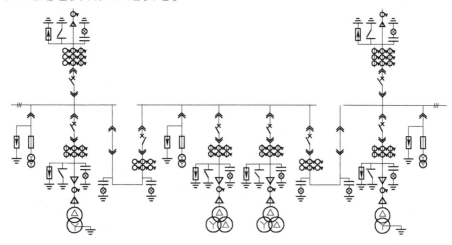

图 5-27　牵引变电所中压交流侧主接线 3

这一方案的缺点是电动隔离开关太多,实现操作联锁较复杂;当使用备用开关实现双边供电时转换关系复杂且环节多;当使用纵向电动隔离开关代替馈线开关时,备用母线和备用开关就显得多余了,故这种方案在很多城市已不再采用。

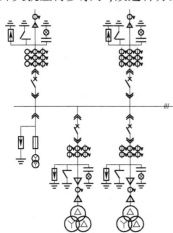

图 5-28　牵引变电所中压交流侧主接线 4

②单母线系统。单母线系统如图 5-30 所示。这一方案是目前国内使用较多的一种接线方式,其特点是接线简单、投资省,比双母线方案节省一条备用母线、一台备用开关和四台电动隔离开关;操作简单灵活、联锁条件少,在同一馈电区电分段处设置一台纵向电动隔离开关,既可以代替整座变电所,也可以代替任何一种馈线开关,当牵引所故障解列或退出运行时,可以通过它实现大双边供电。

在单母线系统中,还可以有几种不同的变化。如在整流器正极开关即正母线入线开关,用电动隔离开关代替直流快速断路器,以节省一次投资,但电动隔离开关操作不方便,需附带联锁条件,实现自动化比较麻烦。如去掉纵向电动隔离开关,接线简单,操作联锁条件少,但牵引变电所故障时,只能利用直流母线实现大双边供电,当任一路馈线开关故障退出运行时,只能实现单边供电。

典型的牵引变电所主接线如图 5-31 所示,这是目前常用的一种方案,其特点包括以下几点:两套整流机组接于同一段交流中压母线上,有利于负荷平衡;牵引网电分段为短轨式电分段;直流馈出回路至接触轨的电动隔离开关、电分段的纵向电动隔离开关及向短轨送电的直流接触器可以在牵引变电所内安装;两台配电变压器分别接于两段母线上,低压侧采用集中电容补偿。

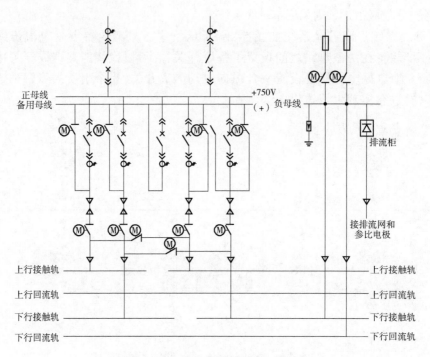

图 5-29　牵引直流侧双母线系统主接线

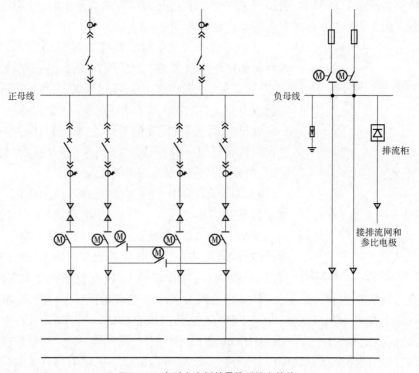

图 5-30　牵引直流侧单母线系统主接线

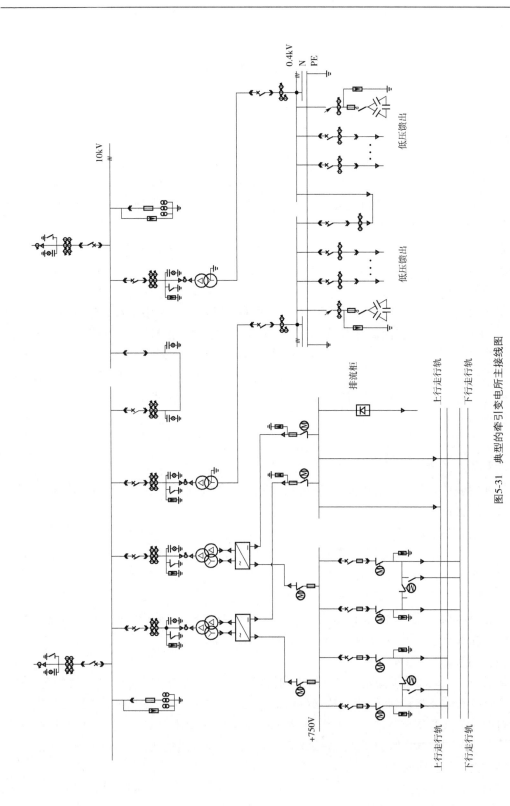

图5-31 典型的牵引变电所主接线图

5.4 牵 引 网

5.4.1 牵引网

城市轨道交通系统牵引网是沿线路敷设的专为电动车辆供给电源的装置。牵引网主要由馈电线、接触网、轨道和回流线组成。馈电线是把牵引变电所电能馈送给接触网的导线。接触网是牵引网中最主要的组成部分,车上的受电器通过与它可靠地直接滑动接触,不断取得电能,以保持电动车组的正常运行。

牵引网的标称电压常用的有两种:直流750V,允许电压波动范围500~900V;直流1 500V,允许电压波动范围1 000~1 800V。我国国标和国际电工委员会(IEC)对牵引网电压制式的规定是一致的。

接触网按其结构可分为接触轨式和架空式两种。接触轨式是沿走行轨道一侧平行铺设第三轨,电动车组通过受流器与其滑动接触而取得电能。架空式是架设在走行轨道上部的接触导线、承力索系统,电动车组从上部伸出的受电弓与接触导线滑动接触取得电能。与架空接触网相比,接触轨结构简单,使用寿命长,安装、维护费用和工作量低,受天气的影响小,能够较好地适应小尺寸隧道,而且对城市景观影响小。因此,从世界范围来看,超过70%采用接触轨馈电。

5.4.2 接触轨

根据接触轨与电动车辆受流器(集电靴)的接触面位置不同,接触轨分为上接触式、下接触式和侧接触式三种形式。

(1)上接触式接触轨

接触轨的接触面朝上固定安装在支持绝缘子上,安装于走行轨的一侧,车辆受流器从接触轨上顶面受电,接触轨的上方和一侧有防护罩保护,对人员接近和冰雪侵扰有一定防护作用,如图5-32所示。其主要优点是结构稳定可靠,维护方便,造价低;主要缺点是安全防护性能较差,接触面上易积累尘屑,加速接触轨和受流器的磨损,潮湿环境会增加短路故障发生概率。北京地铁采用DC 750V上接触式低碳钢接触轨。

(2)下接触式接触轨

接触轨的接触面朝下固定安装在特殊的防护罩内侧,防护罩集防护和支持功能为一体,安装在走行轨的一侧,车辆受流器从接触轨的下底面受电,如图5-33所示。其主要优点是接触轨的安装高度及水平方向均可作适当调整,安全性和遮挡雨雪、避免尘屑的条件较好;主要缺点是比上接触式接触轨的运营维护工作量大,相应费用较高。武汉轻轨采用DC 750V下接触式钢铝复合接触轨。

(3)侧接触式接触轨

侧接触式接触轨类似于上接触式接触轨,都是安装在瓷绝缘子的上部,主要区别是接触轨外形不同,对着车辆受流器的侧立面较为平直,如图5-34所示。其主要优缺点也与上部受流方式基本相同。此外,其接触轨的终端弯头向侧面外弯,不占上、下部空间,离积雪较远,容易处理与车体的距离关系;它所受到的受流器侧向压力较为稳定,不会因为受流器脱轨而对接触轨和支架产生过大的侧向推力,运行更加安全可靠。

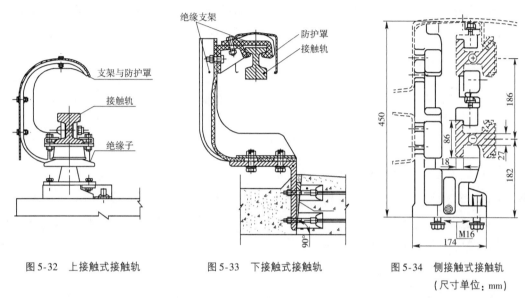

图5-32 上接触式接触轨　　图5-33 下接触式接触轨　　图5-34 侧接触式接触轨
(尺寸单位:mm)

侧接触式接触轨主要在德国、英国等少数国家采用。重庆城市交通单轨线路采用的侧面受流刚性接触网与侧接触式接触轨不是同一概念,这种侧面受流刚性接触网形式自日本引进,电压采用DC 1 500V。

5.4.3 架空接触网

根据接触悬挂结构不同,架空接触网分为刚性悬挂接触网和柔性悬挂接触网2种形式。

(1)刚性悬挂接触网

刚性悬挂是以硬质的金属条(通常是铜条)代替软质的导线的新型悬挂方式,如图5-35所示。刚性悬挂利用了接触轨供电的接触面积大的优点,克服了钢轨过重无法悬挂的缺点。城市轨道交通从地下线路开到地上线路时,刚性悬挂直接与柔性悬挂的线路需无缝对接。同时,由于刚性悬挂使用集电弓,克服了使用集电靴的接触轨容易脱落的缺点,可以达到更高的运行速度。

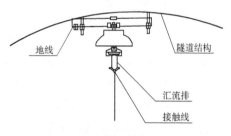

图5-35 刚性悬挂接触网

刚性悬挂接触网不需要辅助馈线,具有结构稳定可靠、维护简单、事故影响范围小等优点,但由于其作业面较高,运营维护仍需配备专用的维护检修车辆。刚性悬挂接触网经过十几个国家40多条地铁的运营,在设计上的不断改进,目前已经趋于完善。广州地铁2、3号线在隧道内采用刚性悬挂接触网。

(2) 柔性悬挂接触网

柔性悬挂接触网适合列车高速运行，主要有两种悬挂形式：全补偿简单链形悬挂和简单弹性悬挂。

全补偿简单链形悬挂，接触线悬挂在承力索上，承力索悬挂于支柱的支持装置上，承力索和接触线皆设有补偿装置，如图5-36所示。简单弹性悬挂，接触线直接固定在支柱支持装置上，利用弹性腕臂对接触线进行补充，如图5-37所示。

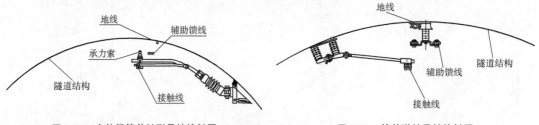

图5-36　全补偿简单链形悬挂接触网　　　　图5-37　简单弹性悬挂接触网

柔性悬挂接触网结构复杂，零部件多，接触线磨耗快，换线周期短，在地面或高架桥上会对城市景观造成一定影响。广州地铁1号线采用全补偿简单链形悬挂接触网，上海、香港地铁采用的是简单弹性悬挂接触网。

5.5　动力照明供配电系统

动力照明供配电系统是城市轨道交通供电系统的重要组成部分，为除直流电动车辆外其他所有交流负荷供电。

5.5.1　降压变电所的设置

(1) 降压变电所的位置

城市轨道交通每个车站都应设置降压变电所，位置应靠近负荷中心，尽量靠近大负荷空调设置的冷水机组，以缩短电缆长度并减小电缆截面积，降低能耗。此外，车辆基地、调度控制中心需要专门设置降压变电所供电。

对于地下车站的岛式站台，降压变电所一般设于站台一端。对于大型车站，因负荷较大，也可于站台两端均设降压变电所，一端为主所，另一端为辅助变电所，各负责半个车站和相邻半个区间的供电。对于侧式站台地下车站，也可以设在车站中部。降压变电所在有牵引变电所的车站一般与牵引变电所合建成混合变电所，在没有牵引变电所的车站则单独建降压变电所。如为地面车站，则与地面站务用房合建。

(2) 安装方式

①下出线安装方式。这是常用的安装方式，下出线安装方式适用于变电所下可以设电缆夹层或电缆通道的情况。

②上出线安装方式。当变电所下部不能设电缆夹层或电缆通道时，可采用上出线安装

方式,高、低压开关柜皆为向上出线,在开关柜的上方应留有敷设电缆桥架的高度,降压变电所平面布置如图5-38所示。

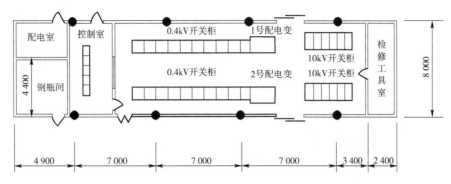

图5-38 降压变电所平面布置图(尺寸单位:mm)

(3)电源

双电源是城市轨道交通供电的原则,对于保证旅客出行有良好秩序和舒适环境的动力照明配电系统也不例外。降压变电所应有两路中压电源,两路电源可以来自主变电所或城市电网,也可以来自相邻车站的牵引变电所或降压变电所。在大型车站,因建筑面积大,动力照明负荷增加,需在车站的站台两端建两座降压变电所,一端为电源降压变电所,另一端建一座辅助变电所,其两路中压电源来自车站另一端的电源降压变电所。辅助变电所的两台配电变压器不设保护断路器,只设隔离开关以作电源隔离。

(4)操作电源

降压变电所的操作电源根据实际需要可以采用直流或者交流。如果采用直流操作电源,应选用不产生有害气体的蓄电池组作为操作电源。在地面设置的降压变电所可以采用交流操作电源。

(5)应急电源

变电所和车站的应急电源只解决应急照明的电源,一般为直流220V,地下车站在站台两端各设一组碱性或免维护酸性蓄电池组,其容量应满足变电所双路失电压时,供给车站、区间220V应急照明,时间不少于60min,以使地下车站的旅客能安全撤出到地面。如上海地铁地下车站两端分别设置了碱性蓄电池室。

如中压电源可靠,应急电源也可以采用交流电源,除本站变电所的两路低压电源外,并从两侧相邻变电所分别引入一路低压电源。如北京地铁1、2号线即采用低压交流电源作为应急电源。

应急照明电源正常由两路低压电源供电,两路电源一用一备,自动切换。只有当变电所两路电源失电压时,才自动切换到蓄电池组供电。

5.5.2 降压变电所主接线

(1)降压变电所中压主接线

①单母线分段,设分段开关。为运行方便,分段开关可以不设保护,只作为调度对系统的供电分区重新调整用,如图5-39所示。

②单母线分段,不设分段开关。其优点是典型的中压网络的环网结构,运营中电力调度方便快捷。在供电系统中只把降压变电所看成是环网结构图的 T 接方式。

③在车站辅助变电所,不设母线,两台配电变压器前只设隔离开关,只作隔离电源用,如图 5-40 所示。

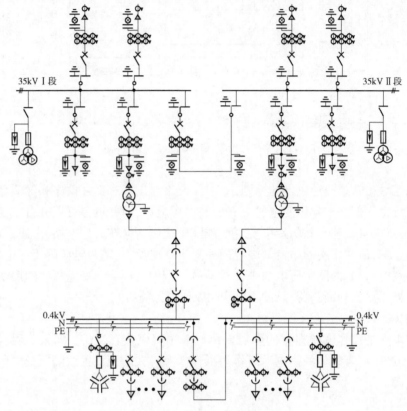

图 5-39　降压变电所主接线

(2)降压变电所低压主接线

单母线分段,设分段开关,失电压自投,过电流闭锁,来电自复。低压配电系统采用 TN-S 系统,中性线与接地线分开,在变电所一点接地。

(3)配电变压器容量选择

变电所设两台配电变压器,分别接于两段母线、分列运行,动力负荷与照明负荷合用。配电变压器的容量选择应满足以下两个条件:

①正常工况下,两台配电变压器分列运行,同时供电,负荷率应在 70% 左右。

②当一台配电变压器故障解列时,应自动切除三级负荷,另一台配电变压器可以承担全部一、二级负荷,保证正常运行。

(4)降压变电所的无功补偿

《地铁设计规范》(GB 50157—2003)及《供配电系统设计规范》(GB 50052—2009),均规定在降压变电所低压侧采用并联电容器进行无功补偿至功率因数 0.9 以上。实践证明,在城市轨道交通低压配电系统中,无须采用电容器补偿已能满足供电系统对功率因数的要求。因为无论是中压系统还是低压系统,都由大量电缆构成,电缆产生的电容电流已完全可以补偿系统产生的电感性电流。

(5) 低压开关柜

低压开关柜应为 230/400V 三相四线制(TN-S)系统,设 PE 线,变压器中性点直接接地。低压负荷应按动力、照明、广告照明、空调分别计量,便于运营用电考核。

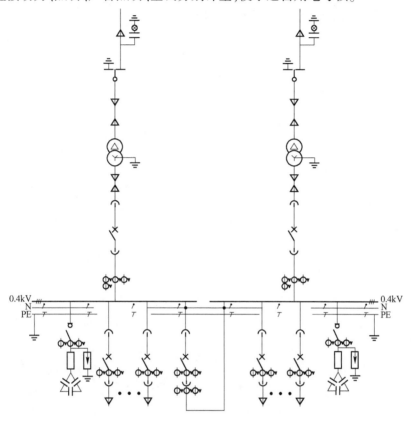

图 5-40　辅助降压变电所主接线

低压开关柜宜选用抽出式开关柜,低压主开关和馈出开关的分段容量都应满足配电变压器出口短路时断流容量的要求。

低压开关柜配电变压器主断路器、母线分段断路器和低压馈出断路器的保护整定值应相互配合。

习题与思考题

5-1　试述城市轨道交通供电系统的组成及其作用。

5-2　试述牵引供电系统的组成。

5-3　牵引变电所外部供电形式有哪几种?

5-4　城市轨道交通交流牵引系统有什么优点?

5-5 试述杂散电流的形成原因与危害。
5-6 牵引网供电方式有哪几种？
5-7 牵引直流侧双母线系统主接线有什么优点？
5-8 试述接触网的供电原理及分类。
5-9 试述轨道交通变电所的种类及其作用。

6 道路照明基础

道路照明是电气照明领域的一个重要的独立分支,是一门结合交通、电气、心理学、美学等诸多学科的综合性学科。道路照明水平在某种程度上反映了所在城市或区域的综合经济实力和水平。基于全球性的节能减排发展要求,新型节能光源也已逐步应用到道路照明工程中,并发展迅速。

6.1 道路照明的基本概念

6.1.1 照明基本概念

(1)可见光

光是以电磁波形式传播的辐射能,可见光是电磁波谱中人眼可以感知的部分,一般人的眼睛可以感知的电磁波波长在380~780nm。

(2)光通量

光通量是指光源在单位时间内向周围空间发出的可见光能量,用 Φ 表示,单位是流明(lm)。光通量反映光源的发光能力,它是根据人眼对光的感觉来评价的。

(3)发光效率

发光效率是指电光源每消耗1W功率所发出的光通量,简称光效,单位是lm/W。

(4)照度

照度是指受照物体单位面积上接受的光通量,用 E 表示,单位是勒克斯(lx)。照度是评价光环境的主要参数,物体的照度不仅与它表面上的光通量有关,而且与它本身表面积大小有关。

(5)光强

光强是发光强度的简称,是指光源向周围空间某一方向单位立体角内辐射的光通量,用 I 表示,单位是坎德拉(cd)。发光强度反映光源发出的光通量在空间上的能量分布。光源光通量相同,发光强度却不一定相同,其值与灯具性质有关。

(6)亮度

亮度是指发光体在视线方向单位投影面积上的发光强度,用 L 表示,单位是坎每平方米

(cd/m²)。亮度反映观察者对某个表面明亮程度的视感,是评价道路照明效果的重要参数之一。亮度越高,目标能见度越高,当路面亮度为0.6cd/m²时,能见度为25%;当亮度为2cd/m²时,能见度可达80%。人眼感受物体的形状和颜色,是从观看方向接受该物各点反射光强对视觉的作用。亮度与受照面的照度、材料光学特性及人与受照物的相对位置等有关,受照面照度相同,反光材料亮度高,吸光材料亮度低。常见亮度值见表6-1。光通量、光强、照度、亮度等主要照明参数之间的关系如图6-1所示。

常见亮度值 表6-1

白炽灯灯丝	荧光灯管	太阳表面	无云蓝天	电视屏幕
300~500	0.8~0.9	20×10⁴	0.2~2.0	0.017~0.035

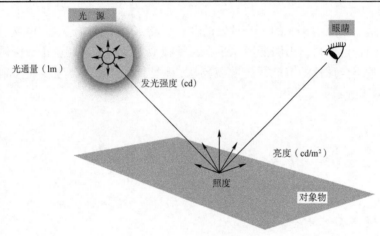

图6-1 照明参数之间的关系

(7) 亮度对比

人眼感受的物体亮度与其背景亮度有关。目标物和背景物的亮度差与背景亮度之比称为目标物的亮度对比,用 C 表示。当目标物亮度小于背景亮度时,它们的亮度差应取绝对值。

$$C = \frac{L_0 - L_b}{L_b} \tag{6-1}$$

式中:L_0——目标物亮度,cd/m²;

L_b——背景物亮度,cd/m²。

(8) 临界亮度差

把眼睛刚刚能辨别出目标物时的目标物与背景之间的最小亮度差称为临界亮度差,用 ΔL_p 表示。临界亮度差与背景亮度之比称为目标物的临界亮度比,用 C_p 表示,即:

$$C_p = \frac{\Delta L_p}{L_b} \tag{6-2}$$

(9) 能见度

能见度又称可见度或视度,表示人观察目标物时看清楚的程度。目标物的实际亮度对比 C 与其临界亮度对比 C_p 之比即为该目标物的能见度,用 V 表示,即:

$$V = \frac{C}{C_p} \tag{6-3}$$

(10) 色温

电光源发出光的颜色用色温表示,光源与黑体(或完全辐射体)的颜色相同时,该黑体的温度就称为光源的色温。单位为绝对温标 K。色温大于 5 300K 为冷色光,3 300~5 300K 为中间色光,小于 3 300K 为暖色光。

(11) 显色性

光源对于物体颜色显现的程度称为显色性,也就是颜色逼真的程度,显色性高的光源对颜色的表现较好,人们所看到的颜色也就较近自然原色。

显色性基于人的视觉,用显色指数 R_a 来评价。白炽灯的显色指数定义为 100,视为理想的基准光源。$R_a = 80 \sim 100$,显色性优良;$R_a = 50 \sim 79$,显色性一般;$R_a < 50$,显色性较差。

6.1.2 照明与视觉的关系

(1) 视觉

人眼接收光源直接发出的光或被物体反射的光,光射入眼睛后产生的视知觉,是"光觉"(明亮)、"色觉"(颜色)、"形觉"(物体形状)、"动觉"(物体运动)和"立体觉"(物体的远近深浅)等的综合。

人眼能否清楚地识别物体与下列条件有关:物体的明亮程度及其与背景的亮度对比;物体的颜色和色对比及光的颜色;物体的大小和视距的视角大小;观察时间的长短。

(2) 影响视觉的主要因素

①亮度。物体只有具有一定亮度($10^{-6} \sim 10^6$ cd/m^2)才能在人眼的视网膜上成像。在一般亮度下,视力随亮度的增加而提高,还与物体的视场背景与被观察物的亮度差异有关,二者差异越大,则物体形状越清晰,视力越高。当被观察对象的背景亮度与中心亮度相等或周围稍暗时,视力最好;若背景比中心亮,视力则显著下降。夜间被观察物与背景都没有亮度,无法分辨。照明器的作用就是创造光环境,使二者产生亮度差异,人眼才能识别。

②明适应和暗适应。从亮环境到暗环境,或从暗环境到亮环境,人的视觉需要有一个适应过程,前者称为暗适应,后者称为明适应。明适应通常需要几秒钟,暗适应所需时间较长,而且与亮度差有关,通常需要 30~40min 才能完全恢复视力。道路照明主要考虑暗适应。

③视觉范围。人的视觉范围较宽:视线上下方向分别为 50°~75°,左右方向约 100°,中心视场为 30°,能清楚识别的范围为视线中心 1°~2°,且识别时间不少于 0.1s。CIE 推荐:驾驶人观察路面的平均视点高度为 1.5m,向前注视角约为 1°,注视范围为正前方 60~160m。

④眩光。光源或物体的亮度或亮度比过高时,会引起眼睛有炫目或耀眼的不舒适感而造成视力下降,这种现象称为眩光。如图 6-2 所示,由于眩光源在人眼组织内产生光散射,而在眼内形成一个明亮的"光幕",叠加在视网膜上清晰的视像前,削弱视神经对景象的识别。

眩光根据产生方式分为直射眩光、反射眩光和光幕反射。直射眩光是由光源发出的光线直接射到人眼所造成

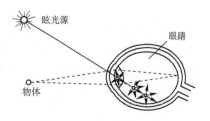

图 6-2 眩光源在眼睛中形成的"光幕"

的;反射眩光是观察者在光滑表面看到光源的映象而引起的;光幕反射是视觉对象的镜面反射,使视觉对象的对比降低,以致物体部分或全部难以看清。

CIE 从视觉状态出发将眩光定义为失能眩光和不舒适眩光。失能眩光是由于光线在眼内散射而导致视觉功能下降的眩光。不舒适眩光也称为心理眩光,是使人眼感觉不舒适的眩光,并不一定降低视觉对象的可见度。连续的不舒适眩光容易使人产生疲劳,影响注意力,从而影响到对目标的辨识能力。

眩光是影响道路照明质量的重要因素之一,影响眩光的主要照明因素有光源的亮度(亮度越高,眩光越显著)、光源的位置(越接近视线,眩光越显著)、光源的外观大小与数量(表面积越大,光源数目越多,眩光越显著)、周围的环境(环境亮度越暗,眼睛适应亮度越低,眩光也就越显著)。

6.2 道路照明电光源

6.2.1 电光源的分类

电光源是一种把电能转换成光能的装置,通常叫做电灯。目前电光源品种已超过3 000种,规格达5万多种。电光源按发光原理分为热辐射光源、气体放电光源和半导体光源三大类。

(1)热辐射光源

热辐射光源是利用发光物体通电加热至高温时辐射发光原理制成,如白炽灯、卤钨灯等。其优点是造价低廉,使用和安装简单方便;缺点是寿命短,发光效率低。

(2)气体放电光源

气体放电光源是利用外界电场加速放电管中的电子,通过气体放电而导致原子发光的原理制成。正常状态下气体不是导体,当气体原子受到具有一定能量的电子碰撞时会被激发和电离而发光。当放电电流很小时,放电处于辉光放电阶段;放电电流增大到一定程度时,气体放电呈低电压大电流放电,这就是弧光放电。根据灯内气体压强大小,可把气体放电光源分为三类:

①低压放电光源。灯内气体的总压强约1%大气压。低气压放电光源有辉光放电光源(霓虹灯、氖灯等)和弧光放电光源(低压钠灯、荧光灯、紫外线灯和部分感应无极灯等)。

低压气体放电灯发光体较大,发光均匀,工作电流较小,辉光放电灯在几百毫安以内,弧光放电灯在1A以内。因而灯功率也较小,一般在200W以内。低压气体放电灯从启动方式看有冷阴极和热阴极两种。冷阴极灯不需预热可直接高电压启动,如霓虹灯。热阴极灯需进行预热,当灯丝达到电子发射温度时再启动,如预热式荧光灯,需配用适宜的启动器进行预热启动。低压气体放电灯在灯点燃熄灭后一般可以立即再启动点燃。

②高压放电光源。灯内气体的总压强为1~10个大气压。光源有高压汞灯、高压钠灯、

金属卤化物灯、微波硫灯、长弧氙灯等。

高压气体放电灯工作电流可以很大,因而灯功率可以做得很大。它不需预热启动,可配用适宜的触发器直接启动。但高压气体放电灯在灯点燃熄灭后一般不可以立即再启动点燃,需间隔一段时间,待灯冷却后再启动。高强度气体放电灯HID(High Intensity Discharge)是高压汞灯、高压钠灯、金属卤化物灯、氙气灯等的总称,通过灯管中的弧光放电,再结合灯管中填充的惰性气体或金属蒸气产生很强的光线,具有功率大、发光效率高、寿命长、结构紧凑、体积小、光色品种多等优点,大部分用作道路、广场、运动场等处的室外照明,也可用于大型室内照明。高压汞灯、高压钠灯结构如图6-3和图6-4所示。

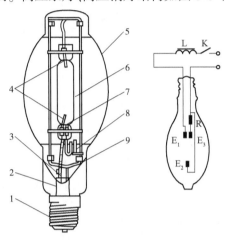

图6-3 高压汞灯结构及其接线
1-灯头;2-充氩气(防氧化);3-电源引线;
4-E_1、E_2主电极;5-硬玻璃外壳;6-石英玻璃
放电管;7-E_3辅助电极(触发极);8-R限流
电阻;9-金属支架

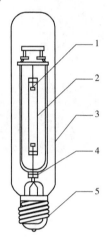

图6-4 高压钠灯结构
1-主电极;2-半透明陶瓷
放电管;3-外玻壳;4-消
气剂;5-灯头

③超高压放电光源。灯内的气体总压强大于10个大气压。光源有超高压氙灯、超高压汞灯等。发光体较小,近似高亮度点光源,便于控光。

(3)半导体光源

半导体光源包括电致发光灯和半导体灯。前者是荧光粉在电场作用下发光,后者是半导体PN结发光。其中,发光二极管LED(Light Emitting Diode)在道路照明中应用前景广阔。LED是一种固态半导体器件,核心是一个PN结半导体晶片,当一个正向电压施加于PN结两端,电子由N区注入P区,空穴由P区注入N区,进入对方区域的少数载流子一部分与多数载流子复合,多余的能量以光的形式向外辐射,以光子的形式发出能量(图6-5)。LED光源是低压微电子产品,寿命长、光效高、无辐射、低功耗,优点非常突出。一般来说工作电压是2~3.6V,工作电流是0.02~0.03A,单管功耗仅0.03~0.06W,相同照明效果比传统光源节能80%以上,而且使用寿命可达10万h,比传统光源寿命长10倍以上。

随着电子学技术的发展,电磁感应灯(无极灯)发展很快。无极灯属于第四代照明产品,无灯丝,无电极,是无电极气体放电荧光灯的简称,是一种高光效、长寿命、高显色性、代表照明技术未来发展方向的新型光源。其原理是先由电产生磁场,再由磁场产生感应电流,将高频电磁场能量以感应方式耦合到灯泡内,使灯泡内的气体被击穿形成等离子体,等离子体受激原子返回基态时,辐射出254nm的紫外线,灯泡内荧光粉受到紫外线激发而发出可见光。其特点是使用寿命长(60 000h以上),发光效率高(高频无极灯为70lm/W,低频无极灯为75lm/W),显色指数高(80以上),完全没有频闪效应,光衰小(20 000h后光通维持率可达80%),安全可靠,绿色环保,真正实现免维护、免更换。尤其适合在照明可靠性要求较高,需要长期照明而维修、更换灯具困难的场所使用。

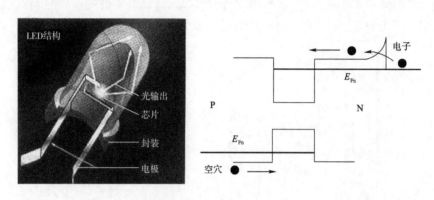

图6-5　LED灯的工作原理

6.2.2　道路照明电光源的主要评价指标

道路照明用的电光源,应根据光源的光通量、发光效率、寿命、光色、控制配光的难易程度、可靠性、经济性及照明环境等因素综合考虑选定。

(1)光通量

电光源的光通量是进行道路照明设计时首要考虑的问题。由于道路所需照射的面积较大,而且灯具安装高度较高,从经济角度考虑,应选择光效大的电光源。

(2)发光效率

发光效率是指每消耗1W功率所发出的光通量,简称光效。在道路照明中,已不采用光效低的白炽灯(<20lm/W),光效高的高压钠灯(80~140lm/W)应用较多,光效最高的低压钠灯(140~200lm/W)在欧洲的道路照明,特别是在高速公路照明中得到非常广泛的应用。

(3)色温与显色性

实践证明,最合适的道路照明色温应该接近太阳自然白光的色温范围。偏离自然白光色温越远的光源,它的显色指数就越低。在低显色指数的灯光下,要看清楚物体的真实原貌,就需要较高的灯光照度来弥补显色指数的不足。2 800~10 000K都属于太阳光的色温范围,但色温为6 500K的光线所含的光谱最齐全,最接近于自然白光,被定义为白光的标准色温,就是CIE的标准照明体D65。电光源的色温与自然光的对比如图6-6所示。

在道路照明中采用色温较高、冷白色光的高压汞灯较多,现在越来越多的道路采用长寿命高效率发黄色光的高压钠灯。在同样亮度下,显色性高的金属卤化物灯比高压钠灯照明

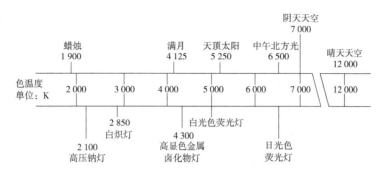

图 6-6 电光源的色温与自然光对比

具有更高的视觉分辨率,在城市道路得到越来越多的使用。

(4)光通维持率

光通维持率是指灯经过一定运行时间后,现有光通量和初始光通量之比,以百分数来表示。光通维持率低于50%,可视为灯已达到使用寿命。

(5)平均使用寿命

平均使用寿命是指一定数量灯泡的平均使用时间,单位为小时(h)。寿命无疑是道路照明光源最重要指标之一,因为它决定了道路照明的运行成本。高压钠灯之所以在道路照明中使用最多,其24 000h 的平均寿命是重要原因。无极放电灯由于其超长的寿命(超过60 000h),虽然价格昂贵,但在一些重要的道路和较难维护的隧道照明中应用也较广泛。

此外,评价电光源性能的指标还有启动时间、再启动时间、功率因数、频闪效应、温度对光通量影响等。

6.2.3 道路照明电光源的选择

道路照明的电光源选用,首先应满足道路等级对照度或亮度的要求,再满足高光效、长寿命。一般道路或广场不考虑显色指数与色温。道路照明常用电光源的主要特性见表6-2。

道路照明常用电光源的主要特性 表6-2

电光源 特性参数	荧光灯	高压汞灯	高压钠灯	低压钠灯	金属卤化物灯	白色LED灯	无极灯
额定功率(W)	6~120	70~1 000	35~1 000	18~180	70~4 000	5~60	15~400
光效(lm/W)	40~90	40~70	100~140	140~200	75~95	107~114	70~75
平均寿命(h)	3 000~5 000	6 000	24 000	2 000~3 000	6 000~20 000	100 000	60 000
色温(K)	3 000~6 500	3 300~4 300	2 000~2 100	1 750	3 000~6 500	3 500~10 000	3 800
显色指数 R_a	65~80	45	20~25	23	65~92	90	80
启动时间(min)	1~4s	4~8	4~8	7~15	4~8	瞬时	瞬时
再启动时间(min)	1~4s	5~10	10~15	8~10	10~15	瞬时	瞬时

续上表

电光源 特性参数	荧光灯	高压汞灯	高压钠灯	低压钠灯	金属卤化物灯	白色LED灯	无极灯
功率因数	0.33~0.7	0.44~0.67	0.45~0.62	0.30~0.44	0.4~0.6	0.95	0.98
闪烁	明显	明显	明显	明显	明显	不明显	不明显
表面亮度	小	较大	较大	不大	大	大	大
电压变化对光通量影响	较大	较大	大	大	较大	小	较大
环境温度对光通量影响	大	大	较小	小	较大	小	小
耐震性能	一般	好	好	较好	好	好	好

照明光源的选择还应注意与道路相关的交通、气候及环境污染等因素的影响。如对多雾、多雨地区，应选择透雾能力强的光源，在寒冷地区，应考虑光源的启动和效率下降的问题。

机动车交通道路照明的光源主要应该采用HID灯。高压钠灯具有光效高、寿命长、显色性也符合一般道路照明要求的特点，所以高压钠灯作为机动车交通道路照明的首选光源。金属卤化物灯、荧光灯的显色性好，发光效率也比较高，在显色性要求较高的道路照明中应用较多。低压钠灯虽然是目前光效最高的光源，但它的显色性不好，与高压钠灯相比已无明显优势。高压汞灯的光效较低，而且光衰减比较严重，通常情况下也不推荐使用。

6.3 道路照明灯具

6.3.1 道路照明灯具的主要性能

灯具的作用是通过反射、折射和漫透射将光源的光通量按需要重新分配，以提高光源光通量的利用率，使路面获得良好的均匀亮度，抑制眩光，固定和保护光源，并装饰和美化环境。选择道路照明灯具时，主要考虑灯具的光学性能、安全性能和经济性能，也要考虑灯具的外观造型。

1）光学性能

（1）光输出性能

①光输出比。是指灯具发出的总光通量与灯内所有光源在标准使用条件下发出的光通量之比。对常规路灯灯具来说，还要求灯具发出的向下光通量（即可能到达路面的光通量）越大越好。一般比较高效的路灯灯具光输出比大于70%，适配管型高压钠灯灯具的光输出比可超过80%。光输出比反映照明器效率，输出光通量减少是因为灯具吸收部分光通量，还有部分输出光通量因反射又被光源吸收。被灯具所吸收的光能转换为热量，导致灯

具温度上升,会降低光源和灯具寿命。

②灯具的效率。是指灯具发出的总光通量与其所消耗的电功率之比。对不可更换光源的灯具(如不可更换的LED灯具),用灯具的光效来表示灯具的效率。

③利用系数U。是指落在一条无限长平直道路上的光通量和灯具中光源光通量的比值。路灯的利用系数曲线是以灯垂直路面的垂线为界,一侧为车道侧(屋边),一侧为人行道侧(路边)的条件绘制的。利用系数的变化,按照路宽W与灯的安装高度h之比(即W/h)给出相关曲线值,灯具产品的利用系数曲线还与灯具仰角有关。路面总利用系数U应分别按图6-7和图6-8计算。不管采用哪种形式,都应当将"屋边"和"路边"的利用系数值相加,以得到对整个路面宽度的利用系数值。

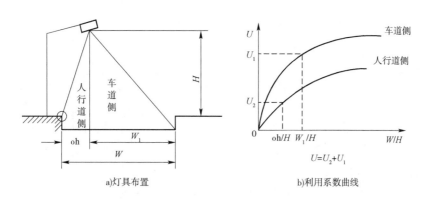

图6-7 路灯在道路一侧照明利用系数计算

(2)配光曲线

配光曲线(即光强分布曲线)是照明器在空间各个方向上的光强分布曲线,是灯具发光性能、发光形式的一种直观表述,在灯具设计与制造及照明工程中具有十分重要的地位。照明灯具的光强分布是利用灯具的反光罩、透光棱镜、格栅或散光罩控制灯光实现的。

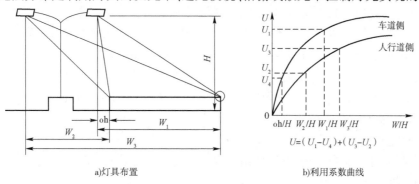

图6-8 有中央隔离带的车道上利用系数计算

公路使用的照明器分为常规灯具和投光灯具两类。常规灯具用于车道照明,光束主要部分沿道路走向往下辐射;投光灯具利用反光器或透镜,将光束聚集在一个有限的立体角内,投向指定区域,从而获得光强高、方向性强的光束,主要用于立交和广场高杆照明。

常规灯具通常用平面极坐标配光曲线表示,在任一垂直面,以光源中心为原点作各垂直角的矢量线,代表此方向的光强,将矢量端点连接成一条曲线,即为此垂直面的平面极坐标配光曲线。如图6-9所示,实线表示灯具平行于道路轴线的垂直面内的光强分布,虚线表示垂直于道路轴线的垂直面内的光强分布。光强数据是光源光通量为1 000lm的测试结果。此灯具的光通量沿道路轴向分布广,沿道路横向分布较窄的特点符合使用要求。

投光灯具光束较集中,且灯具的光轴不一定为铅垂线,用极坐标配光曲线难以将配光情况表达清楚,通常采用直角坐标配光曲线。曲线横坐标表示包含光轴的某个平面内灯具射线与光轴的夹角;纵坐标为实际光强值。如图6-10所示。

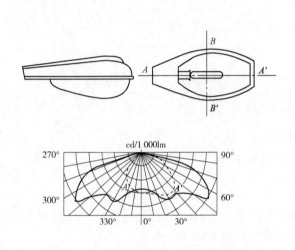

图6-9 常规灯具垂直平面极坐标配光曲线　　图6-10 投光灯直角坐标配光曲线

(3)保护角

保护角是指光源的下端与灯具下缘连线同水平线之间的夹角。保护角是任意位置的平视观察者眼睛入射角的最小值,具有限制直射眩光的作用。

室内照明器的眩光抑制很重要,对于管形荧光灯具常在出光口面上加格栅,对于类似点光源的灯具用控制光源在反射器内位置的方法实现对眩光的抑制。二者都是控制保护角在15°~45°范围内。保护角大,光束就窄,直射入人眼的光通量也小。公路照明中的路灯和高杆灯安装高度大,光线不易直射入驾驶人眼内而产生不舒适眩光。隧道照明如在两侧隧道壁安装灯具,需要考虑眩光抑制。

2)安全性能

公路照明设备大都安装在室外,使用、养护条件比较苛刻,对灯具安全可靠的要求较高。

(1)耐热性

光源工作时会产生一定数量的热量,在散热条件不好时,灯具的温度会迅速上升,影响灯具的正常工作。通常对大功率全封闭灯具要提出灯具表面的温度上限。

(2)力学性能

升降式高杆灯具力学性能要求较高,对升降蜗轮箱工作平稳可靠、可操作性和抗冲击能力都有明确要求。沿海地区对灯具的抗风力和高杆韧性应有具体要求。

(3) 电性能

IEC 等组织根据电防护类型规定灯具共分为四级。Ⅰ级不宜用于道路照明,公路常用的为Ⅱ级和Ⅲ级,Ⅲ级在触及带电部件时也不会发生触电事故。常发生台风雷击的沿海地区,还应有防雷击的明确要求。

(4) 防尘、防水、防腐

公路照明灯具要经受雨雪侵袭,应有较好的密封性能。IEC 规定了电气设备的 IP 防护等级,I 表示防尘,有六级;P 表示防水,有八级,级数越大,防护性能越好。《道路与街路照明灯具性能要求》(GB/T 24827—2009)对灯具的光源腔外壳和电器腔外壳防护等级有具体规定。

3) 经济性能

灯具的经济性能主要考虑设备购置费和运行费(电费和维修费)。

(1) 寿命

寿命涉及光源寿命和机械构件、光学系统在使用环境中的寿命。选用价格高的灯具,购置费虽高,但总的效益还是合算的。

(2) 维护系数 K

维护系数是指灯具使用一段时间后,其光输出与刚开始工作时光输出的比值,又称为光衰减系数,其值等于光源的光衰减系数和灯具因污染的光衰减系数的乘积。在照明设计时,要将电光源标注的光通量乘以维护系数,代表它长期稳定的光通量。根据目前我国常用道路照明光源和灯具的品质及环境状况,以每年对灯具进行一次擦拭为前提。维护系数 K 一般取 0.65(灯具防护等级 >IP54)或 0.70(灯具防护等级 ≤IP54)。

6.3.2 道路照明灯具的分类

道路照明灯具按用途可分为功能性灯具和装饰性灯具。在《道路与街路照明灯具性能要求》(GB/T 24827—2009)中规定:道路照明灯具按光学特性和性能等级分类,街路照明灯具应按性能等级分类。

(1) 道路照明灯具的光学特性分类

道路照明灯具光学特性分类见表 6-3。其中,灯具的截光类型采用 CIE 标准分类,其规定见表 6-4。

照明灯具光学特性分类　　　　表 6-3

截光类型	纵向光分布类型	水平光分布类型
全截光型 截光型 半截光型 非截光型	短投射配光 中投射配光 长投射配光	Ⅰ类、Ⅰ-4类、Ⅱ类、Ⅱ-4类、Ⅲ类、Ⅳ类、Ⅴ类

灯具的纵向光分布类型采用北美照明工程学会 IESNA(Illuminating Engineering Society of North America)标准,其规定见表 6-5。

灯具的水平光分布类型采用 IES 标准,其规定见表 6-6。

照明灯具截光类型的规定　　　　　　　　　表6-4

截光类型	与灯具向下垂直轴夹角90°方向光强(cd/1 000lm)	与灯具向下垂直轴夹角80°方向光强(cd/1 000lm)	与灯具向下垂直轴夹角90°方向最大光强(cd)	最大光强方向与灯具向下垂直轴夹角(°)
全截光型	0	100 或 10%I_{max}	0	—
截光型	10	30	1 000	0~65
半截光型	50	100	1 000	0~75
非截光型	—	—	1 000	—

照明灯具纵向光分布类型的规定　　　　　　　　　表6-5

纵向光分布类型	最大光强纵向分布范围(纵向距高比)	两灯间最大安装距离/安装高度
短投射配光	1.0~2.25	4.5
中投射配光	2.25~3.75	7.5
长投射配光	3.75~6.0	12

照明灯具水平光分布类型的规定　　　　　　　　　表6-6

水平光分布类型	1/2 最大光强横向分布范围(横向距高比)
Ⅰ类、Ⅰ-4类	小于1.0
Ⅱ类、Ⅱ-4类	小于1.75
Ⅲ类	部分或全部大于1.75,但小于2.75
Ⅳ类	部分或全部大于2.75
Ⅴ类	配光曲线以灯具的光中心轴旋转对称

灯具光分布类型的含义如图6-11所示。

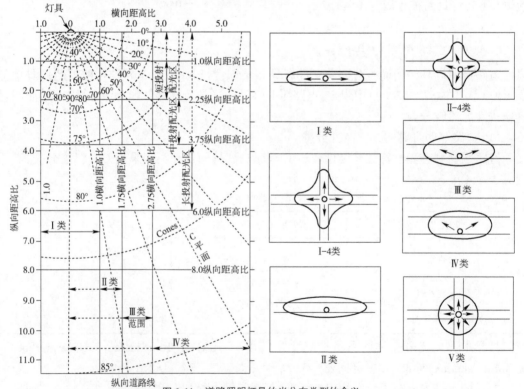

图6-11　道路照明灯具的光分布类型的含义

(2)道路照明灯具的性能等级分类

道路照明灯具和街路照明灯具按性能由高到低分为三类:A 类、B 类和 C 类。

6.4 道路照明评价指标

6.4.1 道路照明的视觉可靠性

道路照明主要是为夜间车辆行驶提供一个人工光环境,使驾驶员获得良好的视觉可靠性。照明质量应从视觉可靠性的角度来评价。视觉可靠性是指人眼视力对周围环境持续稳定的察觉能力,由视功能和视舒适两个因素决定。视觉生理与光环境决定视功能,视觉心理与光环境决定视舒适的程度。

道路照明质量通常用路面平均照度和照度均匀度两个指标规定。实际上,路面的亮度分布与照度分布有相当大的差别,采用路面照度作为道路照明指标不能给出视感条件的真实情况。CIE 建议道路照明质量用路面亮度、亮度均匀度、眩光和诱导性四个指标衡量,见表 6-7。

道路照明视觉可靠性评价指标　　　　表 6-7

视觉可靠性	照明评价指标		
	照明水平	亮度均匀度	眩光
视功能	路面平均亮度 L_{av}	总亮度均匀度 U_O	阈值增量 TI
视舒适	路面平均亮度 L_{av}	纵向均匀度 U_L	眩光控制等级 G

目前,世界上多数国家也都是以亮度为依据制定道路照明标准。我国新修订的《城市道路照明设计标准》(CJJ 45—2006)中,在机动车交通道路照明标准值中增加了路面亮度、环境比指标,即采用路面亮度、路面照度、眩光限制阈值增量、环境比最小值四个指标,这是一种过渡办法。

6.4.2 照明水平

(1)路面平均亮度

实验证明,照明水平主要应由平均亮度表征。

路面平均亮度 L_{av} 是指在路面指定区域足够数量的点上测得或计算得到的各点亮度的平均值,即:

$$L_{av} = \frac{1}{N}\sum_{i=1}^{N} L_i \qquad (6\text{-}4)$$

L_{av} 是影响视功能和视舒适的重要因素,L_{av} 越高,视功能越强,视觉越舒适。在我国道路照明实际中,路面平均亮度在 0.5~2cd/m²。CIE 建议,城市干道、高速公路的路面平均亮度

取 $2cd/m^2$。

(2) 亮度均匀度

不论对视功能还是对视舒适而言,合适的亮度均匀度都是重要的。如果路面亮度均匀度不好,视线区域中太亮的路面可能会产生眩光,而太暗的区域则可能出现视觉暗区,使人眼无法辨别其中障碍物。

① 总亮度均匀度 U_0。从视功能角度考虑,希望路面有良好的总亮度均匀度 U_0,用最小亮度 L_{min} 与平均亮度 L_{av} 的比值表示:

$$U_0 = \frac{L_{min}}{L_{av}} \tag{6-5}$$

CIE 建议,道路照明中 U_0 一般不小于 0.4。

② 纵向均匀度 U_L。即使道路照明达到良好的总亮度均匀度,由于路灯均匀间隔布设使路面出现明显的亮、暗相间横带,俗称"斑纹效应",驾驶员的眼睛要不停地调节适应,会使驾驶员烦躁不安,造成视觉疲劳。考虑到视舒适性,CIE 引入了纵向均匀度 U_L,即同一条车道中心线上最小亮度与最大亮度的比值。其计算式为:

$$U_L = \frac{L_{min}}{L_{max}} \tag{6-6}$$

CIE 建议,城市干道、高速公路 U_L 不低于 0.7。

6.4.3 眩光控制

(1) 阈值增量 TI

失能眩光使视功能下降的程度常用阈值增量 TI 来度量。为抵消眩光在人眼中造成的等效光幕对视觉感的影响,恢复物体与背景环境在人眼中的对比度,就要提高物体的亮度,这种亮度对比的百分比增量就叫作阈值增量。即:

$$TI = 65 \frac{L_v}{L_{av}^{0.8}} \tag{6-7}$$

式中:L_{av}——路面平均亮度,cd/m^2,其范围为 $0.05 \sim 5cd/m^2$;

L_v——等效光幕亮度,cd/m^2;假定观察者总是以与水平线成 1°夹角注视与中轴平行的正前方(即一直注视着前方 90m 路面上的一点)。

TI 值越小,引起的失能眩光越小,对道路照明而言,一般要求小于 10%。

(2) 眩光控制等级 G

不舒适眩光由眩光控制等级 G 表征,由灯具的光强分配和照明设施的布置决定,即:

$$G = SLI + 0.97 \lg L_{av} + 4.41 \lg h' - 1.46 \lg P \tag{6-8}$$

式中:h'——从眼睛水平线到灯具的垂直距离,m;

P——每 1km 灯具数;

SLI——特定灯具指数,由灯具供应商提供。

眩光控制等级 G 是一种主观感受,见表 6-8。CIE 建议,城市干道、高速公路 $G=6$。

眩光控制等级 表6-8

G	眩光的感觉程度	评 价
1	不能忍受	不好
3	感到烦躁	不足
5	刚可以忍受	尚可
7	感到满意	好
9	感觉不到眩光	很好

一般来说,照明标准都只对失能眩光提出要求,而非不舒适眩光,因为如果失能眩光可以接受,则不舒适眩光也可以接受。

6.4.4 诱导性

道路照明可以给驾驶人提供有关道路前方走向、线形、坡度、交叉、车流分合等视觉信息,称其为道路照明的诱导性。道路照明的诱导性对于交通安全和舒适性同样有着非常重要的作用。诱导性分为视觉诱导和光学诱导,二者既有区别又有紧密的联系。

(1) 视觉诱导

是指通过道路的诱导辅助设施,使驾驶人明确自身所在位置以及道路前方的走向。这些诱导辅助设施包括路面中线、路缘带、路面标志、应急路栏等。这些设施能否在夜间发挥作用,有赖于照明系统的配合。

(2) 光学诱导

是指通过灯具和灯杆的排列、灯具的外形外观、灯光颜色等的变化,来标示道路走向的改变或是将要接近道路的交叉口等特殊地点。如图6-12所示。

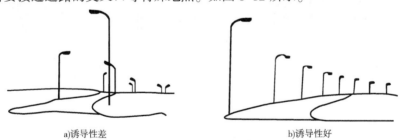

a) 诱导性差　　　　　　　b) 诱导性好

图6-12 灯杆排列的光学诱导

在道路照明设施中,排列成行的照明器可以指示出道路走向、弯道、交叉和各种特殊场合,配合其他视线诱导标志,能在远距离上使驾驶人明显地注意到有危险性的地段。在同一区段内保持照明的一致性(照明系列及光色等),以及在不同区段,采用不同类型的光源、不同的格调等,都会有效地起到照明诱导作用。在规模大、线形复杂、层次多的立体交叉场合宜采用高杆照明,在照亮道路的同时也照亮环境,可以获得与白天相似的良好诱导性。

6.4.5 环境比

环境比SR是指车行道外边5m宽区域内的平均水平照度与相邻的5m宽车行道上平均

水平照度之比。如果路宽小于10m,则取道路的一半宽度值来计算。对于双向车行道,应该将两个方向的车行道一起作为单行线处理,除非它们之间设置有10m以上宽度的分车带。

机动车驾驶人眼睛的视觉状态主要取决于路面的平均亮度,但是道路周边环境的亮暗也会干扰眼睛的适应状态。当环境较亮时,驾驶人眼睛的对比灵敏度会降低,需要提高路面的平均亮度弥补此损失。相反,如果周边环境过暗,驾驶人的眼睛适应了相对较亮的路面,周边黑暗区域中的物体就难以被驾驶人的视觉所发现。我国增设环境比指标,目的就在于要求道路周边必须保证一定的照明,使得机动车驾驶人能有效发现故障和相关目标,尤其是从人行道走上车行道的行人,从而保证行驶的安全性。一般要求环境比不小于0.5。

习题与思考题

6-1 影响人眼视觉的主要因素有哪些?
6-2 什么是明适应和暗适应?道路照明主要考虑明适应还是暗适应?
6-3 影响眩光的主要照明因素有哪些?
6-4 电光源按发光原理可分为哪几类?
6-5 高强度气体放电灯HID有哪些主要优点?
6-6 无极灯有什么优点?
6-7 道路照明电光源的主要评价指标有哪些?
6-8 道路照明灯具的主要性能有哪几类?
6-9 灯具的截光类型有哪些?各有什么特点?
6-10 什么是道路照明的视觉可靠性?主要有哪些指标?

7 道路照明设计

现代交通离不开现代化的道路照明,它不仅具有保障交通安全、减少交通事故、提高道路使用效率、提高交通环境舒适性的功能,而且在方便人民生活、减少犯罪及美化城市环境等方面也起着重要作用。随着城市和公路交通的快速发展,道路照明的规模和技术水平不断提高,越来越呈现出节能、智能、环保、健康的发展趋势。

7.1 道路照明概述

7.1.1 道路照明的作用

道路照明主要是在夜间为驾驶人和行人创造良好的视觉条件,减轻驾驶疲劳,增加夜间行车的安全感和舒适感,以保障交通安全,提高道路利用率和运输效率,减少交通事故,同时防止犯罪活动,保证夜间人身和财产安全。随着社会经济的发展,人们在夜晚到户外公共空间活动越来越多,良好的道路照明也起到方便人民生活、美化城市环境及提升城市形象的作用。

舒适安全的夜间驾驶需要良好的照明来保证,良好的道路照明对提高道路交通安全至关重要。根据 CIE 的调查报告,良好的道路照明至少能降低 30% 的城市交通事故率、45% 的乡村交通事故率和 30% 的高速公路交通事故率。良好的道路照明还可以提高交通速度和交通诱导性,从而提高道路的通行能力和利用效率,缓解拥堵。表 7-1 列举了不同国家高速公路设置道路照明而使交通事故减少的统计资料。

国外高速公路设置道路照明系统交通事故的减少率　　　　表 7-1

国　名	道　路　种　类	交通事故种类	夜间事故减少率
美国	高速公路	全事故	40%
		死亡及重伤事故	52%
		一般事故	62%

续上表

国　　名	道路种类	交通事故种类	夜间事故减少率
英国	干线公路	全事故	53%
		死亡及重伤事故	61%
法国	高速公路	全事故	45%
		死亡及重伤事故	50%
日本	高速公路	重大事故	45%

7.1.2　道路照明的分类

街道、公路、街心广场、桥梁和隧道等地的照明均属道路照明,有些国家还把免费公园和城市绿地的公共照明也包括在内。

不同类型道路的交通情况、环境和视觉要求不同,照明所起的作用并不完全一样,应根据不同道路分类及其照明标准进行照明设计。如高速公路重点要求满足驾驶人的夜间视觉要求,强调的是交通安全;步行街的重点要求是满足消费者的视觉要求和创造气氛,强调的是舒适性。

(1) 城市道路照明的种类

根据道路使用功能,城市道路照明可分为主要供机动车使用的机动车交通道路照明和主要供非机动车与行人使用的人行道路照明两类。

根据照明区段的不同,城市道路照明可分为连续照明、特殊区域照明和缓冲照明三种。特殊区域照明包括曲线路段、平面交叉、立体交叉、铁路道口、通过式广场、停车场、桥梁、弯道、坡道等。缓冲照明是指由某种特殊区域照明过渡到连续照明之间的区段照明。

(2) 高速公路照明的种类

①道路照明。道路照明是为高速公路使用者提供必要的视觉信息而进行的照明,包括高速公路主线照明、互通式立交照明、桥梁照明及隧道照明等。其主要功能是使驾驶员能清晰地观察到前方道路方向、几何线形、道路上是否有障碍物、路面状况信息、道路上的特殊场所及位置信息等。

②管理业务及服务照明。管理业务及服务照明是为高速公路管理人员开展正常业务,以及车辆行驶的视觉需求而设置的,既要满足收费人员的工作环境照明,也应兼顾车辆在收费广场内的行驶需求。包括高速公路的收费广场照明、收费雨棚照明及服务区照明。

③景观照明。景观照明是通过艺术和技术方法,利用灯光重塑高速公路及沿线的夜间景观形象,是展示高速公路发展、科技进步、文化品位的重要手段。景观照明主要应用于服务区、大中城市收费站、大型桥梁、立交桥等。

7.1.3　道路照明的发展趋势

道路照明的质量和水平已成为衡量社会现代化程度的一个重要标志。节能高效的"绿色照明"成为当前和未来道路照明的重要发展趋势。随着城市建设和公路交通的快速发展,城市道路景观照明发展迅速,道路照明的规模不断扩大,道路照明用电量急剧增加。据统计,全球照明用电约占总用电量的20%,约占总能耗的7%。我国照明用电量约占用电总量的12%,且以低效照明为主,其中城市道路照明约占全部照明耗电量的30%。

道路照明节能是一个系统工程,是在满足照明质量、视觉环境条件、安全性的要求下,主要通过提高照明设计水平、应用高效电光源、采用智能控制等途径实现。

在道路照明设计中采用节能型变压器、高效反光灯具、电子镇流器和单灯电容无功补偿等都能取得较好的节能效果。

高强度气体放电灯 HID 和发光二极管 LED 是目前节能性能最好的道路照明电光源。高压钠灯和金属卤化物灯是目前 HID 中主要的高效照明产品,高压钠灯比白炽灯节电80%以上,比高压汞灯节电37%。金属卤化物灯比高压汞灯节电30%。LED 是典型的绿色光源,没有紫外线和红外线,热量低、无频闪、无辐射,具有高节能、长寿命的显著特点,电光功率转换接近100%,比传统光源节能80%以上,使用寿命可达 5 万～10 万 h,比传统光源寿命长 10 倍以上。近年来,很多国家都实施了 LED 照明研发及普及计划,如美国的"固态照明计划"、欧洲的"彩虹计划"、日本的"21 世纪照明计划"等。

道路照明智能化控制系统应用越来越多,路灯网络通信普遍使用遥控、遥测、遥信的"三遥"系统,利用有线或无线的传输方式,使用计算机系统对路灯的启闭、运行状态、故障状态等进行远距离监控和管理,实现时控、光控、程控等多种智能化控制,达到节能目的。

此外,太阳能路灯、风能路灯及风光互补路灯等新型节能照明装置也在很多国家逐渐应用普及。它将太阳能、风能转换成电能存储在蓄电池中,供夜晚照明装置使用,适用于公共电网不发达地区,尤其是受光面积大的空旷地带。

7.2 路面的反射特性

7.2.1 路面的反射特性

照射到路面上的光通量,少量透过路面被吸收,大部分被反射到观察者的眼睛中,产生明亮的感觉,因此,观察者所感受到的是路面亮度而不是照度。路面的亮度不仅与路面上的照度有关,还与路面的反射特性有关。路面吸收和反射光通量间的分配,以及光的反射方式等都随路面材料、质量和气候条件而变化,即使同一路面,在干燥和潮湿状态下,反射特性也不一样。

(1)定向反射

定向反射又称镜面反射,入射角等于反射角。雨天路面积水较多,光滑的沥青路面可以作为镜面处理。

(2)漫反射

漫反射各向都以均匀亮度反射,表面反射亮度与被照射方向无关。干燥水泥混凝土路面由很多随机凹凸不平的小块组成,每一小块都是较为光滑的小平面,路面微元小镜面的方向离散性将产生漫反射。

(3) 定向漫反射

定向漫反射的反射面不太光滑,照射光在表面扩散,反射立体角增大。但反射光集中在此立体角内,此角的轴线与入射线仍遵循入射角等于反射角的规律。

由于路面反射性质的差异,沥青、混凝土两种路面照明器配光曲线的最佳光束扩散角大小并不一样,如图7-1所示。

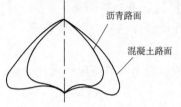

图7-1 道路照明灯具的配光曲线

上述三种反射方式在干燥路面可能同时并存,很难用一种模型来描述。目前,有关路面的反射特性主要依靠实验和类比获得。

7.2.2 亮度系数和照度换算系数

为了表示路面的反射性能,引入亮度系数 q 和照度换算系数 P,q 定义为路面某一点上亮度与该点上水平照度的比值,即:

$$q = \frac{L}{E} = \frac{1}{P} \quad (7-1)$$

亮度系数不是一个恒值,和路面材料、性质、光源、光环境有关,还取决于观察者和光源相对于路面考察点的位置,如图7-2所示。我国公路行业对水泥混凝土和沥青路面的 P 值取为 15 和 21,在隧道内则取为 13 和 22。

CIE 规定,一般观察者的高度为 1.5m,横向在距离路边 1/4 车道处。由于一般驾驶人注意的区域在前方 60~160m 处,此处 α 角的范围为 0.5°~1.5°,因此可认为 q 对 α 的依赖可忽略,将 α 取 1°作为近似,此时 q 就简化为 β 和 γ 的函数,即 $q = q(\beta, \gamma)$。

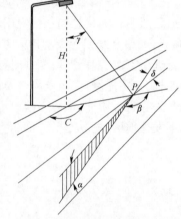

图7-2 确定路面亮度系数的角度
P-被观察点(路面);α-观察角;β-偏移角;γ-光度学垂直角;δ-光线入射角;C-光度学方位角

为了方便亮度计算,引入简化亮度系数 $r(\beta, \gamma)$:

$$\begin{aligned} L &= q(\beta,\gamma)E(c,\gamma) = \frac{q(\beta,\gamma)I(c,\gamma)}{H^2}\cos^3\gamma \\ &= r(\beta,\gamma)\frac{I(c,\gamma)}{H^2} \end{aligned} \quad (7-2)$$

$$r(\beta,\gamma) = q(\beta,\gamma)\cos^3\gamma$$

式中:L——路面上某点的亮度,cd/m²;

$r(\beta,\gamma)$——路面上某点的亮度系数,cd·m⁻²·lx⁻¹;

$I(c,\gamma)$——灯具在路面上某点方向的光强,cd;

H——灯具的安装高度,m。

这样,任何路面(积水路面除外)的反射特性均可由一个二维的简化亮度系数表给出,根据以上公式便可计算出路面上每一点的亮度。

表 7-2 和表 7-3 分别为水泥混凝土、沥青路面简化亮度系数表(表中数据已经放大了 10 000 倍)。

水泥混凝土路面简化亮度系数表(r) 表 7-2

tanγ \ β(°)	0	2	5	10	15	20	25	30	35	40	45	60	75	90	105	120	135	150	165	180
0	655	655	655	655	655	655	655	655	655	655	655	655	655	655	655	655	655	655	655	655
0.25	619	619	619	619	610	610	610	610	610	610	610	610	610	601	601	601	601	601	601	601
0.5	619	539	539	539	539	539	521	521	521	521	521	503	503	503	503	503	503	503	503	503
0.75	431	431	431	431	431	431	431	431	431	431	395	386	371	371	371	371	371	371	386	395	395
1	341	341	341	341	323	323	305	296	287	287	278	269	269	269	269	269	269	278	278	278
1.25	269	269	269	269	260	251	242	224	207	198	189	189	180	180	180	180	180	189	198	207
1.5	224	224	224	215	198	180	171	162	153	148	144	144	139	139	139	144	148	153	162	180
1.75	189	189	189	171	153	139	130	121	117	112	108	103	99	99	103	108	112	121	130	139
2	161	162	157	135	117	108	99	94	90	85	85	83	84	84	86	90	94	99	103	111
2.5	121	121	117	95	79	66	60	57	54	52	51	50	51	52	54	58	61	65	69	75
3	94	94	86	66	49	41	38	36	34	33	32	31	31	33	35	38	40	43	47	51
3.5	81	80	66	46	33	28	25	23	22	22	21	21	22	22	24	27	29	31	34	38
4	71	69	55	32	28	20	18	16	15	14	14	14	15	17	19	20	22	23	25	27
4.5	63	59	43	24	17	14	13	12	12	11	11	11	12	13	14	14	16	17	19	21
5	57	52	36	19	14	12	10	9.0	9.0	8.8	8.7	8.7	9.0	10	11	13	14	15	16	16
5.5	51	47	31	15	11	9.0	8.1	7.8	7.7	7.7	6									
6	47	42	25	12	8.5	7.2	6.5	6.3	6.2											
6.5	43	38	22	10	6.7	5.8	5.2	5.0												
40	34	18	8.1	5.6	4.8	4.8	4.4	4.2												
7.5	37	31	15	6.9	4.7	4.0	3.8													
8	35	28	14	5.7	4.0	3.6	3.2													
8.5	33	25	12	4.8	3.6	3.1	2.9													
9	31	23	10	4.1	3.2	2.8	—													
9.5	30	22	9.0	3.7	2.8	2.5	—													
10	29	20	8.2	3.2	2.4	2.2														
10.5	28	18	7.3	3.0	2.2	1.9	—													
11	27	16	6.6	2.7	1.9	1.7														
11.5	26	15	6.1	2.4	1.7	—														
12	25	14	5.5	2.2	1.6															

注:水泥混凝土路面平均亮度系数 $q_0 = 0.10$,表中 r 值已扩大 1 000 倍,实际使用时应乘以 10^{-3}。

沥青路面简化亮度系数表(r)　　　　　表 7-3

$\tan\gamma$ \ $\beta(°)$	0	2	5	10	15	20	25	30	35	40	45	60	75	90	105	120	135	150	165	180
0	329	329	329	329	329	329	329	329	329	329	329	329	329	329	329	329	329	329	329	329
0.25	362	358	371	364	371	369	362	357	351	349	348	340	328	312	299	294	298	298	292	281
0.5	379	368	375	373	367	359	350	340	328	317	306	280	266	249	237	237	231	231	227	235
0.75	380	375	378	365	351	334	315	295	275	256	239	218	198	178	175	176	176	169	175	176
1	372	375	372	354	315	277	243	221	205	192	181	152	134	130	125	125	125	129	128	128
1.25	375	373	352	318	365	221	189	166	150	136	125	107	91	93	91	91	88	94	97	97
1.5	354	352	336	271	213	170	140	121	109	97	87	76	67	65	66	66	67	68	71	71
1.75	333	327	302	222	166	129	104	90	75	68	63	53	51	49	49	49	52	51	53	54
2	318	310	266	180	121	90	75	62	54	50	48	40	40	38	38	38	41	41	43	45
2.5	268	262	205	119	72	50	41	36	33	29	26	25	23	24	25	24	26	26	29	28
3	227	217	147	74	42	29	25	23	21	19	18	16	16	17	18	17	19	19	21	23
3.5	194	168	106	47	30	22	17	14	13	12	12	11	10	11	12	13	15	15	15	14
4	168	136	76	34	19	14	13	11	10	10	8	8	9	10	9	11	11	11	13	
4.5	141	111	54	21	14	11	9	8	8	8	7	7	8	7	8	8	8	10	11	
5	126	90	43	17	10	8	8	7	6	6	7	6	7	6	6	7	8	8	8	9
5.5	107	79	32	12	8	7	7	6	5											
6	94	65	26	10	7	6	6	5												
6.5	86	56	21	8	7	6	5	5												
7	78	50	17	7	5	5	5	5												
7.5	7	41	14	7	4	3	4													
8	63	37	11	5	4	4	4													
8.5	60	37	10	5	4	4	4													
9	56	32	9	5	4	3														
9.5	53	28	9	4	4	4														
10	52	27	7	5	4	3														
10.5	45	23	7	4	3	3														
11	43	22	7	3	3	3														
11.5	44	22	7	3	3															
12	42	20	7	4	3															

注：沥青路面平均亮度系数 $q_0 = 0.07$，表中 r 值已扩大 1 000 倍，实际使用时应乘以 10^{-3}。

7.3 道路照明计算

在道路照明设计时，照明计算是必不可少的。道路照明计算通常包括路面上任意点的水平照度、路面平均照度、照度均匀度、亮度、亮度均匀度(包括总均匀度和纵向均匀度)、不舒适眩光和失能眩光的计算等。进行照明计算时应该预先知道所采用光源的类型和功率,所选用灯具的光度数据,灯具的实际安装条件(高度、间距、悬挑长度、灯具仰角和灯具布置方式等),道路的几何条件(道路横断面及各部分的宽度、路面材料特性等)。

目前,GE、Thorn、Philips、National等著名公司均有完善、可靠的照明计算软件,同时也可使用通用软件如AGI、Lumen Micro、Lightscape进行计算。这些软件都配有数万种灯具的配光曲线数据库,可以完成复杂的光度参数计算,进行灯具光学设计、照明环境设计及照明效果的仿真和渲染(图7-3)。

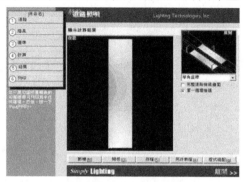

图7-3 道路照明模拟效果

7.3.1 照度计算

(1)路面点照度计算

路面上任何一点的水平照度值为所有道路照明灯具在此点产生的照度之和,如图7-4所示。

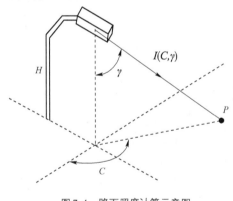

图7-4 路面照度计算示意图

P点的照度为:

$$E_P = \sum_{i=1}^{n} \frac{I(c,\gamma)\cos^3\gamma}{H^2} \frac{\Phi_L}{1\,000} K \qquad (7-3)$$

式中:E_P——一个灯具在路面P点(方位角c、垂直角γ)产生的水平照度,lx;

$I(c,\gamma)$——一个灯具在P点的光强,按灯具光强表取值,cd/(m²·1 000lm);

n——所考虑的灯具数量;

H——灯具安装高度,m;

Φ_L——灯具额定光通量,lm;

K——维护系数,一般取0.65~0.7。

由此,可以计算出路面上每一点的照度值,将这些值标在道路的平面图上,并将相同照度的点连接成线,可得到等照度曲线图,从等照度曲线图上可读出任何一点的照度值。

(2)路面平均照度计算

路面平均照度E_{av}计算式为:

$$E_{av} = \frac{\Phi UKN}{SW} \qquad (7-4)$$

式中:Φ——光源的总光通量,lm;

U——利用系数,由灯具利用系数曲线查出;

N——灯具布置系数,对称布置取2,交错及单侧布置时取1;

W——路面宽度,m;

S——灯具间距,m。

7.3.2 亮度计算

(1)路面点亮度计算

亮度计算应满足以下条件:计算区域不小于灯具间距;观察点距计算区域取 60~160m,距路面边缘为 1/4 路面宽,距路面高度为 1.5m;计算区域内纵向计算点间距不宜大于 1.0m,横向计算点应不少于 5 点。

如图 7-5 所示,P 点的亮度为:

$$L_P = \sum_{i=1}^{m} \frac{I(c,\gamma)}{H^2} r(\beta,\gamma) \tag{7-5}$$

式中:$I(c,\gamma)$——灯具指向路面 P 点(方位角 c、垂直角 γ)的光强值,可由灯具的等光强曲线图查得,cd/m^2;

$r(\beta,\gamma)$——简化亮度系数,可从实际路面测量获得或从实际路面相对应的标准路面简化亮度系数表中查得,$cd \cdot m^{-2} \cdot lx^{-1}$;

β——偏移角。

由此,可以计算出路面上不同点的亮度值,将路面上每个点的亮度值标出的值连成线,就可得出等亮度曲线。

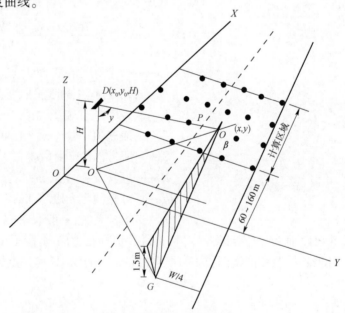

图 7-5 路面亮度计算示意图

(2)路面平均亮度计算

路面平均亮度计算中最简单和最迅捷的方法是使用灯具光度测试报告中所提供的亮度产生曲线图,其计算式为:

$$L_{av} = \frac{\eta_L Q \Phi K}{SW} \tag{7-6}$$

式中：η_L——亮度利用系数，可根据已知条件在亮度产生曲线图中查得；

Q——路面平均亮度系数。

7.3.3 眩光计算

失能眩光由阈值增量 TI 定量描述，即：

$$TI = 65\frac{L_v}{L_{av}^{0.8}} \tag{7-7}$$

等效光幕的经验计算式为：

$$L_v = k\sum_{i=1}^{n}\frac{E_{eyei}}{\Theta_i^2} \tag{7-8}$$

式中：E_{eyei}——由第 i 个眩光源在垂直于视线方向上的人眼视网膜上的照度，lx；

Θ_i——视线方向和第 i 个眩光源的光射入观察者研究方向的夹角；

k——年龄系数，为计算取为 10；

n——眩光源总数。

由于等效光幕亮度的计算很复杂，CIE 规定：观察者位于距右侧路沿 1/4 路宽处、计算路段前 60m 处，假定车辆顶棚的挡光角度为 20°；第一个灯具总是位于 20°，依次计算 500m 以内同一排灯具所产生的光幕亮度，并累加直到计算出某一个灯具所产生的光幕亮度小于累加光幕亮度的 20% 为止。

7.4 道路照明标准

7.4.1 城市道路照明标准

(1) 城市道路的分类

城市道路是指在城市范围内，供车辆和行人通行的、具备一定技术条件和设施的道路。按照道路在道路网中的地位、交通功能及对沿线建筑物和城市居民的服务功能等，城市道路分为快速路、主干路、次干路、支路、居住区道路。

①快速路。城市中距离长、交通量大、为快速交通服务的道路，快速路的对向车行道之间设中间分车带，进出口采用全控制或部分控制。

②主干路。连接城市各主要分区的干路，采取机动车与非机动车分隔形式，如三幅路或四幅路。

③次干路。与主干路结合组成路网，起集散交通作用的道路。

④支路。次干路与居住区道路之间的连接道路。

⑤居住区道路。居住区内的道路及主要供行人和非机动车通行的街巷。

(2) 机动车交通道路照明标准

我国机动车交通道路照明应以路面平均亮度（或照度）、路面亮度均匀度和纵向均匀度（或路面照度均匀度）、眩光限制、环境比和诱导性为评价指标，《城市道路照明设计标准》

(CJJ 45—2006)规定的机动车交通道路连续照明标准值见表7-4。

机动车交通道路照明标准值　　　　　　　　　　　　　　　表7-4

级别	道路类型	路面亮度			路面照度		眩光限制阈值增量 TI(%) 最大初始值	环境比 SR 最小值
		平均亮度 L_{av} (cd/m²) 维持值	总均匀度 U_O 最小值	纵向均匀度 U_L 最小值	平均照度 E_{av} (lx) 维持值	均匀度 U_E 最小值		
Ⅰ	快速路、主干路	1.5/2.0	0.4	0.7	20/30	0.4	10	0.5
Ⅱ	次干路	0.75/1.0	0.4	0.5	10/15	0.35	10	0.5
Ⅲ	支路	0.5/0.75	0.4	—	8/10	0.3	15	—

注：1. 表中所列的平均照度仅适用于沥青路面。若是水泥混凝土路面，其平均照度值可相应降低约30%。
　　2. 计算路面的维持平均亮度或维持平均照度时应根据光源种类、灯具防护等级和擦拭周期。
　　3. 表中各项数值仅适用于干燥路面。
　　4. 表中对每一级道路的平均亮度和平均照度给出了两档标准值，"/"的左侧为低档值，右侧为高档值。
　　5. 表中"快速路、主干路"含迎宾路、通向政府机关和大型公共建筑的主要道路，位于市中心或商业中心的道路。

路面平均亮度(照度)维持值是在计入光源光通量的衰减及灯具因污染造成效率下降等因素(即维护系数 K)后，设计计算时所采用的平均亮度(照度)值。

除所列指标要求外，在设计道路照明时，还应确保其具有良好的诱导性。对同一级道路选定照明标准值时，应考虑城市的性质和规模，中小城市可选择标准中的低档值。交通控制系统和道路分隔设施完善的道路，宜选择标准中的低档值，反之宜选择高档值。《城市道路照明设计标准》(CJJ 45—2006)还规定，机动车交通道路照明应以照明功率密度 LPD (Lighting Power Density)作为照明节能的评价指标(表7-5)。LPD是指单位路面面积上的照明安装功率(含镇流器功耗)。

机动车交通道路的照明功率密度值　　　　　　　　　　　　表7-5

道路级别	车道数(条)	照明功率密度值(W/m²)	对应的照度值(lx)
快速路主干路	≥6	1.05	30
	<6	1.25	
	≥6	0.70	20
	<6	0.85	
次干路	≥4	0.70	15
	<4	0.85	
	≥4	0.45	10
	<4	0.55	
支路	≥2	0.55	10
	<2	0.60	
	≥2	0.45	8
	<2	0.50	

注：1. 本表仅适用于高压钠灯，当采用金属卤化物灯时，应将表中对应的LPD值乘以1.3。
　　2. 本表仅适用于设置连续照明的常规路段。
　　3. 设计计算照度高于标准值时，LPD值不得相应增加。

(3)交会区照明标准

交会区是指道路的出入口、交叉口、人行横道等区域。在这些区域,机动车之间、机动车和非机动车及行人之间、车辆与固定物体之间的碰撞有增加的可能。交会区照明采用照度作为评价指标,见表7-6的规定。

交会区照明标准值　　　　　　　　　　　　　　表7-6

交会区类型	路面平均照度 E_{av}(lx),维持值	照度均匀度 U_E	眩光限制
主干路与主干路交会	30/50	0.4	在驾驶员观看灯具的方位角上,灯具在80°和90°高度角方向上的光强分别不得超过30cd/1 000lm和10cd/1 000lm
主干路与次干路交会			
主干路与支路交会			
次干路与次干路交会	20/30		
次干路与支路交会			
支路与支路交会	15/20		

注:1.灯具的高度角是在现场安装使用情况下度量。
　　2.表中对每一类道路交会区的路面平均照度给出了两档标准值,"/"的左侧为低档照度值,右侧为高档照度值。

标准所规定的交会区的照明水平和交会的主要道路的照明水平成正比,而且比平常路段高出50%~100%。当各级道路选取低档照度值时,相应的交会区应选取本标准中的低档照度值,反之则应选取高档照度值。

(4)人行道路照明标准

人行道路照明采用照度作为评价指标,主要供行人和非机动车混合使用的商业区、居住区人行道路的照明标准,见表7-7的规定。

人行道路照明标准值　　　　　　　　　　　　　　表7-7

夜间行人流量	区域	路面平均照度 E_{av}(lx),维持值	路面最小照度 E_{min}(lx),维持值	最小垂直照度 E_{vmin}(lx),维持值
流量大的道路	商业区	20	7.5	4
	居住区	10	3	2
流量中的道路	商业区	15	5	3
	居住区	7.5	1.5	1.5
流量小的道路	商业区	10	3	2
	居住区	5	1	1

注:最小垂直照度为道路中心线上距路面1.5m高度处,垂直于路轴平面的两个方向上的最小照度。

机动车交通道路一侧或两侧设置的人行道路照明,与机动车道没有分隔的非机动车道(即为单幅路)的照明应执行机动车交通道路的照明标准;与机动车交通道路分隔的非机动车道路的平均照度值,根据环境比参数要求,宜为相邻机动车交通道路的照度值的1/2。

机动车交通道路一侧或两侧设置的人行道路照明,当人行道与非机动车道混用时,人行道路的平均照度值与非机动车道路相同。当人行道路与非机动车道路分设时,根据环境比参数要求,人行道路的平均照度值宜为相邻非机动车道路的照度值的1/2,但不得小于5lx。

7.4.2 公路照明标准

(1) 我国公路照明标准

《公路照明技术条件》(GB/T 24969—2010)规定了高速公路、一级公路和公路沿线特殊设施及场所的照明标准。公路照明质量要求见表 7-8。公路照明等级分为两个等级:一级照明等级公路的适用条件是车流密度较大或/和视距条件较差或/和公路自身条件复杂的照明路段;二级照明等级公路的适用条件是车流密度适中、视距条件良好、公路自身条件良好的照明路段。

公路照明质量要求　　　表 7-8

公路照明等级	亮度			照度		眩光限制阈值增量 TI (%)	环境比 SR
	平均亮度 L_{av} (cd/m²)	总均匀度 U_0	纵向均匀度 U_L	平均照度 E_{av} (lx)	总均匀度 $U_0(E)$		
	最小维持值	最小值	最小值	最小维持值	最小值	最大初始值	最小值
一级	2.0	0.4	0.7	30	0.4	10	0.5
二级	1.5	0.4	0.6	20	0.4	10	0.5

注:1. 表中所列数值仅适用于干燥路面。
　　2. 照度要求仅适用于沥青混凝土路面,水泥混凝土路面照度要求可相应降低不超过 30%。
　　3. 公路照明维护系数可按 0.7 确定。
　　4. 公路照明质量宜优先符合亮度要求。

公路交会区和沿线特殊设施及场所照明质量要求应符合表 7-9。

公路交会区和沿线特殊设施及场所照明质量要求　　　表 7-9

照明区域		照度		眩光限制
		平均照度 E_{av} (lx)	总均匀度 $U_0(E)$	
		最小维持值	最小值	
公路交汇区	与一级照明等级公路相连	50	0.4	与灯具向下垂直轴夹角在 80°和 90°的观察方向上的光强应分别不大于 30cd/1 000lm 和 30cd/1 000lm
	未与一级照明等级公路相连	30	0.4	
沿线特殊设施及场所	收费站广场	20~50	0.4	应防止照明设施给行人、机动车驾驶员和作业者造成眩光
	服务区	10~20	0.3	
	养护区	10~20	0.3	
	停车区	15~30	0.3	

注:1. 公路交会区指交叉区、匝道及进出口区、限制宽度车道等。
　　2. 公路照明维护系数可按 0.7 确定。

(2) 高速公路照明标准的比较

目前,各国根据各自的实际情况和要求,所制订的标准不尽相同(表 7-10),我国高速公路照明参考二级照明等级公路的照明质量要求。

高速公路照明标准比较　　　　　　　　　表7-10

标准归属	道路类型	平均亮度 L_{av} (cd/m^2)	平均照度 E_{av} (lx)	总亮度均匀度 U_O	总照度均匀度 $U_O(E)$	纵向亮度均匀度 U_L	阈值增量 TI(%)
CIE	高速公路	2	—	0.4	—	0.7	10~20
中国	二级照明等级公路	1.5	20	0.4	0.4	0.6	10
美国	高速公路	0.6	6~9	0.3	0.33	0.17	—
英国	高速公路	1.5~2	—	0.4	—	0.5~0.7	15~30
德国	高速汽车道	1	—	0.4	—	0.7	—
俄罗斯	高速公路	1.6	20	—	—	—	—

7.5　城市道路照明设计

7.5.1　道路照明设计的基本原则、内容和步骤

(1)道路照明设计的基本原则

①功能性。照明质量必须满足标准规定,即路面亮度(或照度)水平、亮度(或照度)均匀度、眩光限制等均必须满足现行标准规定的指标,照明设施还必须具有良好的诱导性。

②经济性。投资低,耗电少。

③方便性。便于维护管理。

④安全性。运行安全可靠。

⑤先进性。尽可能采用先进技术。

(2)道路照明设计的内容

①确定灯具的布置方式。

②确定灯具的安装高度、间距、悬挑长度和仰角。

③确定光源的类型和规格。

④确定灯具的类型和规格。

⑤确定镇流器及其他附件的类型和规格。

(3)道路照明的设计步骤

道路照明设计施工的一般流程如图7-6所示,其中道路照明设计的主要步骤包括以下几点:

①道路照明设计前期准备工作。了解所设计的道路的结构特征(道路横断面形式、路面宽度、坡道坡度、曲线路段曲率半径、道路出入口、平面交叉与立体交叉布局等),路面材料及其反光特性,道路周围环境(路旁建筑物、分车带、绿化、环境污染程度等),道路附近的发展规划,车辆及行人流量、交通事故率及道路附近的治安情况。掌握道路类别及相应的照明标准。明确可供选择的光源、灯具、灯杆及其附属装置,计划维护方式和周期,可供选择的供电线路敷设及控制方式等。

②进行方案构思和设计,初选光源和灯具,初选灯具的布置方式、安装高度、悬挑长度和仰角。

③根据照明指标要求,进行平均亮度(或照度)、亮度(或照度)均匀度及眩光限制水平、环境比等计算。

④根据计算结果进行技术经济和能耗的综合分析比较,选择最优结果;或调整设计方案重新计算,最终确定一种满意的设计方案。

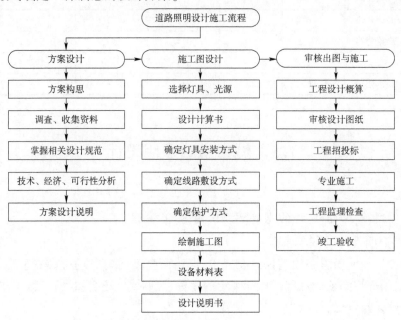

图7-6 道路照明设计施工流程图

7.5.2 光源、灯具及其附属装置选择

(1)光源选择

快速路、主干路、次干路和支路应采用高压钠灯,居住区机动车和行人混合交通道路宜采用高压钠灯或小功率金属卤化物灯,市中心、商业中心等对颜色识别要求较高的机动车交通道路可采用金属卤化物灯,商业区步行街、居住区人行道路、机动车交通道路两侧人行道可采用小功率金属卤化物灯、细管径荧光灯或紧凑型荧光灯。道路照明不应采用自镇流高压汞灯和白炽灯。

(2)灯具及其附属装置选择

机动车道照明应采用功能性灯具,才能保证路面上的照明数量和照明质量符合要求。为了满足对眩光限制的要求,快速路、主干路必须采用截光型或半截光型灯具,次干路应采用半截光型灯具,支路宜采用半截光型灯具。

在禁止机动车通行的商业步行街、人行道路、人行地道、人行天桥等场所,对眩光限制不是很严格,灯光有适度的耀眼效果反而有利于创造一种活跃的气氛,在此类场所可以采用功能性和装饰性相结合的灯具或者装饰性灯具,减少射向天空的光通量,防止光污染,当采用装饰性灯具时,其上射光通比不应大于25%。

对于完全供行人或非机动车使用的居住区道路,可以更多地采用装饰性灯具,如全漫射型玻璃灯具、多灯组合式灯具、下射式筒型灯具、反射式灯具等。但装饰性灯具也有其特定的光分布,应根据被照明场所的特点和照明需要来进行有针对性的选择和布置。

采用高杆照明时,应根据场所的特点,选择具有合适功率和光分布的泛光灯或截光型灯具以控制高杆灯的照射范围和限制眩光。

为减少维护的工作量,提高灯具的维护系数,节约能源,采用密闭式道路照明灯具时,光源腔的防护等级不应低于IP54;环境污染严重、维护困难的道路和场所,光源腔的防护等级不应低于IP65;灯具电器腔的防护等级不应低于IP43。

为了延长灯具和光源的使用寿命,减少维护费用,空气中酸碱等腐蚀性气体含量高的地区或场所,宜采用耐腐蚀性能好的灯具,通行机动车的大型桥梁等易发生强烈振动的场所,灯具应有防振要求。

与普通电感镇流器相比,节能型电感镇流器、电子镇流器节能效果好,宜配用高强度气体放电灯。

7.5.3 机动车交通道路连续照明的设计

机动车交通道路平直路段连续照明的方式有常规照明、中杆照明和高杆照明。一般应采用常规照明方式(杆高15m以下),对亮度或照度水平和美观要求高的道路可采用中杆照明方式(也叫半高杆照明、组合灯照明,杆高15~20m),路面宽阔的快速路和主干路可采用高杆照明方式(杆高15m以上)。中杆照明按常规照明方式配置灯具时,属常规照明;按高杆照明方式配置灯具时,属高杆照明。

1)常规照明

常规照明是将1~2盏常规路灯灯具安装在高度15m以下的灯杆上,按一定间距有规律地连续设置在道路的一侧、两侧或中间分车带上进行照明,灯具的光束轴线指向或接近指向道路的轴线。因常规照明造价比较低,维护管理比较方便,故一般平直路段上应采用常规照明方式。

(1)常规照明灯具的布置方式

常规照明灯具的布置可分为单侧布置、交错布置、对称布置、中心对称布置和横向悬索布置五种基本方式(图7-7)。灯具布置方式应根据道路横断面形式、宽度及照明要求进行选择。

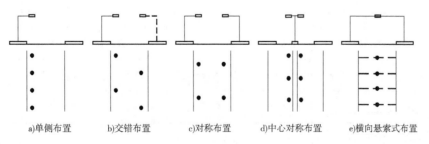

图7-7 常规照明灯具的布置方式

①单侧布置。如图7-7a)所示,所有灯具均布置在道路的同一侧,适合于低等级或比较

窄的道路。它要求灯具的安装高度不小于路面有效宽度 W_{eff}(实际路宽减去一个悬挑长度)。单侧布置的优点是诱导性好,造价比较低;缺点是不设灯的一侧路面亮度或照度低,两个不同方向行驶的车辆的照明条件不同。

②交错布置。如图 7-7b)所示,灯具按"之"字形交替排列在道路两侧,适合于比较宽的道路(路面宽度在 3~3.5 倍路灯安装高度)。它要求灯具的安装高度不小于 $0.7W_{eff}$(实际路宽减去两个悬挑长度)。交错布置的优点是亮度总均匀度较好,在雨天提供的照明条件比单侧布置好;缺点是亮度纵向均匀度一般较差,易出现明暗交替的光斑,诱导性也不及单侧布置。

③对称布置。如图 7-7c)所示,灯具相对排列在道路面侧,适合于双向双车道以上的道路或路面宽度超出灯具安装高度 1.5 倍的道路。它要求灯具的安装高度不小于路面有效宽度(实际路宽减去两个悬挑长度)的一半。对称布置的路面平均亮度增加,诱导性好。

在有中央分车带且其宽度大于单向道路宽度的 1/3 的双幅路上采用对称布置时,或分车带虽窄但沿分车带有障碍物(如树、防眩屏等)时,其效果等同于两个独立的单侧布置,必须按单侧布置处理。

④中心对称布置。如图 7-7d)所示,灯具安装在位于中间分车带的 Y 形或 T 形灯杆上。适合于有中间分车带的双幅路。灯具的安装高度应等于或大于单向道路的有效宽度。中心对称布置效率较高,诱导性好。

⑤横向悬索式布置。如图 7-7e)所示,把灯具悬挂在横跨道路的钢索上。灯具安装高度一般都比较低(6~8m),杆距为 60~90m。多用于树木较多、遮光比较严重的道路,也用于楼群区难以安装灯杆的狭窄街道。横向悬索式布置可以得到较高的照度(亮度)均匀度,眩光较少,易于显现路面上的标志和障碍物,具有良好的诱导性,尤其在雨天照明更有利于纵向均匀度的提高。

以上五种形式有时可以结合起来使用,如中心对称布置和双侧对称布置就常常在双幅路上结合使用,这时对单向道路来说,事实上成了双侧交错布置或对称布置。

(2)常规照明灯具的安装高度和间距

常规照明灯具的安装高度和间距可按表 7-11 选择,但最终数值应通过计算确定。

常规照明灯具的安装高度和间距 表 7-11

配光类型	截光型		半截光型		非截光型	
布置方式	安装高度 H(m)	间距 S(m)	安装高度 H(m)	间距 S(m)	安装高度 H(m)	间距 S(m)
单侧布置	$H \geq W_{eff}$	$S \leq 3H$	$H \geq 1.2W_{eff}$	$S \leq 3.5H$	$H \geq 1.4W_{eff}$	$S \leq 4H$
双侧交错布置	$H \geq 0.7W_{eff}$	$S \leq 3H$	$H \geq 0.8W_{eff}$	$S \leq 3.5H$	$H \geq 0.9W_{eff}$	$S \leq 4H$
双侧对称布置	$H \geq 0.5W_{eff}$	$S \leq 3H$	$H \geq 0.6W_{eff}$	$S \leq 3.5H$	$H \geq 0.7W_{eff}$	$S \leq 4H$

(3)常规照明的灯杆

常规照明灯杆根据构成材料可分为预应力混凝土灯杆和钢杆两种,根据形状可分为单臂和双臂两种(图 7-8)。单臂型安装在硬路肩外,双臂型安装在中央分隔带凸台上。结构

特征尺寸有杆柱高 h、悬挑长度 l 和悬挑仰角 α。如图 7-9 所示为常见的功能性照明灯杆。

增加杆高可以加大照明区域,相对减少照明器数量,均匀度可适当改善,眩光也可得到一定抑制,提高了照明舒适感。但杆柱过高,会使平均照度减少,路肩外的光通量增加,同时会也增加成本。目前,常用的杆柱高 $10\sim15m$。

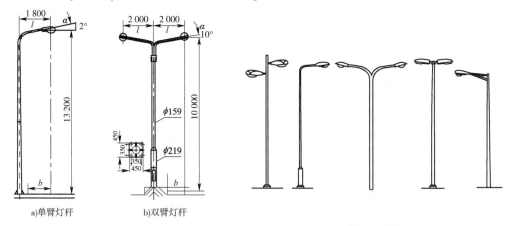

图 7-8　单臂和双臂照明灯杆(尺寸单位:mm)　　图 7-9　常见的功能性照明灯杆

加大悬臂长度可使车道接受的光通量增多,提高路面平均亮度。但悬挑长度过长,会降低装灯一侧路肩、人行道或紧急停车道的亮度;对悬臂的机械强度要求较高,可能造成灯具和光源发生振动;影响美观,增加造价。CIE 建议悬挑长度不宜超过安装高度的 1/4,目前常在 $1.5\sim3.0m$ 范围内。

增大悬挑仰角,虽然会增加路面横向照射范围,但路面亮度并不会显著增加。特别是在弯道上,如果灯具仰角过大,产生眩光的可能性就会增加,光污染也会增加。CIE 建议悬挑仰角不宜超过 $15°$。

2) 高杆照明

在城市道路照明中,路面宽阔的快速路和主干路可采用高杆照明方式,高杆照明是采用多个高功率的高压钠灯或金属卤化物灯具高杆悬挂的泛光照明方式。杆高一般为 $15\sim40m$,特殊的为 $40\sim70m$,杆距为 $90\sim100m$。高杆照明灯具主要由杆柱、灯盘构成,杆柱有柱式和塔式两类,灯盘有固定式和升降式两种。

(1) 高杆照明的特点

①易获得高照度、高亮度。容易增加每基杆上灯具的数量,灯具内可以采用大功率光源。

②照明质量好。被照面上的照度、亮度均匀度好,可以避免或大大减弱眩光。

③灯杆少。克服了灯杆林立的现象,受照场地整齐清晰。

④照射面积大。不但可以照亮路面而且可以照亮环境,有助于创造类似白天的可见度条件,路面和周围环境的亮度均匀度得到很大的改善,加之眩光可以得到有效的控制,从而提高了驾驶人的可见度。

⑤对交通影响小。杆位选择合理的话,可以消除汽车撞杆事故,而且维护时也不影响正常交通。

⑥造型变化较多,具有美化城市的作用。

(2) 高杆照明的灯具配置方式

①平面对称。如图7-10a)所示,灯具对称地配置在垂直对称面两侧的一个或几个水平面上。平面对称配置主要适用于宽阔道路及大面积场地周边的照明。

②径向对称。如图7-10b)所示,灯具是沿径向对称地配置在一个或几个水平面上。主要适用于大面积广场、转盘和道路布置得比较紧凑的简单立交的照明。

③非对称。如图7-10c)所示,灯具是根据实际需要而设置的,并分别瞄准一定区域。主要适用于大型、多层、复杂立交或道路分布很广、很分散的立交照明。

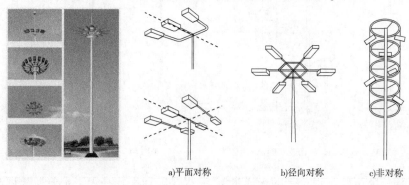

a) 平面对称　　b) 径向对称　　c) 非对称

图7-10　高杆照明及其灯具配置方式

高杆照明不是艺术照明,而是功能性很强的一种照明方式,设计中在满足功能要求的前提下尽量与环境协调。无论采取何种灯具配置方式,其灯杆间距与灯杆高度之比均应根据灯具的光度参数计算确定。

(3) 高杆灯安装位置的选择

高杆灯安装位置的选择非常重要,既要使灯具发出的光到达预定的区域、符合布光要求,又要使灯具有效地位于驾驶人的视线以外,以避免和减弱眩光。同时还要考虑维护时不要影响正常交通,不会发生撞杆事故。因此一般都不把高杆灯设在路缘石附近或道路中央宽度有限的分车带上,大都设在距离主要道路超过10m的绿化区内,而且灯具的最大光强投射方向和垂线交角不宜超过65°。

3) 装饰性照明

机动车交通道路两侧的行道树、绿化带、人行天桥、行驶机动车的桥梁、立体交叉等处设置装饰性照明时,应将装饰性照明和功能性照明结合设计,装饰性照明必须服从功能性照明的要求。

7.5.4　特殊场所照明的设计

1) 平面交叉路口的照明

平面交叉路口是指两条以上且路面高度基本相同的道路相交区域。属于下列情况之一的交叉路口必须设置照明:交叉路口特别复杂;交叉路口处于经常有雾地区;多条道路相交,其中至少有一条道路已有照明的交叉路口。

(1) 基本要求

①良好的诱导性。为了唤起驾驶人的注意,交叉路口可采用与相连道路不同色温的光源、不同外形的灯具、不同的安装高度或不同的灯具布置方式。必要时可另行安装偏离规则排列的附加灯具。

②较高的照度水平。平面交叉路口交通繁忙,驾驶人的视觉作业难度更高,应按照交会区的要求来确定照明标准,使驾驶人在停车视距(车辆行驶时遇到前方障碍物而必须采取制动停车时所需要最短行车距离)之外就可以清晰看见交叉路口。平面交叉路口的照度水平应高于每一条通向该路口道路的水平,并应有充足的环境照明,平面交叉路口外5m范围内的平均照度不宜小于平面交叉路口平均照度的1/2。

(2)几种交叉路口的布灯方式

①十字交叉路口布灯方式。十字交叉路口的灯具可根据道路的具体情况,采用单侧布置、交错布置或对称布置等方式。大型十字交叉路口可另行安装附加灯杆和灯具,并应限制眩光。当有较大交通岛时,可在岛上设灯,也可采用高杆照明。十字交叉路口典型布灯方式如图7-11所示,图7-11a)、7-11b)、7-11c)都是有照明道路与没有照明道路的交叉口,分别采用单侧、交错和对称布置;图7-11d)为两条同样重要并且都有照明设施的道路交叉路口的布灯方式。

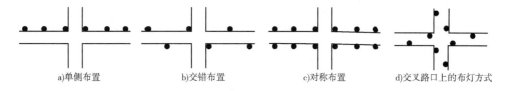

图7-11 十字交叉路口典型布灯方式

②T形交叉路口的布灯方式。T形交叉路口应在道路尽端设置灯具(图7-12),不但可以有效地照亮交叉区域,而且也有利于驾驶人识别道路的尽端,以免误认为道路继续向前延伸,从而减少发生交通事故的概率。

③环形交叉路口布灯方式。环形交叉路口的照明应充分显现环岛、交通岛和路缘石。当采用常规照明方式时,宜将灯具设在环形道路的外侧(图7-13)。通向每条道路出入口的照明都应按照道路交会区要求进行设计。当环岛的直径较大时,可在环岛上设置高杆灯,并应按车行道亮度高于环岛亮度的原则选配灯具和确定灯杆位置。

2)曲线路段的照明

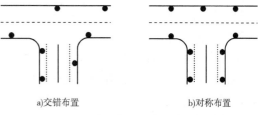

图7-12 T形交叉路口布灯方式

半径1 000m及以上的曲线路段,可按照直线路段处理。半径在1 000m以下的曲线路段,布灯时必须既要考虑到合适的路面亮度,又要兼顾有效的视觉诱导。对所有弯道而言,单侧布灯时将灯具布置在弯道外侧比布置在弯道内侧有更好的诱导性(图7-14)。对较宽的弯道,相对布灯比交错布灯能提供更好的视觉诱导性。对所有弯道而言,为了更清晰地标示道路走向,并确保路面亮度均匀度,曲线段应减小灯具的间距,间距宜为直线路段灯具间距的50%~70%,半径越小间距也应越小,且悬挑的长度也应相应缩短。在反向曲线路段上,宜固定在一侧设置灯具,产生视线障碍时可在曲线外侧增设附加灯具。

对转弯半径小的弯道,对路宽小于1.5倍灯具高度的情况,在进行单侧布灯时须在弯道外侧布置灯具。但同时,灯位的布置须防止误诱导,转弯处的灯具不得安装在直线路段灯具的延长线上(图7-15),以免驾驶人误认为是道路向前延伸而导致事故。在道路的急转弯处,由于视距短,灯具应为车辆、路缘石、护栏及邻近区域提供充足的照明。

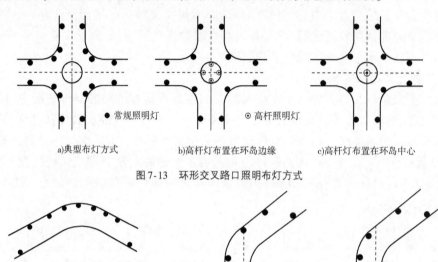

a)典型布灯方式　　　b)高杆灯布置在环岛边缘　　　c)高杆灯布置在环岛中心

图7-13　环形交叉路口照明布灯方式

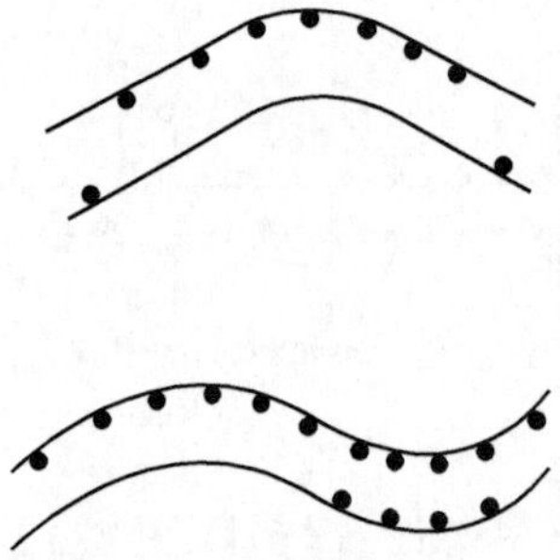

图7-14　曲线路段上的布灯方式 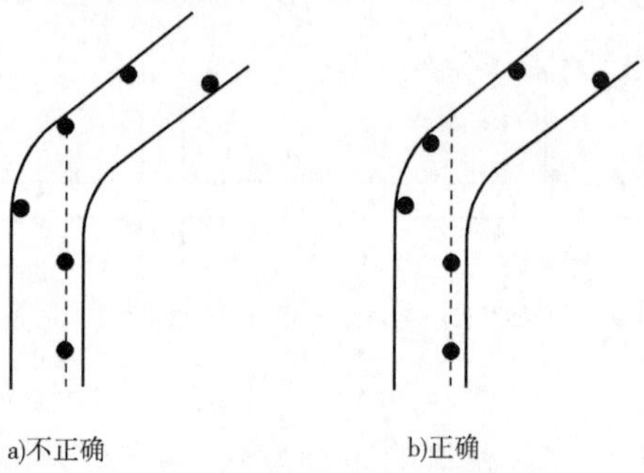　　　图7-15　转弯路段的布灯方式

3)坡道的照明

在坡道上设置照明时,应使灯具在平行于路轴方向上的配光对称面垂直于路面,目的是使灯具发出的光束等距离地到达坡道路面,从而保证光分布达到最大的均匀度,同时又能起到降低眩光的作用。

在凸形坡道范围内,因为没有可以显示障碍物的背景,而且远处灯具看起来安装得很低,常常妨碍驾驶人获得清晰的视场图像,应缩小灯具的安装间距,并应采用截光型灯具,以降低灯具的眩光。

4)分离式立体交叉的照明

分离式立体交叉即无匝道的立体交叉,小型分离式立体交叉宜采用常规照明,较大型分离式立体交叉也可采用高杆照明。

采用常规照明时,上跨道路上的照明会在下穿道路上造成阴影,应使下穿道路和上跨道路两侧的灯具在下穿道路上产生的亮度(或照度)能有效衔接,从而确保其亮度和照度均匀度达到标准的要求。对上跨道路来说,下穿道路上的灯具安装高度已大大降低,容易产生眩光,因此下穿道路上的灯具应为上跨道路的支撑结构提供垂直照度,便于驾驶人对其进行辨认,从而避免交通事故。

5) 互通式立体交叉的照明

小型立交可采用常规照明,大型立交宜优先采用高杆照明。

互通式立体交叉是由平面交叉、曲线路段、坡道、分离式立体交叉中某几种形式所组成的,其特点是车道多,车道的转弯、起伏及穿叉很复杂。采用常规照明时,应有充足的环境照明,以显示所有的复杂现象及整个环境的特点;不宜设置太多的光源和灯具,以避免发光点太多引起驾驶人的视觉混乱,不利于诱导。设置连续照明时,交叉口、出入口、并线区等区域的照明应按照道路交会区的要求来设计,曲线路段、坡道等交通复杂路段的照明应适当加强。不设连续照明时,在交叉口、出入口、曲线路段、坡道等交通复杂的路段都应设置照明,必要时增设过渡照明,以利于驾驶人的视觉适应。

6) 道路与铁路平面交叉的照明

交叉口的照明应使驾驶人能在停车视距以外发现道口、火车及交叉口附近的车辆、行人及其他障碍物。交叉口的照明方向和照明水平应有助于识别装设在垂直面上的交通标志或路面上的标线。灯光颜色不得和信号颜色混淆。交叉口轨道两侧道路各 30m 范围内,路面亮度(或照度)及其均匀度应高于所在道路的水平,灯具的光分布不得给接近交叉口的驾驶人和行人造成眩光。

停车视距是指同一车道上,车辆行驶时遇到前方障碍物而必须采取制动停车时所需要最短行车距离。同一车道上,两部车辆相向行驶,会车时停车则需 2 倍停车视距,称会车视距。停车视距由三部分组成:驾驶人反应时间内行驶的距离、汽车开始制动到汽车完全停止所行驶距离(制动距离)和安全距离 S_0(5~10m)。

停车视距 D_s 的计算式为:

$$D_s = v_t t_0 + \frac{v_t^2}{2g(f \pm s)} + S_0 \tag{7-9}$$

式中:v_t——计算行车速度,m/s;设计速度为 120~80km/h 时为其 85%,设计速度为 60~40km/h 时为其 90%,设计速度为 30~20km/h 时为其 100%;

t_0——驾驶人反应时间,一般取 1.2s;

f——路面与轮胎之间的纵向摩阻系数,因轮胎、路面、制动等条件不同而异,一般按路面潮湿状态考虑;

s——道路坡度,$s = \tan\beta$,β 为坡度角,下坡时用"-",上坡时用"+"。

7) 飞机场附近道路的照明

飞机场附近道路的照明不应与机场跑道上的灯光信号系统以及场地照明混淆。灯杆高度不得超过规定的允许高度。在设计该地区的道路照明时,应符合航空部门有关规定,并应与其取得联系。

8) 铁路和航道附近道路的照明

道路照明的光和色不得干扰铁路、航道的灯光信号和驾驶人及领航员的视觉。当道路照明灯具处于铁路或航道的延长线上时,应与铁路或航运部门取得联系。当道路与湖泊、河流等水面接界,且灯具为单侧布置时,宜将灯杆设在靠水的一侧。

9) 天文台附近道路的照明

为减少经由地面反射到天空的光线,从而减轻对天文观测的影响,路面上的亮度(或照度)应降低一级标准,路面应采用深色沥青材料铺装,不得采用水泥混凝土路面。为减弱由灯具发出的直接射向天空的光线,必须采用上射光通比为零的道路照明灯具。

10) 多树道路的照明

新建道路种植的树木不应影响道路照明。扩建和改建的道路应与园林管理部门协商,对影响照明效果的树木进行移植。现有的树木严重影响道路照明的路段可采取下列措施:修剪遮挡光线的枝叶;改变灯具的安装方式,可采用横向悬索布置或延长悬挑长度;减小灯具的间距或降低安装高度;若只是局部地段受到树木的影响,可对该地段的灯具安装高度、间距、横向位置进行适当调整。

7.5.5 人行道路的照明

人行道路照明主要是指城市机动车交通道路两侧的人行道和居住区内的道路。对于前者,应该在满足机动车道照明要求的前提下,尽量满足人行道的照明标准。

(1) 居住区人行道路的照明

居住区内的道路分为两类:区域内道路和集散路。区域内道路的照明主要应考虑行人以及非机动车的要求。集散路连接区域内道路和区域外的城市机动车交通道路。集散路会有大量的机动车通行,同时又有很多非机动车和行人,在进行照明设计时,需要兼顾这几种道路使用者的需要。

区域内道路主要采用装饰性灯具,安装高度不宜低于3m,通常有以下几种安装方式:

① 装在4~8m的灯杆顶端,根据灯具的配光和所要照明的范围来定。

② 装在建筑物的墙面上,主要用于比较狭窄的街道。

③ 近地高度安装,比如草坪灯一类的灯具。此类照明方式有利于营造宜人的环境气氛,也能形成良好的视觉诱导性。

集散路的照明灯具应该兼具功能性和装饰性,灯具最好排列在道路的两侧,如果道路比较宽,应该考虑采取在一根灯杆上设置两个灯具的方式,两个灯具分别照明机动车道和人行道,并且人行道上的平均水平照度不应低于与其相邻的机动车道上平均水平照度的一半。

居住区是人们生活的地方,因此居住区的道路照明既有利于人们的出行,又要能营造一个良好宜人的环境氛围。居住区的照明设施应该兼顾日间和夜间的外观外貌,包括灯杆外形、高度、色彩、与建筑的距离、灯具外形、灯具配光、光源亮度、光线性质、光源色表和显色性等都应仔细斟酌。一定要避免过量的光线射入路边建筑居室的窗户中,为此,在设计时,应该有针对性地选择灯具的安装位置和高度、灯具的配光、灯具的照射角度等,必要时可在灯具上安装挡光板。

(2) 人行地下通道的照明

天然光充足的短直线人行地下通道,可只设夜间照明。附近不设路灯的地下通道出入口,应设照明装置,白天也起到指示牌的作用。地下通道内的平均水平照度,夜间宜为15lx,白天宜为50lx(人眼明暗适应要求),并应提供适当的垂直照度。比较窄的人行地下通道,可在通道的顶棚或一侧墙面上布置一排灯具;比较宽的人行通道,可在两侧墙面上各布置一排灯具或在顶棚上布置两排灯具。

(3) 人行天桥的照明

跨越有照明设施道路的人行天桥可不另设照明,紧邻天桥两侧的常规照明的灯杆高度、安装位置及光源灯具的配置,宜根据桥面照明的需要作相应调整。当桥面照度小于2lx、阶梯照度小于5lx时,宜专门设置人行天桥照明。

专门设置照明的人行天桥桥面的平均照度不应低于5lx,阶梯照度宜适当提高,且阶梯踏板的水平照度与踢板的垂直照度的比值不应小于2:1。同时,应防止照明设施给行人造成眩光。

(4) 人行横道的照明

人行横道属于机动车和行人的交会区,是交通事故易发区域,因此,人行横道的照明十分重要。人行横道应增设附加灯具,平均水平照度不得低于人行横道所在道路的1.5倍。可在人行横道附近设置与所在机动车交通道路相同的常规道路照明灯具,也可在人行横道上方安装定向窄光束灯具,但不应给行人和机动车驾驶人造成眩光。可根据需要在灯具内配置专用的挡光板或控制灯具安装的倾斜角度。人行横道可采用与所在道路照明不同类型的光源,以警示机动车驾驶人和行人。

7.6 高速公路照明设计

高速公路照明的主要目的是使机动车驾驶人在夜间行驶时能辨认出道路上的障碍物、行人、车辆及其他情况,以保证行车安全。决定照明质量的主要因素有灯具及光源的选择,灯具的安装高度及倾斜角,平均照度(亮度)、照度(亮度)的均匀性,照明器的眩光程度,路灯排列的诱导性等。

7.6.1 高速公路的照明形式

高速公路沿线有收费站、服务区、停车场、收费广场、互通立交、大桥等设施,根据这些设施功能的需求,主要照明形式见表7-12。

高速公路的照明形式　　　　表7-12

照明形式	灯杆高度(m)	说明
广场照明	15~30	位于广场的突出位置,成本高、安装和维护难度大;光源为高功率的高压钠灯或金属卤化物灯
中杆照明	8~12	布置于路面宽阔的干道、行车道两侧,长距离连续配置,主要为行车所用;要求确保路面亮度、照度均匀,不能有强烈的眩光干扰行车视线;光源以高压钠灯为主
庭院照明	3~6	用于收费站、服务区等处,要求保证路面亮度的同时,要与环境气氛协调,并具有良好的安全性和防范性;光源主要使用高压钠灯、金属卤化物灯和荧光灯
低杆照明	<1	用于树木或角落作点缀性装饰照明,要求突出效果;光源主要使用节能灯或白炽灯

7.6.2 主线照明

(1) 主线设置照明的条件

高速公路要不要设置主线照明,在哪些路段设置局部道路照明是一个需要综合考虑的问题。从行车安全出发,主要影响因素有以下几点:

①道路特征。沿线地形、道路线形、路面状况、立交数目、桥长和航道净空高度等。

②交通流特征。路段高峰小时交通量、交通(车型)组成、最高车速及周围交通环境。夜间高峰小时交通量对设置道路照明有直接意义。

③安全要求。事故高发危险路段及场所,相似公路的夜间交通事故及伤亡人数。

④经济效益。夜间交通事故的经济损失与投入费用是否相当。

道路照明的优越性无人怀疑,但初期投资和日常维护、运行费用较大。我国道路照明投资(60~80)万元/km,维持养护费平均每月(4~5)万元/km。一般来说,只有在车流密集或路况复杂的地段才有安装照明设施的必要。我国只有极少数高速公路(如广深路、首都机场路)全程设置道路照明系统,大多数高速公路只在关键路段(如大桥、立交、隧道)配置路灯。主车道利用车辆前照灯对路面的照射,配合诱导标志使驾驶人进行夜间行驶。

(2) 主线照明器的要求

根据高速公路主线的行车要求,考虑到主线道路的线形、结构形式、交通状况、路面反射率和气象条件等,为保证驾驶人能够在高速行驶中及时识别道路前方的交通障碍、路面状况及周围环境情况,对主线照明有如下要求:

①照明质量应满足《公路照明技术条件》(GB/T 24969—2010)的要求,路面平均亮度大于$1.5cd/m^2$,路面平均照度大于20lx,亮度总均匀度大于0.4,纵向亮度均匀度大于0.6,眩光控制阈值增量小于10%。

②采用照明器的技术指标及眩光效应要满足视觉要求。

③照明器的布置应具诱导性。

④照明器及其杆柱的布置与结构要符合美学标准。

普通路段采用一般的高压钠灯作为光源。在维护不便的地区,选用双管钠灯更加经济合理,因为它的寿命是普通钠灯的2倍,而价格并没有增加很多。由于仅需对道路本身进行照明,因此灯具应选择截光型路灯,以便尽可能多的光线被利用。同时截光型路灯的眩光指数很低,对行车非常有利。在许多情况下,高速公路主干道由于车流量较大、污染严重且维护困难,必须采用较高防护等级以维持照度。

(3) 主线照明器的布置

对于一般的主线照明,普通杆柱式常规照明是最经济合理,也是最成熟的。灯杆布设在道路两侧、单侧或中央隔离带。通过合理设计照明器高度和灯杆间距,以限制照明器的眩光效应,改善照明均匀程度,产生良好的视觉效应。一般安装高度为10~15m,灯杆间距为40m,灯具功率为250W和400W。

为防止眩光,表7-13给出了灯杆高度与光源光通量的推荐关系。随着灯具技术水平的提高,在选用优质灯具时可适当放宽,可根据灯具的配光参数进行精确计算,做出符合规范要求的灯高及灯间距的最经济方案。

主线照明灯杆高度与光通量推荐值　　　　　　　　　　表7-13

灯杆高度(m)	光通量(lm)	对应的高压钠灯功率(W)
8	12 500	150
10	25 000	250
12	45 000	400
15	95 000	600

(4)主线照明实例

①首都机场高速公路。如图7-16所示，首都机场高速公路于1993年9月建成通车，全长18.735km，双向六车道，设计车速为120km/h。全程设置了7个箱式变电站，14个路灯控制箱，主线双侧交错设置常规照明灯杆571套，光源采用400W高压钠灯，灯杆为12m单挑钢杆，设置在路肩上，悬臂长为1.7m，仰角为12°，间距有45m和60m。45m间距路段，主线路面平均照度为43.4lx，平均亮度为2.13cd/m²，总亮度均匀度为0.57，总照度均匀度为0.43，阈值增量 TI 为7.54%。

②南京机场高速公路。如图7-17所示，南京机场高速公路于1997年6月建成通车，全长28.756km，双向四车道，设计车速为120km/h。全程设置了4个变电所，在高速公路首尾两段(K0+000~K7+066和K22+170~K28+756)各设置7km照明路段，采用660杆低杆灯双侧对称布置，杆高10m，悬臂长为1.5m，仰角为10°。光源采用GE高效高压钠灯，每灯功率为250W，光效为140lx/W。主线路面平均照度大于25lx，平均亮度不小于1.5cd/m²，总亮度均匀度为0.4，亮度纵向均匀度0.7，眩光控制等级不小于5。

图7-16　首都机场高速公路主线照明

图7-17　南京机场高速公路主线照明

7.6.3　服务区和停车场照明

高速公路服务区及停车场主要是为过往驾乘人员提供休息、加油、修车和吃饭住宿的场所，在进行功能性照明设计时，主要考虑广场和道路的照明，主要设计要求有以下几点：

①照明质量应满足《公路照明技术条件》(GB/T 24969—2010)的要求，服务区平均照度为10~20lx，照度总均匀度大于0.3；停车场平均照度为15~30lx，照度总均匀度大于0.3；同时应防止照明设施给行人、机动车驾驶人和作业者造成眩光。

②要使整个广场内的照度均匀，亮度总均匀度大于0.3，纵向亮度均匀度大于0.5，同时还要考虑广场进出口与相邻道路照度相协调。

③灯杆及照明器的形式与广场环境协调,在满足照明功能的前提下,造型尽量美观。
④广场内设置灯杆不宜过多,以保证广场的使用功能。
⑤照明器及配套设施构造应尽量简单耐用,易于维修。

服务区和停车场照明采用高杆照明灯具,在高杆灯控制箱内可进行自动和人工控制,服务区内道路照明采用庭院灯。某高速公路服务区及停车场照明如图7-18所示。

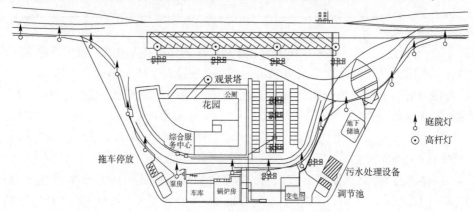

图7-18 某高速公路服务区及停车场照明

7.6.4 收费广场照明

收费广场照明包括收费广场照明和收费阳棚照明。收费广场照明主要为车辆提供良好的视觉环境;收费阳棚照明除为车辆提供良好的服务环境外,同时为收费人员提供良好的工作环境。

(1) 收费广场照明

高速公路收费广场既是道路的组成部分,又有它独特的作用。为使车辆在驶入收费广场之前就能看清周围环境,快速、安全、准确地驶入收费车道并停车交费,对收费广场的照明要求与一般路段相比更为严格。主要设计要求为以下几点:

①照明质量应满足《公路照明技术条件》(GB/T 24969—2010)的要求,广场平均照度为20~50lx,照度总均匀度大于0.4;同时应防止照明设施给行人、机动车驾驶人和作业者造成眩光。

②投资低,耗电少,运行安全可靠,便于维护管理。

③当互通式立交、高速公路连接路不设连续照明,收费广场设置照明的情况下,要在收费广场以外增设过渡照明,以利于驾驶人的视觉适应。通常收费广场平均亮度为$2cd/m^2$左右,过渡照明的平均亮度约$0.3cd/m^2$,驾驶人通过过渡照明道路所需时间不小于10s。

④灯杆及照明器的形式与环境协调,在风景名胜区附近的收费广场应选择相适应的装饰型灯杆,其余收费广场宜采用功能型灯杆,以降低造价。

⑤一般省界站和大中城市出入口收费广场车道数较多、面积较大,宜采用高杆照明;其余收费站车道数均少于10,从实用性、安全性考虑,收费广场两侧宜采用中杆照明(10~14m),根据广场的大小不同,每基灯具数不等。

采用投光型照明时,广场灯具布置形式如图7-19所示,基杆安装高度H、间距S和广场

宽度 W 间存在下述关系。

单侧布置如图 7-19a) 所示，即：
$$H \geq 0.4W + 0.6a$$
$$S \leq 2H$$
$$S = 2S_1 \tag{7-10}$$

双侧对称布置如图 7-19b) 所示，即：
$$H \geq 0.2W + 0.6a$$
$$S \leq 2.7H$$
$$S = 2S_1 \tag{7-11}$$

广场中央有照明灯具如图 7-19c) 所示，即：
$$H_1 \geq 0.5W_1$$
$$H_2 \geq 0.5W_2$$
$$H_3 \geq 0.25(W_1 + W_2) \tag{7-12}$$

![图 7-19 收费广场灯具布置示意图]

a) 单侧布置　　b) 双侧对称布置　　c) 中央布置

图 7-19　收费广场灯具布置示意图

如图 7-20 所示为某高速公路匝道收费广场照明布置图，共采用了 6 个 10m 路灯，每个路灯配有 400W 的高压钠灯。为了提高匝道车辆入口处的照明水平，采用双侧交错布置方式。同时，还在匝道收费站阳棚设置了 30 个 250W 的嵌入式照明灯。路灯采用铜芯聚氯乙烯绝缘聚氯乙烯护套电力电缆供电，穿 ϕ50mmPVC 管敷设。

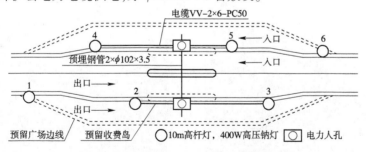

图 7-20　某高速公路匝道收费广场照明布置图

如图 7-21 所示为某高速公路主线收费广场照明布置图，共采用了 4 个 30m 高杆灯，每个高杆灯配有 400W 的高压钠灯。为了提高广场照明的均匀性，采用双侧对称布置方式。同时，还在收费站阳棚设置了 180 个 250W 的嵌入式照明灯。

(2) 收费站阳棚照明

收费站阳棚照明的重点在收费车道，要保证驾驶人、收费员的视觉效果及车道摄像机正

常工作。因此,收费站阳棚照明设计的主要要求为以下几点:

①保证收费天棚内照度及其均匀性,同时应注意与棚外收费广场照度的对比协调。

②电光源的选择应考虑其光色与显色性。

③收费天棚下有收费岛、收费亭、车道栏杆及其他辅助设施,设计时应注意避免照明产生阴影。

④收费天棚及收费亭内的照明器设置不应对驾驶人造成眩光。

⑤光源及灯具要与环境协调,一般采用截光型窄射灯具。

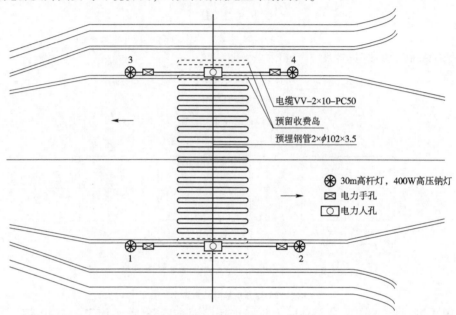

图 7-21 某高速公路主线收费广场照明布置图

收费站阳棚的照明方式一般因阳棚类型而定。不吊顶的阳棚采用下投式,灯具吊装在棚顶,自上而下照明,如图 7-22a) 所示。吊顶的阳棚可采用下投式和上投式相结合的方式,下投式灯具嵌装在棚顶,如图 7-22b) 所示,上投式灯具可安装在阳棚立柱上反射式照明。

a) 吊顶灯照明　　　　　　　　　　　　b) 嵌装灯照明

图 7-22 高速公路收费站阳棚照明

收费站阳棚灯具布置方案与收费岛、车道及收费亭的位置有关,通常有均匀布置和选择布置两种。大多按收费车道对称布置,以使收费车道能够获得最有利的光通方向并消除阴影。

7.6.5 互通立交及匝道照明

随着高速公路的建设发展,立交越来越向彼此交叉重叠的形式发展,由多条立道、弯道、路线桥梁和上下坡道衔接而成,道路起伏大,迂回盘旋多,分流、汇接点多,是交通安全敏感区,也是驾驶人需要高度集中注意力的地区。夜间行驶在复杂立交道路中,驾驶人要识别大量的交通标志和交通信号,需要有一个良好的视觉环境来看清前方道路的走向和周围环境。立交人工照明要为行车安全、舒适提供一个良好的光环境。美国、加拿大、丹麦、日本等国家都强调,在无照明的高速公路上,必须对互通立交设置照明设施。

(1)互通立交及匝道照明的要求

①照明范围大。为了给驾驶人的视野提供充分的环境亮度,光源的光通量应大范围照射,不能只局限于照射车道路面。

②照明水平高。按照《公路照明技术条件》(GB/T 24969—2010)的要求,与一级照明等级公路相连的公路交汇区,平均照度大于50lx,照度总均匀度大于0.4,以充分显现周围环境,使驾驶人能辨认交叉口及前方位置。同时要求与灯具向下垂直轴夹角在80°和90°的观察方向上的光强应分别不大于30cd/1 000lm和30cd/1 000lm。

③防止眩光。要求眩光控制等级大于5。立交层次多,转弯半径小,道路起伏变化大,不同位置灯具的投光角度难以控制,容易产生刺眼的眩光,给在立交中转来转去的驾驶人造成视觉不舒适感。

④良好的诱导性。良好诱导性是立交照明器布置的重要内容。立交的弯道、岔道和坡道都较多,利用照明器布置的光点可以形象地显示立交造型、弯道半径、道路前进方向和坡度等视觉信息。采用常规照明布设会造成立交处灯杆较多,诱导性差。

(2)互通立交照明设置

针对立交特殊交通环境和光照要求,通常选择高杆照明为主,辅以常规道路照明。如图 7-23 所示为成渝高速二郎立交高杆照明。

①基杆数目和杆位选择。结合立交地貌、道路平面和立面线形,划分照明区域,确定高杆灯数目和灯杆安装位置。首先要使灯具的光能投射到预定区域,符合布光要求;其次要使灯具位于驾驶人正常视线之外,以避免和减弱眩光,提高视舒适度;同时还要考虑不易发生撞杆事故,不致因维护而影响正常交通。

②灯具布置方式。在高杆照明灯具三种布置方式中,径向对称式主要用于匝道布置比较紧凑的简单小型立交,非对称式主要用于大型、多

图 7-23 成渝高速二郎立交高杆照明

层的复杂立交和匝道分布广而分散的立交。复杂互通立交常采用中心和周边结合的布置方式,根据实际需要布置灯具并分别投射到预定区域。

③光源及灯具的选择。光源常用高压钠灯,水汽和浓雾较多地区可选用低压钠灯。灯具宜用泛光灯,功率为 400~1 000W。要根据受照场所的形状选择具有不同配光的灯具。

泛光灯有轴对称配光和不对称配光形式,后者相互垂直的两个平面的扩散角可以相差很大,灯盘上各灯具的配光可以多种多样,以均匀覆盖预定照射面为目标。灯具要尽可能轻,以减少灯杆上部结构的荷载。

④安装尺寸及投光俯角的确定。高杆灯的安装高度 H 决定着光斑面积的大小和眩光的严重程度,应根据光源、灯具及互通立交的层次和高度确定,一般为 25~30m,杆间距为 90~100m。轴对称配光灯具投射光斑的半径 R 和安装高度 H 存在关系式 $H>0.5R$,非对称配光泛光灯具的安装高度,需要根据配光类型和预定照射区域面积的大小经计算确定。驾驶人行车时,如有光线射入其 30°平视角范围内,将产生影响操作的眩光。灯具的最低安装高度应根据此原则确定。

高杆灯具的光轴应射向指定区域,光轴与水平线的夹角称为投光俯角。投光俯角变化时,被照面的照度、光斑形状和面积、灯杆下照射不到的死区都随之变化。投光俯角需结合灯具配光确定,通常在 45°~70°范围内。

(3)匝道照明设置

通常在互通匝道的路基段单侧设置普通路灯,灯杆高 12m 以下,灯杆间距为 30~50m,光源功率为 250~400W。同时,在进出立交处设置过渡照明,提高驾驶人的视觉适应性。

7.7　公路桥梁照明设计

高速公路沿线的桥梁包括跨线桥、跨河桥、跨江桥或跨海桥等,这些桥梁应以功能性照明为主。城市桥梁是横跨河上的雕塑,是水陆结合的亮化景点,大型桥梁本身往往就是具有特色的大型建筑物,常常是城市的标志性景观,象征着城市发展的经济地位和技术水平。因此,城市桥梁的照明应是功能性和装饰性并重,桥梁的夜景照明要突显其雄壮气势和精炼的曲线美。

7.7.1　桥梁的功能性照明

归根结底,桥梁是道路交通的一个组成部分,交通功能是其最基本、最重要的功能。从整条道路的延续性出发,桥梁照明的基本出发点是保证它具有与整条道路同样的通行能力,其照明风格是在体现桥梁特点的同时,考虑与连接道路有一定的连续性。

(1)桥梁功能性照明的要求

在功能性照明方面,桥梁照明设计要遵循安全、适用、经济和美观的基本原则。《城市道路照明设计标准》(CJJ 45—2006)和《公路照明技术条件》(GB/T 24969—2010)对桥梁照明作了如下要求:

①中小型桥梁的照明应和与其连接的道路照明一致。当桥面的宽度小于与其连接的路面宽度时,桥梁栏杆、路缘石应有足够的垂直照度,在桥梁的入口处应设灯具。

②大型桥梁和具有艺术、历史价值的中小型桥梁的照明应进行专门设计,应满足功能要求,并应与桥梁的风格相协调。

③桥梁照明应限制眩光。特别是当桥面出现较陡的坡度,桥面的高度和与其连接的或附近的道路路面高度相差比较大,或桥梁采用装饰照明的情况下。要避免给桥上行车的驾驶人造成眩光影响,避免给与其连接或邻近的道路上的驾驶人造成眩光影响。为此,必要时应采用安装挡光板或格栅的灯具。

④一般情况下限制栏杆照明方式(即把灯具直接安装在桥梁栏杆上)。栏杆照明灯具安装位置低,桥面亮度和照度均匀度差,灯具容易受到污染和人为破坏,眩光不易限制。只是当桥面很窄(通常不超过两车道),对照明要求又不高(如只起导向作用)或常规照明方式接受不了的情况下才可采用。

⑤大桥路面的照明同一般的路面照明一样,必须具有一定的亮度及亮度均匀度,要让驾驶人能辨认出路面的各种情况,且不感到过分疲劳,以保证行车安全。特大型桥梁平均亮度为 $1.5 \sim 3.5 cd/m^2$,平均照度为 15~50lx,亮度总均匀度为 0.5~0.7,纵向亮度均匀度大于 0.7,眩光控制等级大于 5,照明设施具有很好的诱导性。

(2)桥梁照明的布置方式

为了符合桥梁结构对称美观的要求,桥梁照明的最基本布置方式是对称布置,包括两侧对称、中央对称或中央及两侧对称。但一些大型桥梁的引桥也会根据情况采用单侧布置方式。

(3)一般大桥照明

一般大桥是指不具桥下通行及观赏意义等特殊要求的公路桥梁。由于桥梁路面侧向净空往往比连接道路窄,在主车道不设照明的情况下,为了确保夜间行车安全和通行能力,宜设置桥面照明,照明要求与车道路面相同,并在进出桥梁前都应有一个亮度过渡段;如主车道设有专用照明,则桥面的平均照度标准应略高于主车道。较高的照明水平也是对驾驶人接近和驶入一个特殊路段的必要提醒。特大桥梁照明应包括引桥区,引桥部分应有亮度过渡段,桥面照度应高于车道路面。

(4)有通航要求的桥梁照明

较大的跨江或跨海大桥桥下有水上运输航道。此类大桥的照明除要满足大桥公路主线照明要求外,还应注意桥上设置的照明设施可能对过往船舶行驶造成的不利影响。桥区航道存在航标多、航道窄、水流流速大等特点,特别是在恶劣气候状况下,船舶操纵性能下降,穿越桥区时碰撞航标和桥墩的概率增大,给船舶和桥梁带来安全隐患。而能见度不良时桥区与船舶航行安全问题更突出,灯光起到关键的指引作用。为了使水上交通能够及时发现由桥梁造成的障碍,应在桥梁的下部结构上设置专用指示照明,以使船舶能够准确辨认桥墩位置、航道净空等。桥梁上下照明器的选形、配光及安装应避免产生强烈眩光,保证航行安全。另外,有较高桥头柱或塔的大桥,还应考虑其可能对空中飞机航行造成的不利影响。如在桥头柱塔上设置夜间红灯,以对过往飞机提出警示。

7.7.2 桥梁的景观照明

桥梁景观照明设计是从桥梁的景观美学角度出发,运用不同照明器材和光的强度、颜色变化,在夜间对桥梁进行二次表现,充分展示桥梁的整体形象和建筑特色,创造美的夜间景观。从某种意义上说,桥梁不仅是一种交通设施,更是桥梁设计师创作的艺术品。合理的照明设计是照明科学与桥梁建筑艺术的有机结合,不仅能确保大桥夜间行车的交通安全,良好的景观照明也烘托出大桥建筑造型的艺术效果,拓展桥梁美学特征的景观表现,同时对表现城市夜间景观的空间层次与景深承担着重要作用。

1)桥梁景观照明的设计原则

①桥梁的景观照明设计应是功能性和装饰性并重,但首先应该保证桥面的交通功能,以达到最为安全、舒适、美观的照明效果。桥梁景观照明的整体效果是由主体结构、环境和照明系统共同形成的,虽然主要功能不同,但互相影响。功能性照明对景观照明起补充、烘托作用,而良好的景观灯光也会提高行车和行人心理上的安全感。

②利用各种照明手段强调突显大桥的雄壮气势和精炼的曲线美。每一座桥梁都有自己的形态特征,均具有浓郁的特色和鲜明的风格,要从不同方位和角度对桥梁景观照明进行设计,体现桥梁总体艺术造型与个性结构相结合的美学特征,达到理想的艺术效果。

③与环境协调,反映地域文化特征和城市风貌。须进行相应的人文、历史、环境和功能分析,通过富有创意的照明手法充分表现桥梁的功能和构造美。

④以人为本,注重人们的视觉舒适度,避免眩光,避免光污染。桥梁夜景照明产生的光色、闪烁、动态、阴影等效果不应干扰航空、航运和行车的交通信号和驾驶作业。功能性照明与景观照明的多种光源不能互相干扰,以免造成泛光、衍射、乱影等负面效应。照明设施和照明管线的设置应尽可能隐蔽,不能影响桥梁白天的景观。

⑤节能环保、经济适用、维护方便、技术先进、安全可靠。应从方案设计阶段开始,考虑降低初始投资、运行费用和能耗,还应充分考虑安装、维护、维修、清洗等因素。通行重载机动车的桥梁照明装置应有防振措施。对现代桥梁的照明应充分运用现代科技产品,点缀、勾勒或渲染地进行灯光塑造,以达到理想的艺术效果。

2)桥梁景观照明的设计要素

①周边环境要素。周边环境要素主要包括地域文化、风俗民情、城市风貌特点、周围自然地理特征等,桥梁所在地域的夜景现状,如水域泛光、航运光源、港区及城市照明、大气透明度、夜间天空亮度等影响照明背景亮度的因素。

②照明要素。桥梁是照明的主体,所以必须对桥梁的结构特点、建筑材料、建筑师的设计思想等认真研究,找出要表现的重点,而不是简单地将整个桥梁通体照亮。如悬索桥的照明要素一般有索塔、锚碇、主缆、钢箱梁、吊索等,斜拉桥的照明要素主要有索塔、斜拉索、主梁等。除了桥梁主体本身,附属的一些环境要素也可能成为照明要素,如雕塑、桥头公园等。各照明要素也有主次之分,不能等同对待。

3)桥梁景观照明的表现手法

(1)照明手法

照明手法的选择取决于表现的主题,通常是一系列手法的组合。如点、线、面照明的结合,动态与静态的结合。泛光照明是其中使用得最多的手法。

泛光照明的方式包括投光照明、轮廓照明、形态照明、动态照明和特殊方式(如声与光)。不同桥梁或桥梁的不同部位有着不同的表面尺寸,应该选用相应形式的照明器材。

(2)被照表面组织结构的影响

桥梁的表面材料对泛光照明的效果有决定性的影响。

①粗糙表面。如修琢过的石头、砖头和墙等,遵循漫反射规律,在给定照度下,表面亮度

与入射光方向和观察方向无关。

②半粗糙表面。遵循定向漫反射规律,表面的外观不仅与入射光方向有关,而且与观察方向也有关。因此在照明设计时,需要确定一个主观察方向。

③镜面。遵循定向反射规律,如大理石、抛光铝等材料,在照明处理时要特别注意。

材料的反射率决定了在给定照度情况下表面的亮度。漫反射性能好的表面,反射率越高,在给定照度下的亮度就越高;反射率低的表面,要得到同样的亮度,就需要更高的照度。

表 7-14 给出了部分材料的反射率。

典型材料的反射率 表 7-14

材　料	表面状态	反　射　率
白色大理石	尚整洁	0.60~0.65
花岗石	尚整洁	0.10~0.15
浅色混凝土(或石头)	尚整洁	0.40~0.50
深色混凝土(或石头)	尚整洁	0.25
	很脏	0.05~0.10
仿混凝土涂料	清洁	0.50
白砖	清洁	0.80
黄砖	新的	0.35
红砖	新的	0.25
砖头	脏	0.05

(3)亮度要求与色彩效果

为使被照物体达到一定的可见度,必须要有一定的亮度水平,而亮度水平与被照明物体所处的环境、大小、观察位置等有关。在明亮的背景下,被照表面的亮度要求就高;反之,可以低一些。在环境亮度相似的情况下,面积小的表面必须有较高的亮度,而面积大的表面亮度水平可低些。在环境相似、大小相同的情况下,远距离观看要求的亮度比近距离观看的要高一些。桥梁建筑材料绝大部分表面的漫反射性能很好,可以认为它们的照度与亮度成正比。为了达到一定表面亮度,就必须提供一定的照度。

景观照明效果还与亮度比和色彩效果、立体感的表现有关。亮度比可以表现为被照物体的立体感和实体感,物体上最亮部分和最暗部分亮度比的大小给人的视觉感受不同。亮度比在 2∶1 以下是平板感,在 10∶1 以上对比十分强烈,而在 3∶1 左右比较理想。在桥梁的景观照明中,如果上部明亮而下部暗淡,则可以给人飘逸洒脱的感觉。特别是在暗背景下,如果只照亮高塔的塔顶,则会有海市蜃楼之感;如果只照亮底部,则会有庄重稳固的感觉。

立体感除用亮度比表现以外,还可以通过适当的阴影来表现。绝大部分桥梁都不是纯粹的平面体,会有弧度、凹凸,如果通过合理的布灯投射方向和观察方向角度,产生适当长度或深度的阴影,可以非常强烈和准确地显示桥梁的结构细节特征,产生很好的景观效果。

针对要表现的桥梁的主题,适当添加色彩可以起到很好的效果。色彩效果来源于不同色彩给人的心理和生理感受,合理恰当的彩色光如果与桥梁本身色彩和谐结合,可以产生良好的照明效果。色彩效果包括色感和色彩给人的联想。不同的色彩会给人冷与暖、动或静的感觉。如红色的暖感和蓝色的冷感,红色使人兴奋而蓝色使人沉静。色彩会给人大小感、轻重感,如明亮色彩的物体给人的感觉大,而暗淡的深色物体给人的感觉小;暖色物体看起来重,而冷色物体看起来轻。色彩还会给人远近感,如红色物体看起来近,而蓝色物体看起来远。色彩还使人产生联想,如红色给人以激情、奔放感,使人联想到阳光、红旗,象征喜庆、辉煌;蓝色给人深沉、典雅感,使人联想到星空或大海,象征追思、神秘等。

4)桥梁景观照明的布置方式

针对不同特征的结构,需要实施不同的照明布置方式,使用不同的照明灯具。在进行设计前,应仔细研究桥梁在白天不同时间的外貌,找出最具吸引力的美学特征。

①桥梁立面照明布置。立面照明常沿桥梁轮廓布设灯具,用光点描绘桥梁结构线条,体现宏伟风姿,但这种方式耗电量颇大,近年来常采用投光照明。泛光灯具可以按照一定间隔进行安装,灯具光轴与表面垂直,通过选择合适光分布的灯具和灯具布置间隔,可以得到较好的亮度比或均匀度。也可以将一组灯具装在同一地点,而采用不同的灯具射向。

对于需要表现的有特点的凹凸平面,一种办法是利用阴影表现立体感,另一种办法是照亮深处(远处)而突出浅处(近处),形成一种剪影的效果。如果凸出部分需要重点表现,则可以选用窄光束灯具照亮凸出部分而虚化凹进部分。

②斜拉钢索桥照明布置。目前,很多跨江大桥都采用塔式斜拉钢索桥。《城市夜景照明设计规范》(JGJ/T 163—2008)要求,塔式斜拉钢索桥的照明宜重点塑造桥塔、拉索、桥身侧面、桥墩等部位,并使照明效果具有整体感。

这类桥体中桥塔是非常突出的标志物,主塔是夜景照明需要着重表现的部分。桥塔以泛光照明为主,用自下而上的彩色投光以强化桥塔的高度感,亮度逐渐减小且呈平稳过渡,变化过程中无明显亮斑或暗斑。从外形看有圆塔和方塔,圆塔在桥梁中用得很少。要表现圆塔的弧度,可在塔周围用三组成120°角的灯具照明,应将塔身的各个方向都均匀照亮。平面方塔的照明重点是体现主平面与辅平面的亮度差而形成的立体感,同时将主平面上的结构特征表现出来。

斜拉钢索桥照明的重点是表现其弧度的优美或张力的力度,常采用投光照明或轮廓照明。泛光照明将呈扇面状分布在空中的钢索照亮成发光的线条,与桥塔形成呼应。此外,对于悬索式吊桥,也可采用在横向悬索上敷设点状光源,形成一条横向光链。

桥墩泛光照明,应具有一定的均匀度,最小亮度(或照度)与最大平均亮度(或照度)之比应大于0.4。桥头堡和桥头雕塑的照明表现重点是雕塑,基座应该虚化处理,雕塑的主表现面又是其中的重点。

除了桥体结构各元素的照明,桥梁附属景观设施的照明也是整个夜景建设的一部分,如绿化、水景、休闲区等所有照明对象应该统筹考虑,以局部服从整体的原则设计照明效果。

城市中跨越江河桥梁的照明应考虑与其在水中所形成的倒影相配合,应避免倒影产生的眩光;选择灯具及安装位置时,应考虑涨水时对灯具造成的影响。

桥梁景观的设计单单考虑一种效果还不够。重要的桥梁景观照明一般要设计多种照明模式,以达到多种照明效果,适应不同时间的需要,并平衡节能的因素,如重大节日的庆典模式、一般节日的庆祝模式、平时的平常模式等,不论是哪种模式,都应该构成一个整体的照明景观。

5) 桥梁景观照明的光源选择

《城市夜景照明设计规范》(JGJ/T 163—2008)要求,泛光照明宜采用金属卤化物灯或高压钠灯,内透光照明宜采用三基色直管荧光、LED 或紧凑型荧光灯,轮廓照明宜采用紧凑型荧光灯、冷阴极荧光灯或 LED。通常不宜采用高压汞灯,不应采用自镇流荧光高压汞灯和普通照明白炽灯。

7.7.3 桥梁照明工程实例

(1) 上海杨浦大桥

上海杨浦大桥是"世界第一斜拉桥",为双塔双索叠合梁斜拉桥,建于1993年,跨径为602m,全长为7 658m,主桥长为1 172m,桥面为双向六车道,宽为30.35m。两岸桥塔高为208m,为倒"Y"钻石形,桥塔两侧各有32对共256根鹅黄色拉索将桥面凌空悬起。全桥设计精巧、造型优美、气势恢宏,排列整齐的斜拉钢索仿佛一架硕大无比的竖琴迎风弹奏。

如图7-24所示,上海杨浦大桥采用多种照明手法,对桥面、主塔、悬索、桥体进行精心地照明,主塔上设置航空障碍灯,钢梁上设置航道灯。主桥及引桥照明采用柱式灯具双排布置,每侧36杆4m高灯杆,共84套灯具,照度100lx左右。大桥以白色光作为基本光,以较强的白光显示主塔,以相对弱的白光显示索面,主塔顶内凹结构处采用绿色光投射,整体感觉雅而不俗。双塔在白色照明下,与周围暗环境相对比,突出雄伟的气势,给人以舒适的感觉,成为整个大桥照明的中心。大桥泛光照明的灯位选择较为隐蔽,双塔采用16组48套4 000K色温、1 000W的金属卤化物灯,置于桥塔外侧;索面灯位借用路灯灯竿。

(2) 重庆朝天门长江大桥

重庆朝天门长江大桥是"世界第一拱桥",为三跨连续中承式钢桁系杆拱桥,建成于2009年,也是目前我国建设规模最大的市内桥梁,全长为4 158m,主跨径为552m。大桥正桥分为上下两层,上层桥面为双向六车道,桥面宽为31m,下层双向轻轨和2个预留车道下层桥面设两车汽车道和双向轻轨交通。钢桁梁整体上恢宏大气,充分展示了结构的力与美。半圆弧的主拱涂装成"中国红"主色调,色彩鲜艳而厚重,标志性极强。

如图7-25所示,重庆朝天门长江大桥照明设计体现了绿色照明的理念,共采用6 000余盏夜景灯饰,大量使用高性能 LED 节能灯,降低能耗,光源寿命超过6万h,可用近10年。大桥景观照明的主要手法是突出主拱,重点体现其恢宏大气桥型,烘托"江上彩虹"的景色。在灯具的布置上采用以点构线的方式,主拱采用圆形点光源 LED 灯,勾勒出如虹的气势,配合它的还有黄、红、蓝、绿色彩色动态灯,以渲染喜庆气氛。桥面上下层采用白色条状灯管,勾画出桥面的横向线条。主拱外侧采用超窄光束投光灯照亮钢桁架,主顶部采用中光束投光灯,上下桥之间的钢桁架外侧设置窄光束投光灯,点亮大桥每个细小的杆件,使整个拱桥的结构表现得淋漓尽致。

图7-24　上海杨浦大桥

图7-25　重庆朝天门长江大桥

习题与思考题

7-1　道路照明的主要作用是什么？

7-2　城市道路照明的种类有哪些？

7-3　高速公路照明的种类有哪些？

7-4　道路照明计算的内容有哪些？

7-5　道路照明设计的基本原则和内容是什么？

7-6　为什么交会区的照明水平要比平常路段高？

7-7　城市快速路、主干路、次干路和支路一般选用哪种照明灯？

7-8　常规照明灯具的布置方式有哪几种？各有什么优缺点？

7-9　高杆照明有什么特点？常用于什么场合？

7-10　高速公路主线照明设置要考虑哪些因素？

7-11　公路桥梁照明有哪几种？

7-12　公路桥梁景观照明主要有哪些表现手法？

8 公路隧道照明设计

21世纪是隧道及地下工程发展的世纪。隧道在改善道路线形、缩短行车里程、利用地下空间、保护生态环境等方面发挥了积极作用。我国已经成为世界上公路隧道最多、最复杂、发展最快的国家。照明系统是隧道安全、高效、经济运营的重要保障。隧道段是隐蔽交通,其行车环境和安全性比普通线路段差,视觉特殊性明显。同时,照明系统也是公路隧道运营的能耗大户。因此,公路隧道照明设计,应考虑安全与节能并重。

8.1 隧道的视觉现象与照明措施

8.1.1 隧道的视觉现象

隧道内外亮度差大、空气污染严重、侧向净宽小且高度有限。而且,随着车流量快速增长,隧道内车辆通行能力、安全性能明显降低,交通事故发生率较高。因此,各国对隧道照明都非常重视。

公路隧道设置照明的目的,是为了把足够的视觉信息传递给驾驶人,确保车辆能够以设计速度安全地通过隧道,提高行车的安全性和舒适性,且驾驶人所具有的安全度和舒适程度应不亚于与隧道相连的明线路段。公路隧道照明与一般道路照明的显著区别在于不仅夜间需要照明,白天也需要照明,且白天照明比夜间照明更为复杂。车辆通过长隧道,夜里洞内只是洞外视环境的延续,白天则经历突然从亮到黑和由黑到亮的急剧变化过程,人的视觉会产生强烈的不适应感。

隧道照明中必须考虑某些特殊的视觉现象。公路隧道照明设计中应考虑驾驶人驾车接近、通过和驶出隧道过程中可能存在的"黑洞(黑框)效应"、"运动效应"、"墙效应"和眩光现象等一系列特殊视觉现象。

单向交通隧道照明系统由入口段照明、过渡段照明、中间段照明、出口段照明、应急照明、隧道外引道照明、隧道内局部照明、隧道口接近段减光设施构成[图8-1a)];双向交通隧道照明系统由入口段照明、过渡段照明、中间段照明、应急照明、隧道外引道照明、隧道内局部照明、隧道口接近段减光设施构成[图8-1b)]。不同区段的视觉现象不同,应设置不同亮度,各区段的长短和亮度值随照明设计速度、隧道外亮度、设计交通量等不同而变化。

(1)接近段

接近段是与隧道入口相连一段道路。这段道路是驾驶人视觉调节的阶段,也决定了隧道入口段的照明亮度要求。

白天,由于隧道内外亮度差别极大(通常相差几百到几千倍),而且人眼对明亮环境的视觉暂留影响,当汽车接近隧道入口时,驾驶人易产生视觉"黑洞(黑框)效应",即驾驶人从隧道外部看到的隧道是一个黑洞(长隧道)或一个黑框(短隧道),难以辨认洞内障碍物(图8-2)。晚上,由于人眼适应了隧道外的黑暗环境,让人感到隧道照明良好。为了减弱视觉的黑洞或黑框现象,通常需要在接近段采取必要的减光措施。

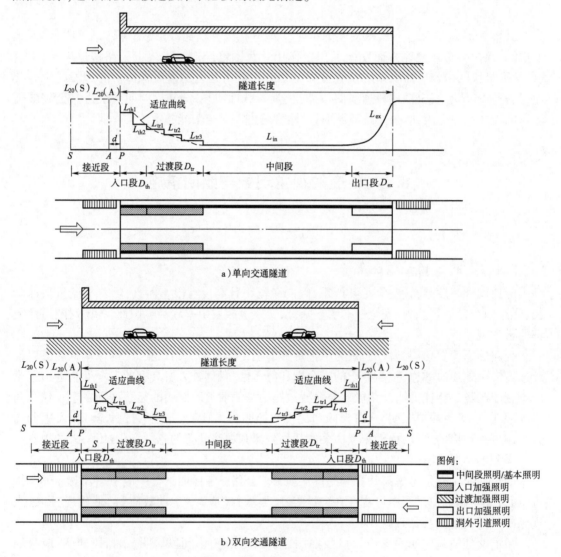

图8-1 隧道照明系统分段示意图

P-隧道口;S-接近段起点;A-适应点;d-适应距离;$L_{20}(S)$-隧道外亮度;$L_{20}(A)$-适应点亮度;L_{th1}、L_{th2}-入口段亮度;L_{tr1}、L_{tr2}、L_{tr3}-过渡段亮度;L_{in}-中间段亮度;D_{th}-入口段分段长度;D_{tr}-过渡段分段长度

a) 黑洞效应　　　　　　　　　b) 黑框效应

图 8-2　隧道接近段的视觉现象

(2) 入口段

入口段是进入隧道口后的第一段。车辆驶入刚进入洞内,由于环境亮度急剧降低,驾驶人视觉要经过"暗适应"过程,即出现"视觉适应滞后现象",需要较长时间才能够看清隧道内部情况。同时,视觉适应滞后会造成速度感觉失真,易诱发不合理的驾驶行为,甚至导致交通事故。因此,有必要提高入口段照明亮度,以增强驾驶人的视觉适应能力。

(3) 过渡段

过渡段是隧道内紧接入口段的一段。入口段的人工照明环境,从技术和经济上都无法达到洞外亮度,视觉还将经历从洞外高亮度到洞内低亮度的突变,视功能下降和视觉适应滞后问题仍然存在。因此,通过设置亮度逐渐降低的入口段和过渡段照明,使驾驶人有足够的亮度变化适应时间。

(4) 中间段

中间段是紧接过渡段内端的一段,是隧道内不受外部自然光照影响的区域,驾驶人的视觉只受隧道内照明的影响。

车辆在隧道内行驶时,速度的增加使得眼睛的视界变窄,不易发现近处和两侧的物体,即产生"运动效应",并随着隧道长度的增加而增强。如果隧道内部不设照明,仅利用车灯照亮路面,隧道壁的微弱反射将形成"墙效应"。两种效应的叠加,会使驾驶人感到压迫感,带来安全隐患。此外,由于汽车排放废气集聚,在隧道内形成大量悬浮烟雾颗粒,对隧道照明和汽车的灯光具有吸收和散射作用,形成光幕,降低了障碍物的可见度,给视觉功能带来不利影响。因此,隧道中间段应设置适当的电光照明系统,以满足驾驶人的视觉功能和心理需求,保证行车安全。

(5) 出口段

出口段是隧道的最后区段。白天,车辆通过较长的隧道接近隧道出口时,驾驶人的视觉逐渐接受洞外光线的影响,视觉产生明适应,造成"白洞效应",驾驶人看到的是一个刺眼的炫亮白洞,无法准确判别与前车的间距。当交通量较大时,行车间距缩短,当前方行驶的车辆挡住了出口处绝大部分投射入洞口内的光线时,驾驶人很难准确判断其前方行驶车辆的运行状况,且前车背后的小型车辆常难以发现、视认,容易发生车祸。因此,设置出口加强照明可消除这类视觉困难,降低发生在临近出口处的危险性(图 8-3)。

对于长度很短的隧道,从进口可看到白色的出口亮影,进出口的天然光通过反射和散射等途径在路面产生一定的微弱亮度,视觉适应不严重,就没有必要设置照明。

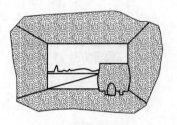
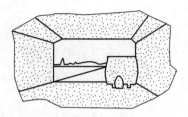

a) 未设加强照明　　　　　　　　b) 设置加强照明

图 8-3　隧道出口段加强照明效果

在夜间行车,其效果正好与白天相反,驾驶人在隧道出口产生视觉"黑洞效应"。这种情况下,驾驶人难以辨清洞外道路线形、路面交通状况及障碍物。因此,夜晚隧道出口段的照明应比中间段亮度低,以使隧道内外亮度不致突然降低而影响视功能。

8.1.2　隧道外亮度 $L_{20}(S)$

1)隧道外亮度 $L_{20}(S)$ 的定义

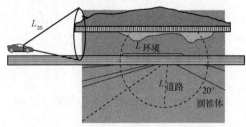

图 8-4　隧道洞外亮度 $L_{20}(S)$ 的定义

隧道外亮度 $L_{20}(S)$ 是指在接近段起点 S 处(离隧道口安全制动距离),距离地面 1.5m 高,正对隧道口方向 20°圆锥视场范围内的平均亮度(图 8-4)。照明停车视距 D_s 是指同一车道上,车辆行驶时遇到前方障碍物而必须采取制动停车时所需要的最短安全距离,可按表 8-1 取值。

$L_{20}(S)$ 是隧道照明设计的基准之一,其值的大小直接决定了入口段和过渡段的照明设施配置设计,对工程投资和营运电费都有极大的影响。

照明停车视距 D_s(m)　　　　　　　　　　　　表 8-1

照明设计速度 v_t(km/h)	纵坡(%)								
	-4	-3	-2	-1	0	1	2	3	4
120	260	245	232	221	210	202	193	186	179
100	179	173	168	163	158	154	149	145	142
80	112	110	106	103	100	98	95	93	90
60	62	60	58	57	56	55	54	53	52
40	29	28	27	27	26	26	25	25	25

2)隧道外亮度 $L_{20}(S)$ 的预估

$L_{20}(S)$ 值的合理确定需要待隧道口工程完工后才能通过现场实测获得。CIE 规定,对建设地全年的 $L_{20}(S)$ 从大到小进行排序,以第 75 个测试值作为 $L_{20}(S)$。在设计之初,需要对隧道外亮度值进行预估。在设计阶段,隧道外亮度如无实测资料时可按表 8-2 预估取值。

隧道外亮度 $L_{20}(S)$ 推荐值（cd/m^2）　　　　表8-2

天空面积百分比	隧道口朝向或隧道外环境	照明设计速度 v_t				
		40 km/h	60 km/h	80 km/h	100 km/h	120 km/h
35%~50%	南隧道口	—	—	4 000	4 500	5 000
	北隧道口	—	—	5 500	6 000	6 500
25%	南隧道口	2 850	3 330	3 800	4 280	4 750
	北隧道口	3 330	3 800	4 750	5 530	5 700
10%	暗环境	2 000	2 500	3 000	3 500	4 000
	亮环境	2 700	3 150	3600	4 050	4 500
0%	暗环境	1 000	1 500	2 000	2 500	3 500
	亮环境	2 130	2 550	2 980	3 400	3 830

注：1. 天空面积百分比指20°视场中天空面积百分比。
　　2. 南隧道口指北行车辆驶入的隧道口，北隧道口指南行车辆驶入的隧道口。
　　3. 东隧道口与西隧道口取南隧道口和北隧道口的中间值。
　　4. 暗环境指隧道外景物（包括隧道洞门建筑）反射率<50%的环境。
　　5. 亮环境指隧道外景物（包括隧道洞门建筑）反射率≥50%的环境。

3）隧道外亮度 $L_{20}(S)$ 的测试

（1）环境简图法

$L_{20}(S)$ 值可以通过隧道入口环境获得，由式(8-1)求出：

$$L_{20}(S) = \gamma L_C + \rho L_R + \varepsilon L_E + \tau L_{th} \tag{8-1}$$

式中：L_C、L_R、L_E、L_{th}——20°视场中天空、路面、环境及入口段的亮度，cd/m^2；

γ、ρ、ε、τ——20°视野中各部分所占的面积百分比，$\gamma + \rho + \varepsilon + \tau = 1$。

L_{th} 值在设计前是一个未知量，对100m以上的停车视距来说，τ 值一般低于10%，L_{th} 远小于式中的其他亮度值，因而式(8-1)中 τL_{th} 项可忽略。

式(8-1)中的 L_C、L_R 和 L_E，首先应根据隧道口所处的具体环境测试确定。如果没有确切的数据可用，则可采用CIE建议值（表8-3），对于式中的 γ、ρ、ε 值，则通过由隧道口的20°圆锥角视场环境图来确定（图8-5）。此方法处理数据结果相对计算查表法误差较小，但利用亮度计逐点测量时，因耗时过长带来一定的误差，而且工作量相对较大。

北半球隧道外景物亮度（cd/m^2）　　　　表8-3

行车方向	天空	路面	岩石	树木、草地	建筑物
北	8 000	3 000	3 000	2 000	8 000
东、西	12 000	4 000	2 000	2 000	6 000
南	16 000	5 000	1 000	2 000	4 000

（2）黑度法

黑度法可将被测对象一次性同时成像在胶片上，继而在试验室中认读负片上被测对象的黑度值，再换算成亮度值，就能完成众多被测亮度对象的同时记录和取值。

按道路等级及车流量确定一个照明停车视距。以一个照明停车视距的起点处为测量工作点,在该点离地面 1.5m 高处为照片摄取点,以隧道口中心距地面 1/4 洞高处作为摄像瞄准点,同时摄取 20°视场内隧道口环境和标准灰板的黑白照片,每隔一定时间段采用同样的方法摄取一次,并在摄取照片的同时,读取置于照相机视场内标准灰板的亮度值。

图 8-5　隧道口 20°圆锥角视场环境图

黑度法的优点是误差小、精度高,但由于测量精度与感光胶片质量、冲洗状况等关系密切,在负片黑度认读时,黑度曲线的取得难度比较大,数据处理复杂,不适宜在工程中应用。

(3) 数码相机法

在接近段起点 S 距地面 1.5m 高处,用数码照相机拍摄隧道洞口及周围环境。将反射率为 18% 的灰度板置于三脚架和隧道口之间,灰度板中心距离路面 1.5m,将亮度仪对准灰度板,测读亮度 5 次,作为参照物。根据隧道口 20°圆锥角视场照片中天空、路面及其他不同隧道口物体的亮度来综合确定隧道外亮度 $L_{20}(S)$ 的方法。实测应在夏季(6~8 月)晴天无云时连续进行 3 日,每日测读 5 次(11:00~15:00 时,时距 1h)或 11 次(8:00~8:00 时,时距 1h)。

数码相机法由于操作简便、测试结果较为准确,是目前较为常用的一种测试方法。

8.1.3　隧道照明的应对措施

隧道路面亮度应有一个随设计车速而不同的基础值 L_B,即夜间行车的隧道路面亮度。白天由洞外亮度 L_{20} 到基础亮度的变化必须缓变而不是突变,需要提供视觉对亮度变化的适应时间。暗适应的变化时间为 7~15s,明适应的变化时间可缩短到 2.5~4s。为了获得需要的适应时间,就必须针对行驶车速为隧道设置相应长度的照明适应区段。

(1) 接近段减光措施

对大多数隧道类型,可以在隧道口建造减光设施,控制自然光到达路面的多少,从而逐渐降低接近段洞口处的亮度,增加视觉适应时间,以减少隧道内亮度水平和亮度变化区段长度(图 8-1)。接近段隧道外减光主要措施有以下几点(图 8-6):

① 大幅坡面绿化。在路基两侧或洞口上方栽植常青树,遮蔽明亮的天空。入口遮光路段的长度常为 50~100m,出口路段可适当短些,也有隧道不设出口减光设施。

② 隧道口采用百页天棚、锯断墙和遮光棚。在接近段起点处 20°视场中,天空面积小于 50% 时,不宜设置遮光棚。

8 公路隧道照明设计

图 8-6 常见的洞外减光措施

③采用削竹式隧道口形式,或将隧道口建造得尽可能高大。采用削竹式隧道口并辅以大幅坡面植被时,即使 20°视场中天空所占比例较多,$L_{20}(S)$ 值仍远低于端墙式隧道口[图 8-7a)]。若对隧道口做明亮装饰会倍增洞外亮度,加剧"黑洞现象",导致照明能耗浪费[图 8-7b)]。

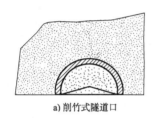

a) 削竹式隧道口　　　　b) 明亮装饰隧道口

图 8-7 隧道口形式对隧道外亮度的影响

④采用暗色不反光的粗糙材料装饰隧道口、隧道口挡墙和近隧道口的墙面。隧道口用端墙形式,墙面宜为冷色调,其反射率应低于 0.17。

⑤接近段采用沥青路面。在接近段起点处的 20°视场范围中路面所占的比例通常较大,混凝土路面等白色路面将增大太阳光的反射率,增大 $L_{20}(S)$ 值。

工程经验表明,隧道口选用上述两种或三种方法处理后,隧道外环境亮度可以降低 10%~50%。

连接隧道外路线与隧道口的棚洞,可利用自然光提供一定的亮度水平,是隧道口可采用的减光措施之一。可视作隧道入口段的一部分,减少入口段加强照明规模,降低长期运营耗电量。同时,棚洞支挡结构的设置距离可能影响洞内的亮度及均匀度,或形成明暗交替的"斑马线"闪烁效应,应予以避免。

(2)入口段照明

为了减弱驾驶人视觉的"黑洞效应",从高亮度的露天进入隧道口就能看到隧道内环境和障碍物,入口段必须具有相对较高的亮度。有资料认为:3s 内亮度降低不能超过 1/3,4s 以上可降至 1/10。入口段的亮度和长度应随照明设计速度和隧道外亮度而变化,亮度还应随路段长度而逐渐降低。隧道外亮度随天气变化很大,要随洞外亮度调节入口段的照明亮度难度较大。目前,入口段常采用固定的较高亮度(图 8-1)。

(3)过渡段照明

过渡段照明是为了提供一个亮度由高到低的视觉暗适应时间,即给驾驶人视生理和视心理一个继续完成适应所需的时间。如果在过渡段亮度降低过于急剧,或适应时间过短,能见度和视舒适度都将因适应不充分而降低。适应不充分的主要表现是出现"后像",即视觉在很短的时间出现与原有观察物在对比度和颜色上相反的图像。试验表明此段的适应时间可取 2~4s。过渡段沿隧道轴向的亮度变化应按 CIE 人眼适应曲线确定(图 8-1):

$$L_{tr} = L_{th}(1.9 + t)^{-1.4} \tag{8-2}$$

通常,采用亮度阶梯递减代替连续下降曲线,前一级亮度和后一级亮度的比值不得超过 3∶1,且不能低于中间段亮度。

隧道入口区(入口段和过渡段)照明通常由基本照明和加强照明两部分组成,其中基本照明的灯具布置与中间段照明一致。入口区照明亮度调节通过逐渐加大灯具排列间距和改变布设方式来实现(图 8-8)。若利用自然光作为入口段加强照明的组成部分,隧道口以内 10m 范围内的加强照明可以省略。

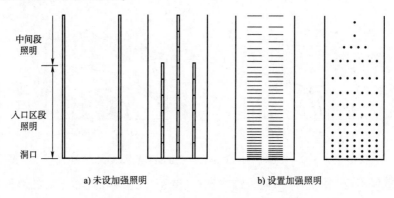

图 8-8 隧道入口区的照明设置

(4) 中间段照明

中间段照明一般无须任何变化,但由于隧道内侧向净空小以及污染造成的光幕现象,亮度应高于夜间露天路面的照明亮度,目前大都在 1.5~15cd/m² 范围内。如果隧道很长,适应时间也相应增加,此时可以将中间段亮度分段适当降低。对于 500m 以下的短隧道,可提供的适应时间也短,应该增加基本段的亮度,以减小隧道入口段和过渡段的亮度下降比例,并相应减少入口各区段的长度。

墙面的反射与衬托作用在隧道照明中非常重要。当 2m 高墙面范围内铺反射率大于 0.7 的装修材料时,路面亮度可提高 10% (图 8-9)。

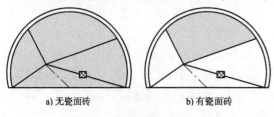

图 8-9 墙面亮度衬托效果示意图

(5) 出口段照明

为了减弱出口驾驶人明适应的"白洞效应",准确判断前方行驶车辆状况,以及离开出口时有良好的后向视觉,或为单向隧道在应急和维护时的双向运行,可设置出口段加强照明。《公路隧道和地下通道照明导则》(CIE 88—2004)推荐白天使隧道出口段的亮度应线性增加,在隧道出口前的 20m 范围内,隧道内亮度应由中间段亮度变化到 5 倍中间段亮度。

8.2 长隧道的照明设计

隧道照明设计包括照明方式、光源、灯具、照明计算、布灯等内容。按照明的作用不同,隧道照明分为功能照明和诱导照明。功能照明是隧道的主要照明形式,应以路面平均亮度、路面亮度总均匀度和路面中线亮度纵向均匀度、闪烁限制和诱导性为评价指标。诱导照明设施分为主动诱导设施和被动诱导设施。主动诱导设施指需要用电并主动发光的诱导设施,被动诱导设施指通过逆反射被动发光的诱导设施。根据诱导照明设施外观特点可分为点式和线式两类。

8.2.1 隧道照明的设置条件

(1)隧道照明的设置条件

《公路隧道与地下通道照明导则》(CIE 88—2004)根据照明的要求,将隧道划分为三个类别:几何长隧道、光学长隧道和短隧道,并规定应设置照明的隧道极限长度为75m。我国《公路隧道照明设计细则》(JTG/T D70/2-01——2014)规定,设置电光照明的隧道长度为:

①高速公路、一级公路,长度大于150m 的隧道及长度为100～150m 的"光学长隧道"应设置照明。

②二级公路,长度大于200m 的隧道宜设置照明。

③长度大于150m 的独立棚洞隧道应设置夜间照明。

隧道照明的设置标准不仅应根据其公路等级、照明设计速度确定,还应综合考虑其长度、平面线形、日光强弱等因素确定。

(2)光学长隧道长度的计算方法

驾驶人在位于行车道中央、距隧道洞口一个照明停车视距的位置,不能完全看到出口的曲线隧道,即使按隧道长度应称作短隧道,但仍需按长隧道设置照明的隧道称为光学长隧道。

光学长隧道的长度取决于隧道圆曲线半径、隧道车道数以及隧道设计速度等参数,按下式计算:

$$L_{op} = \left[\arccos\left(\frac{R - W'/2}{R}\right) + \arccos\left(\frac{R - W'/2}{R + W'/2}\right) \right] \times R - D_s \quad (8\text{-}3)$$

式中:L_{op}——光学长隧道长度,m;

R——隧道曲线半径,m;

W'——隧道建筑限界净宽,m;

D_s——停车视距,m。

隧道圆曲线可分为设超高的圆曲线和不设超高的圆曲线。光学长隧道长度可根据在不同类别隧道圆曲线的曲线半径、不同的隧道车道数以及不同的隧道设计速度进行计算,典型隧道光学长隧道长度见表8-4～表8-6。

不设超高且拱高小于2%时的光学长隧道长度最大值(m)　　　表 8-4

照明设计速度 v_t	60km/h			80km/h			100km/h			120km/h		
车道数	2车道	3车道	4车道	2车道	3车道	4车道	2车道	3车道	4车道	2车道	3车道	4车道
隧道宽度 W'	9.75	13.5	17.25	10.25	14	17.75	10.5	14.25	18	11	14.75	18.5
停车视距 D_s	56	56	56	100	100	100	158	158	158	210	210	210
圆曲线最小半径 R	1 500	1 500	1 500	2 500	2 500	2 500	4 000	4 000	4 000	5 500	5 500	5 500
光学长隧道长度 L_{op}	235.8	287.3	331.0	286.3	351.5	408.3	336.7	418.2	489.6	383.7	477.5	559.9

不设超高且拱高大于2%时的光学长隧道长度最大值(m)　　　表 8-5

设计速度	60km/h			80km/h			100km/h			120km/h		
车道数	2车道	3车道	4车道	2车道	3车道	4车道	2车道	3车道	4车道	2车道	3车道	4车道
隧道宽度 W'	9.75	13.5	17.25	10.25	14	17.75	10.5	14.25	18	11	14.75	18.5
停车视距 D_s	56	56	56	100	100	100	158	158	158	210	210	210
圆曲线最小半径 R	1 900	1 900	1 900	3 350	3 350	3 350	5 250	5 250	5 250	7 500	7 500	7 500
光学长隧道长度 L_{op}	272.5	330.4	380.8	347.3	422.7	488.5	408.7	502.2	584.0	483.4	592.9	689.1

设超高时的光学长隧道长度最大值(m)　　　表 8-6

设计速度	60km/h			80km/h			100km/h			120km/h		
车道数	2车道	3车道	4车道	2车道	3车道	4车道	2车道	3车道	4车道	2车道	3车道	4车道
隧道宽度 W'	9.75	13.5	17.25	10.25	14	17.75	10.5	14.25	18	11	14.75	18.5
停车视距 D_s	56	56	56	100	100	100	158	158	158	210	210	210
圆曲线最小半径 R	200	200	200	400	400	400	700	700	700	1 000	1 000	1 000
光学长隧道长度 L_{op}	50.20	68.78	84.85	54.27	80.16	102.71	48.73	82.73	112.44	42.98	82.86	117.88

8.2.2　隧道照明的设计流程

公路隧道照明设计应贯彻国家的技术经济政策与节能减排政策,积极而稳重地采用新理论、新技术、新材料、新设备,使隧道照明达到安全可靠、经济实用、降耗节能、运营环保的要求。公路隧道照明应纳入隧道建设总体设计周密考虑,以确保隧道内安全行车和经济运营为宗旨,选择适宜的照明方式。照明设施可按近、远期交通量的变化分期设置,统一规划,一次设计,分期实施。

公路隧道照明应以路面平均亮度、路面亮度总均匀度和路面中线亮度纵向均匀度、闪烁限制和诱导性为评价指标。应根据公路等级、隧道断面与平纵线形、车道数、设计交通量、照明设计速度、洞内装饰情况等因素进行照明设计。隧道照明的具体设计流程如图 8-10 所示。

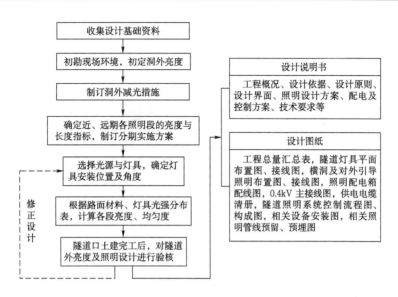

图 8-10 隧道照明设计流程

隧道照明设计应按表 8-7 进行调查和资料收集。

隧道照明设计调查 表 8-7

调查内容	描 述
环境条件	隧道附近地形、隧道口朝向、隧道口附近视野情况、植被条件、隧道口外路段的平纵线形和气象条件
隧道外亮度	现场评估或测试隧道外亮度
土建结构设计方案	道路等级、隧道长度、平纵线形、隧道门结构形式、横断面布置及建筑限界等
交通状况	设计交通量、照明设计速度、实际平均行车速度、单向或双向交通、汽车专用或混合通行等
通风条件	通风方式、布置方案及烟雾浓度
供电条件	配电所位置、容量、电源电压及其波动幅值
营运管理方式	管理机制,管理水平

8.2.3 隧道照明方式

根据照明灯具在隧道纵、横方向配光类型不同,隧道照明方式有三种:横向对称照明、纵向对称照明和逆向照明(表8-8)。

(1)横向对称照明

横向对称照明光线以合适的角度沿隧道横向对称投射,如日光灯带。其优点是诱导性好、眩光小,车辆之间光照好,开关控制方便;缺点是灯具间隔小,需特别注意光的频闪。

(2)纵向对称照明

纵向对称照明光线沿隧道轴线平行方向对称投射。其优点是效率高,灯具间隔可较大;缺点是可能产生阴影,墙面亮度不均匀。

隧道照明方式的比较 表8-8

照明方式	图示	道路轴线方向配光	特点
横向对称照明			光线沿隧道横向对称投射
纵向对称照明			光线沿隧道纵向对称投射
逆向照明			光线沿隧道纵向车流方向投射,与垂线60°方向光强最大

(3) 逆向照明

逆向照明光线平行于隧道轴线,逆车流方向投射。逆向照明通过特殊的斜倾式反光器,将光束集中朝迎面开来的车辆投向路面,只有很少或者几乎没有光线顺着车辆行驶方向射到路面上的物体,获得较高的照明对比质量系数 $q = L/E_v$(路面亮度与路面上方0.1m高度处面向观察者的垂直照度比值)。如图8-11所示,逆向照明使背景和物体间的亮度对比度提高,使物体以远处亮路面和墙面为背景成为剪影,驾驶人通过负对比效应看到路面物体,增强了察觉障碍物的视功能。采用逆向照明时,入口段的亮度要求相对较低,但入口处较暗且墙面较暗、不均匀,同时需要采取某些防止眩光的特殊措施(如灯具装有防眩光格栅)。逆向照明在国外使用较多,可节约灯具30%,节省电费30%,瑞士几乎所有隧道均采用逆向照明方式。

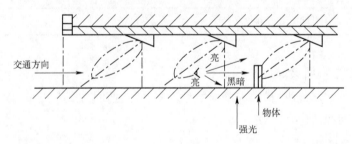

图8-11 逆向照明原理图

此外,反射照明方式(即用比较明亮的混凝土装饰隧道墙面,使其具有很好的反射能力,通过明亮的墙面和拱顶反射实现照明路面),能以较少的照明也能提供足够的能见度,耗电量不超过传统照明方式的60%。

8.2.4 隧道照明光源及灯具选择

1）隧道照明光源选择

随着各种高显色性、高色温、高效率新型光源的出现,为隧道照明提供了更多的光源选择。合理选用隧道照明光源是公路隧道照明节能的重要措施之一。

由于空间相对封闭、汽车尾气排放多,通常公路隧道浮沉和烟雾浓度较高。隧道一旦投入使用,照明系统几乎长期处于亮灯状态。因此,一般情况下隧道照明光源宜选择光效高、透雾性能较好的光源,且光源的使用寿命应不小于10 000h。

研究表明,在明视觉条件下,低色温光源的发光效率高;在中间视觉、暗视觉条件下,高色温光源的发光效率高;在中间视觉条件下,高色温光源的发光效率更高。因此,在入口段、过渡段1、出口段等亮度水平较高的照明段,可选用低色温的高压钠灯;在中间段、夜间照明、过渡段2等照明亮度水平较低时,可选用高色温的LED灯、金属卤化物灯等。

高色温光源的透雾性能稍差,适用于通风质量较好、能见度较高的隧道段。因此,柴油车较少的城镇附近隧道、紧急停车带、人行横通道、车行横通道可选用显色指数较高的光源。

高压钠灯光效高、寿命长,所发出的橘黄色的光线具有强透雾功能,在隧道照明中应用最为广泛。荧光灯光效低、寿命不长、透雾性较差,但显色性较好,在城市隧道和隧道应急停车带上使用较多。少数隧道为改善照明环境,采用金属卤化物灯作为照明灯具。高压汞灯光效不高,而且吸引蚊虫,不能调光,目前在隧道照明中已逐渐减少使用。低压钠灯虽然光效较高,但显色性差,使用寿命短,在隧道中很少使用。

无极灯和LED灯代表着未来隧道照明的发展方向,已开始在隧道照明中尝试,但还存在一定的技术和成本问题。LED光源的高显色性、高效率、长寿命等优点,符合隧道照明光源的适用特点。随着LED隧道灯技术向大功率、高亮度、高效率、低成本方向发展,其在隧道照明领域应具有巨大的应用前景。

2）隧道照明灯具的选择

隧道内空气污染严重、烟雾大、透明度低、空气湿度大,因此隧道照明器宜选择可靠性高、耐腐蚀性强、不易老化、防潮的封闭型灯具,应具有适合公路隧道特点的防眩装置。此外,灯具结构应便于更换光源和附件,灯具配件安装应易于操作,并能调整安装角度。《公路隧道照明灯具》(JT/T 609—2004)规定的主要要求有:

(1)一般要求

采用荧光灯时,应配电子镇流器和熔断器。采用高压钠灯时,应采用低损耗型镇流器,能够在短暂停电后80s内恢复启动发光,配有熔断器作短路保护,应有匹配的补偿电容。灯具内所有电器元件应采用防潮、无自爆、耐火或阻燃产品。

(2)外观质量

灯具表面应光滑,以防污物堆积和便于清洗;无损伤、变形、涂层剥落,玻璃罩应无气泡、明显划痕和裂纹等缺陷。

(3)灯具材料

插销、铰链、螺钉和其他外部构件应用不锈钢或其他耐腐蚀(耐废气、盐和隧道中烟雾的腐蚀)材料制成。灯具及其安装构件不应受混凝土的化学反应腐蚀,密封件应耐温、耐老化和抵御隧道内的腐蚀性气体,并应方便更换。

(4)结构要求

灯具宜采用前开门式,应有良好的互换性,安装角度应能灵活调节,并坚固耐用,应能承受一定的机械应力、电动应力和热应力。灯具应有特设的导线出入口密封装置。

(5)性能要求

灯具的防护等级应不低于 IP65。灯具效率应不低于 70%,噪声功率级不大于 55dB。钠灯灯具应在 -40 ~ +40℃条件下正常启动,荧光灯灯具应在 -10 ~ +35℃条件下正常启动。

8.2.5 隧道照明灯具布置方式

(1)隧道照明灯具布置方式

隧道照明灯具布置方式与单位隧道长度需要的光通量、光源光效、光源功率、灯具类型及其配光特性等有关。合理的灯具布置应保证:

①路面平均亮度及均匀度达到各段要求的标准。

②隧道左、右两侧墙面 2m 高范围内的平均亮度,应不低于路面平均亮度的 60%,使驾驶人能察觉墙壁的存在。

③灯具光轴应指向路面轴线,因为在隧道行驶的车辆习惯沿隧道中心线行驶。

④尽可能抑制眩光和频闪。

⑤隧道曲线段的照明灯具布置应为驾驶人提供良好的诱导性。

按灯具安装在隧道的位置,灯具布置形式可采用中线布置、中线侧偏单光带布置、两侧交错布置和两侧对称布置四种基本方式(图 8-12)。为避免灯具不连续的直射光由侧面进入驾驶室造成的"闪光",应尽量采用中线或中侧布置方式。

在隧道有足够的净空高度,且顶棚不安装轴流风机或风机安装在顶棚两侧时,宜采用中线布置或中线侧偏单光带布置。沿隧道顶棚轴线采用贴顶或嵌入式安装一列或多列(2 ~ 4 列)照明器。常采用纵向和横向都具有对称光强配光的管形灯具。中线布置比相同灯具两侧布置的效率高 25% ~ 40%,由于灯具基本连成一条线,照明的均匀性和诱导性也优于其他方式,但维修较为困难。采用中线布置、中线侧偏单光带布置布灯方式的隧道,宜选用逆光型照明灯具,以获得部分逆向照明。

当棚顶中线无法安装灯具时,则在隧道两侧用贴顶式各装一条平行于道路轴线的灯具。为了保证获净空高度的要求,整个棚顶及两侧不能安装灯具时,只能在两侧壁约 4m 高处用嵌入式安装照明器。采用两侧交错布置、两侧对称布置布灯方式的隧道,宜选用宽光带对称型照明灯具。

(2)隧道照明灯具的安装尺寸

灯具安装尺寸主要是高度 H 和间距 S。H 在隧道内的变化范围较小,S 随要求的亮度指标、安装高度、灯具类型、布置及控制方式而变化。各照明区段亮度指标不同,在亮度要求连续变化的区段,间距 S 也要连续变化,需要根据亮度变化率和给定的灯具、安装高度来计算间距。目前,大多数隧道各区段的亮度固定不变,区段间成阶梯变化。因此,可按区段内亮度值和安装高度计算安装间距。间距确定后,需核算是否会出现严重的不舒适频闪。灯具间距还可以按照亮度变换、控制要求,逐段逐个进行计算。

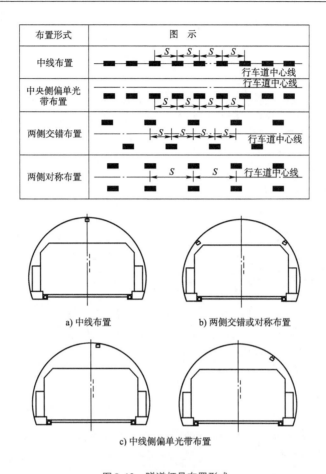

图 8-12 隧道灯具布置形式

钠灯排列尺寸的经验关系式为相对排列：$S \leqslant 2.5H$；交错和中线排列：$S \leqslant 1.5H$。

(3) 隧道内的光闪烁效应

由于布灯间距的影响会在路面形成亮度不同、明暗交替的"斑马线"现象，会使眼睛有闪烁感，从而引起视觉不适与心理干扰，影响行车安全。这种闪烁包括灯具本身的光闪烁，也包括灯具在一些明亮的表面，如本车前盖和前面汽车的后部，产生反射所形成的闪烁。闪烁效应引起视觉上的不舒适程度取决于每秒钟内亮度的变化值(闪烁频率)、闪烁的总持续时间、亮度差。这种不舒适的闪烁光将会产生一个独立的频率，与行车速度、灯具间距有关。灯具闪烁频率可按下式计算：

$$f = \frac{v_t}{S \times 3.6} \tag{8-4}$$

式中：f——闪烁频率，Hz；

v_t——照明设计速度，km/h；

S——灯具安装间距，m。

试验表明，闪光频率为 4~11Hz 时，并且持续时间超过 20s 以上时，会让人出现较严重的烦躁感。当持续时间超过 20s 时，灯具的安装间距宜使闪烁频率分布在 2.5~15Hz 以外。

为防止频闪效应的产生,避免驾驶人员感到不适,基本照明灯具的布置间距不宜在表8-9所列的取值范围内。

易产生频闪效应的灯具间距范围　　　　　　　　　　　　　　表8-9

照明设计车速 v_t(km/h)	120m/h	100m/h	80km/h	60km/h	40km/h
灯具安装间距(m)	3.03~8.33	2.53~6.94	2.02~5.56	1.52~4.17	1.01~2.78

8.2.6 隧道照明设计计算

1) 入口段照明

(1) 入口段长度 D_{th}

入口段长度 D_{th} 主要取决于隧道的照明设计速度,至少与最高时速的安全制动距离相等,以使在安全制动距离外,准备进入隧道的驾驶人能看清隧道内障碍物。入口段长度 D_{th} 可根据车速、照明停车视距、最小衬托长度、洞口净空高度、适应距离进行计算:

$$D_{th} = (D_s + b) - d = 1.154 D_s - \frac{h - 1.5}{\tan 10°} \tag{8-5}$$

式中:D_s——照明停车视距,m,最小应取10m;

b——最小衬托长度,m;

d——适应距离,m;

h——洞口内净空高度,m。

为保证驾驶人对路面障碍物(20cm×20cm 标准)的视认能力,在障碍物背后应有最小衬托长度 b 的明亮路面(图8-13)。

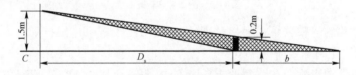

图8-13　照明停车视距与最小衬托长度

车辆驶至洞外适应点 A 时,驾驶人20°视场中洞外景物基本消失。适应点 A 与洞口 P 间的距离 d 称为适应距离,$d = (h - 1.5)/\tan 10°$(图8-14)。

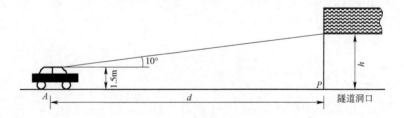

图8-14　适应距离

照明设计速度为40km/h时,入口段长度可取一个照明停车视距。D_{th}算例见表8-10。

8 公路隧道照明设计

入口段长度 D_{th} 算例(m) 表8-10

照明设计速度 v_t(km/h)	照明停车视距 D_s(m)	最小衬托长度 b(m)	洞口净空高度 h(m)		
			6	7	8
			适应距离 d(m)		
			25.5	31.2	36.9
120	210	32.3	216.8	211.2	205.5
100	158	24.3	156.8	151.1	145.4
80	100	15.4	89.9	84.2	78.5
60	55	8.5	38	32.3	26.6

(2)入口段亮度 L_{th}

隧道入口段照明宜分两段设置,与之对应的亮度为:

$$L_{th1} = k \cdot L_{20}(S) \tag{8-6}$$

$$L_{th2} = 0.5 \cdot k \cdot L_{20}(S) \tag{8-7}$$

式中:L_{th1}——入口段1亮度,cd/m²;

L_{th2}——入口段2亮度,cd/m²;

k——入口段亮度折减系数,可按表8-11取值。

入口段亮度折减系数 表8-11

设计交通量 N(veh/h·ln)		k				
		照明设计速度 v_t(km/h)				
单向交通	双向交通	120	100	80	60	40
≥1 200	≥650	0.090	0.054	0.045	0.032	0.020
≤350	≤180	0.063	0.045	0.036	0.027	0.011

注:1.设计交通量 N 指预测交通量换算的混合车高峰小时交通量。

2.当交通量在其中间值时,按内插考虑。

若入口段照明不分段设置可提供更高的服务水平,隧道内的行车舒适性提高,但入口段照明规模增加,不利于节能。长度在150~300m 的直线隧道,入口段亮度宜取中间段亮度的5倍,且不宜分段设置。长度在100~150m 的光学长隧道、长度在300~500m 的直线隧道,入口段亮度可式(8-7)计算,且不宜分段设置。

入口段的基本照明灯具布置按中间段照明考虑,加强照明可用大功率灯具。入口段的加强照明灯具,可以从洞口以内10m 处开始布设。

(3)连续隧道的入口段照明

当两座隧道间的行驶时间按照明设计速度考虑小于15s,且通过前一座隧道内的行驶时间大于30s 时,后续隧道入口段亮度应进行折减,亮度折减率可按表8-12取值。

后续隧道入口段亮度折减率 表 8-12

两隧道之间行驶时间（s）	<2	<5	<10	<15
后续隧道入口段亮度折减率（%）	50	30	25	20

2）过渡段照明

采用 CIE 适应曲线 $L_{tr} = L_{th}(1.9+t)^{-1.4}$ 作为过渡段亮度与长度划分的依据。在过渡段区域里，TR_1、TR_2、TR_3 过渡照明段亮度比例按 3:1 划分（图 8-15）。

(1) 过渡段长度 D_{tr}

$$\left.\begin{array}{l} D_{tr1} = \dfrac{D_{th}}{3} + \dfrac{v_t}{1.8} \\ D_{tr2} = \dfrac{2v_t}{1.8} \\ D_{tr3} = \dfrac{3v_t}{1.8} \end{array}\right\} \quad (8-8)$$

式中：$v_t/1.8$、$2v_t/1.8$、$3v_t/1.8$——相当于 2s、4s、6s 内的行驶距离。

过渡段各照明段长度可按表 8-13 取值。

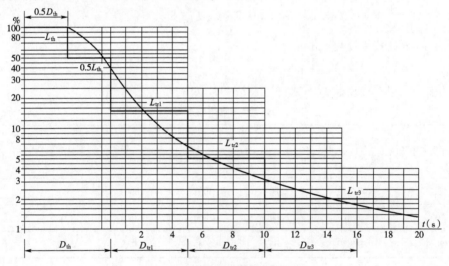

图 8-15 过渡段照明长度与对应亮度

过渡段长度 D_{tr} 计算表（m） 表 8-13

照明设计速度 v_t(km/h)	D_{tr1}(m)			D_{tr2}(m)	D_{tr3}(m)
	h(m)				
	6	7	8		
120	139	137	135	133	200
100	108	106	103	111	167
80	74	72	70	89	133
60	46	44	42	67	100
40	26	26	26	44	67

长度在100~150m的光学长隧道、长度在150~300m的直线隧道,可不设置过渡段照明。对于长度在300~500m的直线隧道,驾驶人能看穿隧道,当出口占很大一部分背景时,洞内低亮度和出口处的高亮度形成鲜明的对比,可以轻易地看见往来的车辆和其他物体,则无须设置过渡段照明。但当交通量较大,使得隧道出口处的背景亮度比例较小时,则需要设置过渡段照明。因此,此类隧道是否设置过渡段照明主要依据交通量大小判定。

长度在150~300m的光学长隧道、长度在300~500m的短隧道,应根据隧道的平面线形、交通量大小综合判定是否设置过渡段照明。对于长度在150~500m的"光学长隧道"是否设置过渡段照明除与交通量大小有关外,还与隧道的平面线形有关。当驾驶人驾车进入隧道后,在隧道入口段区域仍不能完全看见隧道出口时,则应设置过渡段照明,否则可不设置过渡段照明。

(2)过渡段亮度L_{tr}

若当入口段分段设置,过渡段各照明段亮度按表8-14取值。若入口段不分段设置,过渡段各照明段亮度按表8-15取值。当过渡段3的亮度值L_{tr3}不大于中间段亮度值L_{in}的2倍时,可不设置过渡段3。

入口段分段时过渡段长度L_{tr}(cd/m²) 表8-14

照明段	TR$_1$	TR$_2$	TR$_3$
亮度	$L_{tr1}=0.15L_{th1}$	$L_{tr2}=0.05L_{th1}$	$L_{tr3}=0.02L_{th1}$

入口段不分段时过渡段长度L_{tr}(cd/m²) 表8-15

照明段	TR$_1$	TR$_2$	TR$_3$
亮度	$L_{tr1}=0.30L_{th}$	$L_{tr2}=0.10L_{th}$	$L_{tr3}=0.0035L_{th}$

3)中间段照明

(1)中间段亮度L_{in}

中间段亮度与隧道外环境亮度无关,可按表8-16取值。对于人车混合通行的隧道,中间段亮度不得低于2.5 cd/m²。

中间段亮度L_{in}(cd/m²) 表8-16

照明设计速度 v_t(km/h)	单向交通$N≥1200$辆(h·ln) 双向交通$N≥650$辆(h·ln)	350辆(h·ln)<单向交通$N<1200$辆(h·ln) 180辆(h·ln)<双向交通$N<650$辆(h·ln)	单向交通$N≤350$辆(h·ln) 双向交通$N≤180$辆(h·ln)
120	15.0	10.5	6
100	9.0	6.5	4
80	4.5	3.6	2
60	2.5	2.0	1.5
40	1.5	1.5	1.5

注:照明亮度是以墙面2m高范围内铺反射率$\rho≥0.7$的装修材料为前提。

《公路隧道和地下通道照明导则》(CIE 88—2004)提出,对于"特长隧道"其中间段照明应分两个区域长度,并降低第二个区域照明亮度标准。因此,当单向交通且通过隧道的行车时间超过135s时,隧道中间段可分为两个区段。第一个区段长度为对应行车时间30s的长度,亮度值可按表8-16取值。第二个区段对应为余下的中间段长度,亮度值可按表8-16的50%取值,但不得低于1.5cd/m²。长隧道中间段照明亮度不分段设置,能提供更高的服务水平,但不利于节能。

(2)路面亮度总均匀度U_0和亮度纵向均匀度U_1

路面亮度总均匀度U_0和路面中线亮度纵向均匀度U_1不应低于表8-17所示值。

表8-17 路面亮度总均匀度U_0和亮度纵向均匀度U_1

设计交通量N[辆(h·ln)]		U_0	U_1
单向交通	双向交通		
≥1 200	≥650	0.4	0.6~0.7
≤350	≤180	0.3	0.5

注:当交通量在其中间值时,按内插考虑。

(3)应急停车带和连接通道照明

应急停车带上经常进行车辆检修,故宜采用显色指数高的荧光灯光源,照明亮度应大于7cd/m²。连接通道照明亮度应大于2cd/m²。

(4)照明计算区域

相关计算表明,隧道内距计算区域S_0一倍以上的灯具影响较小,可以不考虑。故一般情况下,取计算区域前后各一组,计算区域之外,另计2~4个灯(图8-16)。

为保证计算精度,且符合计算平均照度、亮度,特别是亮度均匀度与纵向均匀度的要求,计算区域内必须有足够的计算点数量,并且车道中心线上应布点。

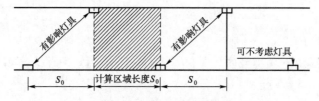

图8-16 隧道照明计算区域

4)出口段照明

《公路隧道和地下通道照明导则》(CIE 88—2004)推荐白天使隧道出口段的亮度应线性增加,在隧道出口前的20m范围内,隧道内的亮度应由中间段亮度变化到5倍中间段亮度。

长度小于300m的直线隧道可不设置出口照明。在单向交通隧道中,应设置出口段加强照明。出口段长度宜取60m,前30m的亮度宜取中间段亮度的3倍,后30m的亮度宜取中间段亮度的5倍。出口段加强照明的灯具,可以从洞口以内10m处开始布设。

在双向交通隧道中,双向交通隧道的出口段也是另一行车方向的行车进口段,因此可不设置出口段照明。

8.2.7 隧道的夜间照明

当隧道位于设置照明的路段上时,隧道内的照明水平应与接近段的亮度水平一致。当隧道有遮阳棚时,夜间隧道照明在遮阳棚部分应当连续。

夜间隧道的照明亮度为基础亮度,当隧道位于无照明路段上时,隧道内的照明亮度和均匀度应按中间段照明标准设置。夜晚车辆由隧道驶出洞外时,同样会使驾驶人产生视觉"黑洞"现象。为了保证驾驶人有足够的暗适应时间,洞外引道宜布设路灯。洞外引道布灯长度与路面亮度不宜小于表8-18的值。

洞外引道布灯长度与路面亮度　　　　　表8-18

照明设计速度v_t(km/h)	路面亮度(cd/m²)	布灯长度(m)
120	2.0	240
100	2.0	180
80	1.0	130
60	0.5	95
40	0.5	60

8.2.8 隧道内应急照明

由于公路隧道对交通的重要性,停电或其他原因导致的人工照明消失,对正常行驶于隧道内的车辆有发生交通事故的危险。因此,高速公路隧道应设置不间断照明供电系统,长度超过1 000m的其他隧道应设置应急照明系统,并保证照明终端时间不大于0.3s,维持时间不短于3min。在启用应急照明时,洞内路面亮度应不小于中间段亮度的10%和0.2cd/m²。同时,在高速公路长隧道和长度大于2 000m的其他隧道中,应设置疏散照明。

应急照明灯具在隧道正常运营时兼作基本照明灯具,是基本照明的一部分。平时处于长期开启状态。横通道照明应作为应急照明考虑,平时处于关闭状态,仅在紧急情况或使用横洞通道时开启。

理想的高速公路隧道照明,要设置两套独立的电源供电。通常的做法是,将隧道内约1/7的照明灯具设计与由发电机支持的UPS电源连接,在主电源发生故障后数秒内,UPS电源启动,提供应急照明供电。

应急照明应当和隧道口外100~150m距离处设置的限速标志、信号灯或可变信息板警告信号相结合,提醒进入隧道的驾驶人减速慢行。入口段和过渡段的照明水平应当和强迫的应急限速相吻合,而且中间段的照明水平至少应不小于夜间照明水平。

8.2.9 隧道照明工程实例

1)秦岭终南山隧道照明

秦岭终南山公路隧道全长18.02km,称为"中国第一长隧",在山岭公路隧道中长度居世界第二,位于陕西省秦岭山区,是"包茂高速公路"的重要组成部分,于2007年1月20日正式通车。隧道采用双洞4车道,横断面高5m、宽10.5m,双车道宽3.75m,设计车速80km/h。其照明效果如图8-17所示。

a)基本照明　　　　　　　b)紧急停车带照明　　　　　　c)特殊照明

图 8-17　秦岭终南山隧道照明

(1) 基本照明

全线安装高压钠灯共 4 362 套,基本照明采用 100W 高压钠灯,两侧交错布灯,间距为 10m,灯具安装在隧道壁两侧距路面高 5.3m 处,如图 8-17a) 所示。入口段、出口段加强照明分别采用 400W、100W 的高压钠灯,每两盏基本照明灯具之间设置四盏。

(2) 应急照明

为节省投资,利用基本照明灯作为应急照明。平时应急照明作为基本照明的一部分,当基本照明出现故障后应急照明灯继续工作,应急电源 EPS 装置的切换时间小于 5ms,以保证中断供电时高压钠灯不熄灭。

(3) 疏散及诱导照明

全线共安装 3 881 套疏散及诱导照明灯,在距隧道壁两侧检修道 0.8m 高处设有疏散照明灯,采用 LED 光源,间距为 10m,其中每 40m 设一盏疏散指示灯,以便火灾状态下指示人员安全快速地离开现场;每 120m 设一盏蓝色疏散指示灯,提醒驾驶人保持与前车之间的安全距离。

由于道路两侧的水沟侧壁高出路面 30cm,为更能凸显隧道轮廓,在水沟侧壁设置了诱导照明灯,采用 LED 光源,间距为 15m(隧道出入口为 10m),全线共安装 2 700 套。

每个紧急停车带安装 36W 荧光灯 29 盏,全线共计 760 盏,如图 8-17b) 所示。横通道内安装吸顶灯共计 360 套,人行横通道两端装有红外感应开关共计 90 个。

疏散及诱导照明电源由 EPS 提供,疏散灯为长明灯,不受控制;诱导灯正常情况下常亮,当发生事故时,通过隧道监控中心下发指令,将诱导灯调为闪烁状态以提醒驾驶员谨慎驾驶。

(4) 特殊照明

按照正常车速行驶,穿越秦岭终南山公路隧道大约需 15min。在此过程中,由于景观单调重复容易造成视觉疲劳,增加驾驶人员的疲劳感。在 18km 的隧道沿线,采用世界首创的全新照明方案,每间隔 4.5km 共设置三处 150m 长的特殊灯光带,配以地面仿真植物,提供不同的视觉场景,创造出"蓝天白云"效果,驾车穿过,有穿越时空的感觉,如图 8-17c) 所示。同时,从感觉上将 18km 的长隧道分成了四个短隧道,从而调节驾驶人的视力,有效缓解长时间洞内驾驶疲劳。三段特殊灯光带安装不同规格的投光灯、图案灯、LED 洗墙灯、金卤灯等共 1 320 套。

2) 上海长江隧道照明

上海长江隧道称为"万里长江第一隧",是世界最大盾构直径(15.43m)隧道,穿越长江口南港水域,属国家特大型交通基础设施项目,于 2009 年 10 月建成通车。隧道整体断面设计为上下的双管隧道,两单管间净距约为 16m,单管外径为 15m,内径为 13.7m。隧道全长 8.95km,其中穿越水域部分 7.5km,按高速公路标准设计,双向 6 车道,车道宽 3.75m,设计车速 80～100km/h。

由于上海长江隧道长,其照明段总长约 8.1km,且需要 24h 不间断照明,照明负荷在隧道运营时占总能耗的 40%~50%,故采用 LED 照明。在满足隧道照明标准条件下的照明功率密度为 42.5W/m,比荧光灯照明方案设计功率密度 56W/m 降低 24%,现场测试结表明:LED 比荧光灯节电 39.7%,视觉效果较好、光衰较小、均匀性较高。

基本照明采用 5 789 套 LED 灯(图 8-18),灯具安装高度约 6m,亮度可 10 级调光,从 20% 亮度以 10% 的幅度调至 100% 亮度。入口和出口的过渡区采用钠灯和 LED 双灯型配备,钠灯的黄色接近太阳光的颜色,可缓解进出隧道的"黑洞效应"和"白洞效应"。隧道内壁的腰线特别使用"渐变色",两头红,中间半蓝半绿,蓝绿交界处即隧道中点,驾驶人和乘客可以通过颜色的变换来确定当前的大致位置。

a)   b)

图 8-18 上海长江隧道 LED 灯照明

隧道基本照明采用调光分级的智能照明控制系统,实现了灯具调光、灯具自动故障检测、灯具自动光衰减检测及时间校准、手动控制、分时段控制、降级控制等功能。隧道内照度按 1/3 逐步递减方式调节,入口段 100m 的照度为 2 310lx,过渡段 72m 照度递减到 693lx、89m 照度递减到 231lx,中间段 99lx,出口段 60m 照度增加到 495lx。这样的人性化设计能提高驾驶人视觉舒适度。此外,还充分利用自然光,在隧道洞口采用混合光过渡方式,减少加强照明供电容量 25%。

3)峨山隧道无极灯照明

峨山隧道是安徽沿江高速公路(芜湖—池州)最长的隧道,全长 728m,于 2007 年 6 月通车。设计用灯 1 528 盏,原设计采用高压钠灯,照明总功率 85kW,年耗电 95 万度,灯具寿命 16 000h,灯具年维护费用 10 万元。2009 年 4 月采用无极灯进行了技术改造(图 8-19),照明总功率降为 41kW,灯具使用寿命可达 5 年以上,在照明亮度、均匀度提高的情况下,年节省电费 52%,线路投资费用节省 30% 以上。

a)改造前的高压钠灯照明   b)改造后的无极灯照明

图 8-19 峨山隧道无极灯照明

8.3 短隧道的照明设计

8.3.1 短隧道的照明要求

我国《公路隧道设计规范》(JTG D70—2004)以长度500m、1 000m、3 000m为分界点,将隧道分为短隧道、中隧道、长隧道和特长隧道四个等级。《公路隧道照明设计细则》(JTG/T D70/2-01——2014)指出,我国高等级公路隧道应设置照明的隧道极限长度为90m。

目前,国内对短隧道照明设置主要有四种做法:

①短隧道各照明段与长隧道取值相同。这种做法使照明营运电费极高。

②加强照明长度减半,亮度仍按现行规范取值。这种做法既不节约又不满足人眼的适应要求。

③全隧道照明按出口段亮度布置灯具。这种做法不适合曲线隧道和不能完全看到出口的短隧道,且没有考虑视觉的适应性。

④不设置照明。不能满足人眼的视觉适应要求,存在较大的安全隐患。

《公路隧道和地下通道照明导则》(CIE 88—2004)对于25~125m以下的短隧道,是否需要设置照明以及照明的差异,取决于隧道长度、出口的通透性、阳光穿透性、墙面反射率、交通流量等因素(图8-20)。对于长度小于75m的隧道,规定即使白天不设置照明,至少在日落前1h和日出后1h必须提供相当于长隧道基本段亮度所要求的照明水平。

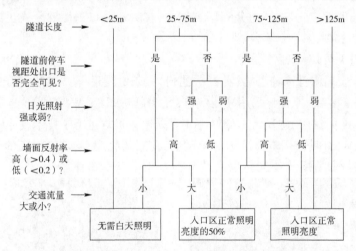

图8-20 不同长度隧道白天照明的要求

8.3.2 短隧道的照明特点

①穿越时间短。穿越短隧道的时间通常不超过半分钟,驾驶人的视觉适应时间短。但

由于洞内外照度差异巨大,同样会造成视觉的"黑洞效应"(曲线短隧道)或"黑框效应"(直线短隧道),以及"视觉适应滞后"现象。

②洞外环境影响大。端墙式洞门的自然光对洞内照明影响较小,削竹式洞门的自然光对洞内照明的影响较大,隧道洞门以内10~15m范围可利用自然光取代人工照明。因此,应根据洞门形式确定布灯的起点位置。

③无中间段照明。短隧道照明一般只包括入口段、过渡段、出口段,无中间段照明,照明用电量集中在加强照明上。

④照明是主要用电负荷。短隧道一般采用自然通风,无机械通风设施,隧道主要用电负荷是照明系统。

⑤处理交通事故速度越快。短隧道内发生交通事故或火灾时,逃生救援比较容易,处理交通异常事故速度快。

8.3.3 短隧道照明参数计算

一般来说,如果从入口前的停车视距处看去,隧道出口占视野的很大部分,则隧道就无须额外的白天照明(相对于正常的夜晚照明);相反,如果出口在黑框内,其中的障碍物可能隐藏其中,则需要提供白天照明。

欧洲标准化委员会CEN(the European Committee for Standardization)规定"利用通透率判断是否需要人工照明"。通透率LTP(Look Through Percentage),指在隧道入口前一个停车视距的主车道位置上,驾驶人在1.5m高度看到的隧道出口面积与入口面积的百分比。

通透率可根据隧道土建设计资料或现场照片计算,分为可视角度计算法和照片面积计算法。可视角度计算法适用于隧道未建成时的初步设计阶段,照片面积计算法适用于隧道建成后的施工图设计阶段。

(1)可视角度计算法

如图8-21所示,通透率为:

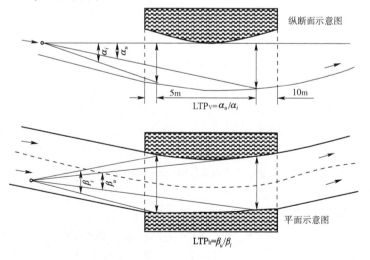

图8-21 可视角度计算法示意图

$$LTP = LTP_h \cdot LTP_v = \frac{\beta_u}{\beta_i} \cdot \frac{\alpha_u}{\alpha_i} 100\% \tag{8-9}$$

图 8-21 中的隧道门形式为端墙式，入口和出口的计算距离按照 5m 和 10m 考虑；如为削竹式隧道门，入口和出口的计算距离应按照 10m 和 15m 考虑。

(2) 照片面积计算法

按照通透率的定义，根据照片计算隧道出口面积与入口面积的百分比。

8.3.4 短隧道照明设计原则

结合 CEN 的规定和国内外相关研究成果，短隧道照明建议遵循以下原则：

①LTP < 20% 的短隧道，白天应设置功能照明，设计标准按照长隧道照明标准一致。

②LTP > 50% 的短隧道，白天可不设置功能照明，应根据交通量大小和交通类型设置诱导照明。

③20% < LTP < 50% 时，可能需要日间人工照明，应根据交通量和交通组成来判断，还应考虑标准物体的可见度进行判定。对长度在 100~300m 的隧道，入口段照明按长隧道照明亮度值设置，其余区段照明按长隧道中间段照明亮度值设置；对长度在 300~500m 的隧道，入口段功能照明可按长隧道照明亮度值的 50% 设置，适应段照明按视觉适应曲线相应进行折减，中间段和出口段照明的亮度值设置与长隧道设置相同。若不设置功能照明，应设置诱导照明。

8.4 隧道照明的节能与控制

8.4.1 隧道照明的设计节能

(1) 合理确定照明设计速度

照明设计速度在公路隧道照明设计中是个极为敏感的参数，对整个照明系统的投资与营运电费影响很大。日本曾对东京湾海底隧道做过详细比较，在其他参数相同时，仅车速由 80km/h 提高到 100km/h，照明设备费提高 60%，营运电耗提高 63%~66%。俄罗斯有关机构曾做过现场测试，车辆通过隧道口前后，会自然降速。日本许多隧道实测结果也证明，通过隧道时车速普遍下降 30% 左右。这一现象对隧道照明影响较大，故世界道路协会 PIARC (Permanent International Association of Road Congress) 建议，凡通行货车的公路隧道，计算行车速度不超过 80km/h。

(2) 合理确定隧道外亮度

隧道外亮度 $L_{20}(S)$ 主要与随光气候、季节、时刻、隧道口朝向、隧道口构造、植被、路面颜色等有关，其取值大小直接关系到入口段和过渡段亮度的取值，即与隧道照明节能、营运电费、工程投资和行车安全有关。日本东京湾海底隧道曾在设计中做过详细比较，在车速及其他条件相同的情况下,$L_{20}(S)$分别设定为 4 000cd/m² 与 6 000cd/m²,则设备费相差 34%,年耗电量相差 30%。

我国对隧道外亮度规定较为粗略,对入口段亮度折减系数 k 值采用欧洲和日本两大学派推荐值的中间值。所以应通过调查分析和实测比较,考虑 20°视场内隧道外植被情况和当地光气候特点合理地确定隧道外亮度值。隧道照明设计应在隧道口土建工程完工时进行隧道外亮度实测,如实测值与设计值误差超过 ±25%,应调整照明系统的设计。通过重庆、福建、广东、贵州等地的部分隧道外亮度实测表明,隧道外亮度一般不超过 4 000cd/m²。因此,设计中 $L_{20}(S)$ 一般不宜大于 4 000cd/m²。

此外,宜通过适当减光措施降低对外亮度实现节能。研究结果表明,植树和灌木可降低隧道口亮度值 5% ~7%,深暗色隧道门可降低亮度 5% ~7%,隧道口外至少一个停车视距的路面(100 ~150m)采用黑暗颜色可降低亮度 12% ~27%。

(3)合理确定交通量

设计交通量的大小对隧道照明投资和营运费用有直接影响。根据《公路隧道照明设计细则》,设计交通量≥2 400 辆/h 与设计交通量<2 400 辆/h 相比,入口段照明设施要多投入 40%,而入口段照明功率一般占隧道照明总功率的 40% 以上。因此,前者比后者营运费用至少高出 16%。

隧道照明设计所采用的交通量,为近期和远期目标年份平均昼夜交通量换算的混合车型每 1h 每车道的绝对交通量。对新建隧道可分期实施,以最大限度地提高初期投资的利用率,减少不必要的空载,降低运营成本。在设计阶段应按预测交通量对近、远期实施年限作初步规划,近期宜以工程实施后第五年的交通量进行设计。

(4)合理确定隧道路面类型

调查表明,隧道内铺筑沥青路面的事故率低于铺筑混凝土路面。但沥青路面反射率低,亮度系数为 15 ~22lx/cd·m⁻²,混凝土路面反射率高,亮度系数为 10 ~132lx/cd·m⁻²。因此,沥青路面比混凝土路面的照明投资和能耗多 37.8% 以上。

(5)合理选择隧道墙面材料

墙面的反射与衬托作用在隧道照明中非常重要,不容忽视。当墙面反射率达到 0.7 时,路面亮度可提高 10%。综合考虑,隧道墙面装饰材料应选择反射强、无眩光、吸能好、成本低、便于清洗的白瓷片。

8.4.2 隧道照明的维护节能

隧道照明投入运行后,其照度水平将会逐渐降低,主要原因包括光源流明衰减、光源污染衰减、墙面反射衰减及设备因素等。

隧道照明器维护系数主要与光源老化光衰减 LLD(Lamp Lumen Depreciation)和灯具污染光衰减 LDD(Luminaire Dirt Depreciation)有关。隧道内汽车废气多,能见度低,灯具污染严重,所以灯具维护系数一般为 0.5 ~0.7,我国取 0.6 ~0.7,即有 30% 左右光能损耗掉了。隧道照明中,光源和灯具在恶劣环境下工作,灯泡、反光器和透光罩等器件极易黏附烟尘和老化,使光通量迅速下降。

绝大多数电光源经过一段时间老化后光输出都要下降,这不仅与光源类型和功率有关,还与环境温度、电压波动、机械振动等诸多因素有关。封闭型灯具因老化造成的光输出平均每年约1%。一旦封闭式灯具被脏东西侵入,其光通量每年降低将达20%~30%。因此,只有在良好的维护和定期清洁条件下,隧道照明设施才能连续有效地运行。

光源更换有单独发光点更换和群组更换两种方式。单独发光点更换只单独更换坏了的灯泡。群组更换是在经过一段合理点燃时间后,把所有灯泡全部更换掉。群组更换(包括灯具的清洗和检查)是一种现行的既节约资金又节约能源的最佳方式,其维护水平比较接近于照明设施提供的初始照明水平。

8.4.3 隧道照明的控制节能

1) 隧道照明控制设计理念

公路隧道照明的核心问题是"节能"与"安全"之间的矛盾十分突出。因此,根据隧道运行实际运行需要,对照明设施进行合理调控,不仅是提高隧道运营安全水平的基本需要,也是有效保护光源、延长设备使用寿命、降低电能消耗的重要措施。隧道照明控制监控应充分体现安全可靠、节能环保、经济实用、技术先进的设计理念。

(1) 安全可靠

应可靠地实现正常工况、异常工况(事故、交通管制、养护等)和应急工况(停电、火灾等)的照明控制,以保证行车安全、应急救援、疏散逃生和隧道养护的需要。同时,在照明控制过程中,不应发生任何人员伤亡、设备损坏、系统崩溃等事故。

(2) 节能环保

通过照明控制,尽可能实现"按需照明",避免"过度照明"或"无效照明"。同时,应合理选用节能环保的光源、电缆等照明设施。

(3) 经济实用

通过合理规划和优化设计,提升照明控制的整体效果。在满足照明要求的前提下,尽量降低系统建设和运营成本。

(4) 技术先进

合理应用新理论、新技术、新设备、新工艺,实现达到"安全"与"节能"的协调统一。

2) 隧道照明控制原理

隧道照明控制是应用合理的控制方式、控制方法和控制系统,通过传感器检测的环境工况(隧道外亮度、隧道内能见度、天气条件等)和运营工况(交通量、平均车速等)参数,结合时间、外部事件等参数,按照控制算法模型,自动或人工调控隧道内照明强度,以满足驾驶人视觉功能性、舒适性要求,降低能源消耗,延长灯具使用寿命。照明控制还应考虑将照明控制与通风控制结合起来,以最大程度实现照明节能。

3) 隧道照明调光要求

隧道外亮度$L_{20}(S)$对加强照明能耗的影响很大,而且随着天气、季节和时间不同,变化很大。如某隧道夏天中午$L_{20}(S)$为3 000cd/m^2,秋分时$L_{20}(S)$约为1 860cd/m^2,冬至时$L_{20}(S)$约为840cd/m^2,早晚和阴天的洞外亮度可低至200cd/m^{2}以下。

隧道入口段、过渡段、出口段的照明亮度水平调节,主要根据不同季节、不同时刻隧道外亮度$L_{20}(S)$的变化进行调节控制,以保证安全并利于节能。同时兼顾交通量和时间因素(夜间、深夜)。中间段照明的照明亮度水平调节,主要根据交通量的变化进行调节控制,同时兼顾时间因素。

入口段、过渡段和出口段白天照明亮度调整,以及基本照明夜间亮度调整可按表 8-19 取值。实际控制中,天气状况通常按照 $L_{20}(S)$ 检测值确定,晴天:$L_{20}(S) \geq 2\,000\text{cd/m}^2$,云天:$1\,000\text{cd/m}^2 < L_{20}(S) < 2\,000\text{cd/m}^2$,阴天:$500\text{cd/m}^2 < L_{20}(S) < 1\,000\text{cd/m}^2$,重阴天:$200\text{cd/m}^2 < L_{20}(S) < 500\text{cd/m}^2$。

隧道照明亮度调整值 表 8-19

白天调光				夜间调光	
分级	亮度	分级	亮度	分级	亮度
夏季晴天	$L_{20}(S)$	其他季节云天 夏季阴天	$0.25L_{20}(S)$	交通量较大	与 L_{in} 相等
其他季节晴天 夏季云天	$0.5L_{20}(S)$	其他季节阴天 重阴天	$0.13L_{20}(S)$	交通量较小	$0.5L_{in}$,$\geq 1\text{cd/m}^2$

4)隧道照明控制方式

公路隧道照明控制方式分为人工控制、自动控制、智能控制三种,在很大程度上体现了隧道运营管理的现代化程度。隧道照明系统配置了照明控制柜/配电箱,能完成现场人工控制和自动控制,并且预留了远程监控模块,可实现对照明设施的远程控制。

(1)人工控制

人工控制的优先级最高。隧道管理人员根据天气条件、交通量、时间等因素的变化,采用远程或本地控制方式,人工选择照明调控方案。目前主要用于公路等级低、隧道长度短、照明亮度级别少的隧道照明系统,也用于公路隧道照明设备检修、养护。

(2)自动控制

优先级低于人工控制方式。照明控制系统根据采集的隧道外亮度和交通量等参数,实时自动控制照明配电回路的开启和关闭,调控照明亮度。隧道管理人员也可根据实际运营管理需要,由自动控制方式切换到人工控制方式。国内多数公路隧道都采用了自动控制为主、人工控制为辅的照明控制方式。

(3)智能控制

在自动控制方式的基础上,采用短时交通流预测理论,应用智能控制技术,实现隧道内照明设施动态调光控制,达到安全、舒适、高效、经济的照明效果,重点突出节能控制的特点,体现绿色照明要求。智能控制方式是未来的发展趋势,随着新型光源及灯具的应用,智能控制的应用将更为广泛。

5)隧道照明控制

公路隧道照明控制方法有分级控制和动态调光控制,都是对灯具的使用功率进行调整,分级控制亮度相对稳定,每级调整功率范围较大,而动态调光亮度控制相对变化多,每级调整值较小。

(1)分级控制

公路隧道照明灯具一般设基本照明和加强照明两组。基本照明一般分为 2~3 个独立回路,按中间段亮度要求沿隧道全程布置。加强照明灯具分成几个独立回路,回路数与调光级数(如分为晴天、云天、阴天、重阴天四级)相同,既可穿插在基本照明灯具的间隔中,也可与其平行布置成另一列,以满足入口段、过渡段、出口段的亮度调光要求。

分级控制是通过开启或关闭配电回路进行照明控制。显然,分级控制需要以照明灯具的合理布置为基础,其控制对象一般是不可连续调光形式的电光源,如高压钠灯、金属卤化物灯等。分级控制可分为人工分级控制、时序分级控制和实时分级控制三种方式。

(2)动态调光控制

动态调光控制是指根据照明参数的变化,动态控制隧道内的照明亮度,控制周期以5~10min为宜。动态调光控制可分大范围调光和小范围调光,控制对象是可连续调光的电光源,如LED灯、电磁感应灯、荧光灯等。

公路隧道动态调光控制最早采用的是可控硅斩波调压技术,即根据隧道外亮度和交通流量变化情况,降低供电电压平均值,调节隧道照明亮度。其最大的缺陷是会产生大量谐波,对电网系统污染危害极大,不宜用在有电容补偿的电路中。

公路隧道LED灯动态调光,是通过控制供电电流,可实现256级亮度调节。目前,可调光LED灯性能较为稳定可靠,已经完全可以支持该系统的实现。如图8-22所示(t为时间,L为亮度),动态调光控制亮度曲线平滑,更接近亮度需求曲线,而分级控制照明亮度等级少,且造成较大的能源浪费。

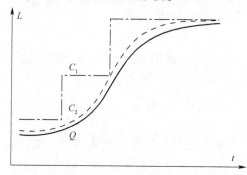

图8-22 动态调光控制与分级控制的比较
Q-照明需求亮度曲线;C_1-分级控制亮度曲线;C_2-动态调光控制亮度曲线

采用分级控制时,必然会带来隧道内路面亮度不均匀、眩光、闪烁等有害现象。虽然动态调光控制可以克服上述弊端,理论上能够根据亮度适应曲线实现平滑调光,但分级控制仍然是当前公路隧道照明主流控制方法。这主要是因为能满足大范围连续动态调光的灯具还不普遍、价格相对高昂,工程应用还存在一定困难。随着LED灯、电磁感应灯等新型高效节能光源的成熟完善和推广应用,动态调光控制将会成为主流控制方法。

6)隧道照明控制系统

公路隧道照明控制系统主要包括集中式控制系统CCS(Centralized Controlling System)、分布式控制系统DCS(Distributed Control System)和现场总线控制系统FCS(Fieldbus Control System)三种形式。

(1)集中式控制系统

集中式控制系统是最常见的一种控制系统,即由中央照明监控计算机管理整个隧道照明系统,作为系统的集中处理单元。其优势在于可以充分发挥管理决策的集中性,缺陷在于一旦中央照明监控计算机出现故障,整个照明系统将全部瘫痪,容易造成隧道交通事故。由于中、短隧道监控点数较少,配以全套的控制设施较为浪费,故可直接由中央照明监控计算机对照明设施进行监管,以减少投资。

(2)分布式控制系统

分布式控制系统由中央计算机管理整个系统,作为系统集中处理单元。各照明控制段由各自 PLC 控制,也可以由中央计算机来决策隧道各段的亮度值。

集散式控制系统的特点是以分散的控制适应分散的控制对象,可以充分发挥控制的分散性和管理决策的集中性,各控制部分相对独立。系统具有较高的稳定性、可靠性和可扩展性,某部分出现故障并不影响其他部分,系统仍然可以运行,具有分散控制、集中操作、分级管理、配置灵活、组态方便的特点。但中心计算机出现故障,整个系统将瘫痪,控制线路长,造价相对高,比较适合于短隧道。

(3) 现场总线控制系统

现场总线控制系统是分布式控制系统向全数字化发展的结果,依靠工业现场总线,实现无中心控制。现场总线是安装在过程区域的现场装置与控制室内自动控制装置之间的数字式、串行、多点通信的数据总线。现场总线技术以数字信号取代模拟信号,大量现场检测与控制信息就地采集、就地处理、就地使用,许多控制功能从中央控制室移至现场设备,这样不仅使系统集成大为简化,维护变得十分简便,而且系统的可靠性进一步得到提高。现场总线的控制系统又分为全分布式控制和集中式现场总线控制。"照明监控计算机 + 工业以太网 + PLC + 照明控制柜/配电箱"是目前长大公路隧道照明主流控制方案。

7) 隧道照明控制流程

隧道照明控制系统一般由光亮度检测仪、车辆检测器、隧道本地控制器、隧道照明控制屏、监控中心计算机、照明配电柜、隧道照明灯具等构成。隧道照明控制流程如图 8-23 所示。人工控制级别最高,其次为自动调光控制,最后是分段时序控制。应急照明作为基本照明的一部分,不受照明控制柜控制。

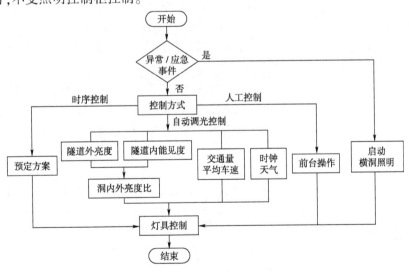

图 8-23 隧道照明控制流程图

在异常工况下,隧道养护作业地点前后、交通事故发生地点前后的照明灯具应开启到最大程度,以便为养护作业、行车安全提供良好的视觉环境。在交通管制条件下,隧道交通量较大,行车条件较差,此时应将交通管制隧道内所有照明灯具开启到最大程度,以便为驾驶员行车提供良好的视觉环境,防止发生意外事故。当隧道发生火灾时,应将火灾隧道内所有照明灯具开启到最大程度,以利于应急救援、疏散逃生。车行横洞照明应同时实现远程控制和现场手动控制,人行横洞照明应具备感应装置控制。

8.5 隧道照明的新能源应用

公路隧道常位于远离城镇的山区路段上,远离市电供应范围,而且常年运行的隧道照明高能耗也成为公路运营的沉重负担。近年来,太阳能发电照明、风能发电照明、光纤照明、太阳光导光照明等新能源照明技术逐渐在隧道照明中得以应用。

8.5.1 太阳能发电照明

1) 太阳能光伏发电系统

太阳能发电分为光热发电和光伏发电。光伏发电是太阳能发电的主流技术,它是利用半导体界面的光生伏特效应,将光能直接转变为电能。光伏发电系统的优点是可靠性高,使用寿命长,不污染环境,能独立发电又能并网运行。太阳能光伏发电系统组成如图8-24所示。

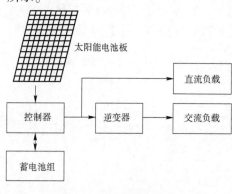

图8-24 太阳能光伏发电系统

(1) 太阳能电池板

太阳能电池板是光伏发电系统的核心部分,也是价值最高的部分。其作用是将太阳光辐射转换为电能,为工作负载供电,或送往蓄电池中存储。常用的太阳能电池有单晶硅电池、多晶硅电池和非晶硅薄膜电池三种。太阳能电池单体的工作电压约为0.50V,功率只有1~2W,一般不能单独作为电源使用,需经串并联封装后成为太阳能电池组件使用。太阳能电池组件再经过串并联后形成电池板。

(2) 控制器

控制器的作用是控制整个系统的工作状态,对蓄电池起到过充电和放电保护的作用,因为蓄电池的循环充放电次数及放电深度是决定其使用寿命的重要因素。控制器还具有温度补偿、光控开关、时控开关等功能。

(3) 蓄电池组

一般采用铅酸电池,小微型系统中也可用镍氢电池、镍镉电池或锂电池。其作用是在有光照时将太阳能电池板所产生的电能储存起来,可随时向负载供电。

(4) 逆变器

太阳能电池板和蓄电池组的直接输出都是直流电,为向交流负载供电,需要通过逆变器将其转换成交流电。当需要使用多种电压时,也要用到DC-DC逆变器。

(5) 太阳跟踪控制系统

太阳跟踪控制系统的作用是保证太阳能电池板能够时刻正对太阳,使发电效率达到最佳状态。目前世界上通用的太阳跟踪控制系统是根据安放点的经纬度等信息计算太阳位置实现跟踪。

2）太阳能隧道照明系统

在一些偏远山区，由于电力供应困难，很多隧道没有设置照明。据不完全统计，现有公路隧道中，长于1km的隧道中有9%为无照明隧道，6%为部分照明隧道，而小于1km的隧道，特别是西部边远地区二级公路以下的公路隧道多为无照明隧道，给交通安全带来很大的隐患。太阳能是资源最丰富的可再生能源，不受资源分布和地域的限制。充分利用太阳能有利于保持人与自然的和谐相处及能源与环境的协调发展。近年来，国内外太阳能道路照明技术不断涌现，应用到隧道照明中，不仅安全可靠、节能、环保、维护简单，而且不需要敷设电缆。目前，太阳能在公路隧道照明应用中有两种类型，太阳能隧道照明和太阳能隧道交通安全设施。

(1) 太阳能隧道照明

LED具有功耗低、寿命长、光效高、可靠、稳定等优点。而且，LED是直流低压驱动，适合于用太阳能电池作为电源。为减少隧道照明系统总功耗，降低太阳能供电系统成本，满足远离供电场所的照明要求，LED是太阳能隧道照明的首选。由于系统投入高，而且受季节和天气影响较大，太阳能光伏照明目前多用于隧道的局部照明。

(2) 太阳能隧道交通安全设施

太阳能隧道交通安全设施主要有太阳能突起路标、太阳能交通标志牌、太阳能信号灯、太阳能黄闪灯等。太阳能突起路标有集中供电式和单体式两种类型，采用高亮度LED管，功耗小于0.12W。集中供电式路标的太阳电池板和蓄电池独立设置，统一控制充放电和所有路标闪烁。单体式路标将太阳能电池板、蓄电池、控制电路整合放置在单个突起路标内。太阳能交通安全设施采用一体化独立供电方式，无须另外供电和接线，阴雨天可连续工作7d以上，特别适用于供电不便的公路隧道，太阳能供电的主动发光设施可明显增强隧道内交通视认效果。

3）工程实例

(1) 吉林花园隧道太阳能LED照明系统

吉林省朝长公路花园隧道照明系统是我国首座公路隧道太阳能智能LED照明系统（图8-25），于2007年10月建成使用。花园隧道位于吉林省靖宇县营抚公路上，是通往长白山旅游景区的隧道之一。隧道全长为824m，净高为7.3m，净宽为9m。系统由18km太阳能供电系统和812套LED照明灯具组成，总功率6kW左右，仅为传统照明系统的1/5。系统采用交通流、光控、声控智能控制系统，采用分时间隔照明，白天、傍晚、夜间分别采用1、1/2、1/3照明方式，满足了不同时段交通量变化的要求。通过智能控制，日照明总功耗进一步降低40%，降低了公路隧道太阳能供电系统应用成本。

(2) 承德小梁东隧道太阳能照明系统

2007年1月，国内规模最大的太阳能隧道照明系统——承德市韩郭线小梁东太阳能隧道照明系统建成。小梁东隧道长为270m，净宽为9.5m，净高为5m。灯具分布按照入口段、过渡段、中间段、出口段对称双侧布置，灯具共68盏，总功率2.18kW。该系统设计平均每天白天照明10h，晚上关闭，在连续阴天的情况下可持续照明3d。

　　a)太阳能电池板　　　　　　　　　　b)隧道LED照明

图8-25　吉林省花园隧道太阳能LED照明系统

(3)烟台通世路隧道光伏发电照明系统

2010年4月,烟台通世路隧道光伏发电照明系统建成使用(图8-26)。太阳能光伏系统产生的电能,通过并网逆变器直接输送到低压电网。系统设计功率为100kW,隧道内采用T5荧光灯,每年节约电费近20万元,节约标准煤120t。

(4)北京东方红隧道太阳能交通安全设施

东方红隧道位于109国道北京段,长530m,双向两车道,为典型的低等级公路无照明隧道。虽然隧道不长,但受地形山势限制,两侧隧道口都是急弯上下坡线形,视距条件较为恶劣。2004年10月,对太阳能突起路标、太阳能黄闪灯与太阳能限速标志牌等,进行了交通安全设施改造。改造前,隧道内光线昏暗,被动发光突起路标视线诱导效果差,隧道内部车辆刮擦路缘石的情况较常见,隧道外曲线段车辆冲出路侧事

图8-26　烟台通世路隧道太阳能照明系统

故时有发生。改造后,隧道内车道两侧分别由主动发光的太阳能突起路标、高亮度反光标线、轮廓标标明行车轨迹;在隧道出口设置了太阳能警告标志和安全警示灯提示前方路况。主动发光诱导设施具备良好的视线诱导效果和警示作用,行车条件和安全状况明显改善。系统采用太阳能集中供电,太阳能电池板设置在隧道外光照充足处,通过架空电缆送到隧道配电箱。配电箱内设有亮度、闪烁控制器,对主动发光安全设施亮度、闪烁频率进行统一控制。

8.5.2　风光互补发电照明

(1)风光互补发电照明系统的基本原理

风能和太阳能是目前利用技术最成熟的可再生资源。然而,不管是太阳能还是风能,其能量密度都非常低,太阳能光伏发电的能量转化率只有13%~20%。在我国大部分地区,单一的太阳能或者单一风能,都不能提供稳定可靠的电能。目前,利用太阳能和风能在不同的季节和时间上互补特点,发展起来的风光互补发电混合供电照明技术已日臻完善。

我国风能最丰富的地区位于三北(东北、华北、西北)和东南沿海地区,占国土面积的8%;较丰富地区和可利用地区分别占到18%和50%;较为匮乏的地区,包括四川、贵州

和云南省,占国土面积的 24% 左右。我国太阳能资源较丰富地区达到了国土面积的 67%,可利用年平均日照小时达到 2 000h 以上,年日照强度达到 $6\times109MJ/m^2$,相当于 $1.7\times10^{12}t$ 标准煤。仅四川盆地的风光条件均不理想,其余地区均达到风光互补照明的可行要求。

风光互补照明系统是一种完全依靠太阳能和风能供电、节能、环保、自动化程度高的离网型照明系统。在一些偏远山区公路中,地形复杂、交通量小、供电点分散,应用风光互补发电隧道照明,可以大大降低建设成本和维护成本,有效克服传统隧道照明输电困难、消耗一次能源、维护费用高、电费负担重等弊端。

风光互补发电照明系统组成如图 8-27 所示,白天光照强,主要利用太阳能电池板发电,夜晚或阴雨天气则主要靠风力发电机发电。其中,泄荷器的作用对多余电量进行适当放电,以保护蓄电池不被过充。

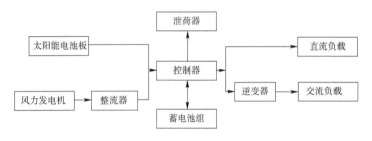

图 8-27 风光互补发电照明系统

光纤照明是近年兴起的高科技照明技术,透过光纤导体的传输,可以将光源传导到任意区域,这也是光纤最特殊的地方。作为一种节能、高效、安全、维护费用低的绿色照明技术,光纤照明越来越广泛地应用于工业、科研、医学及景观照明中,国内外已形成各类产品,在隧道照明中具有良好的应用前景。

(2)工程实例

2009 年 12 月建成的安徽六潜高速公路狮子尖隧道照明系统,是全国首座完全采用风光互补离网供电系统作为能源的隧道照明工程(图 8-28)。光伏电站功率为 20kW,为隧道照明和监控系统供电,照明采用 LED 灯。系统既节省了用电成本,又提高了照明灯的使用寿命,还具有监控车辆违章的功能。

图 8-28 安徽六潜高速狮子尖隧道风光互补发电照明系统

8.5.3 光纤照明

(1) 光纤照明的原理

光迁照明是近年兴起的高科技照明技术,透过光纤导体的传输,可以将光源传导到任意区域,这也是光纤最特殊的地方。作为一种节能、高效、安全、维护费用低的绿色照明技术,光纤照明越来越广泛地应用于工业、科研、医学及景观照明中,国内外已形成各类产品,在隧道照明中具有良好的应用前景。

光纤照明系统组成如图 8-29 所示。当光源通过反光镜后,形成一束近似平行光。由于滤色片的作用,将该光束变成彩色光。当光束进入光纤后,彩色光随着光纤的路径送到预定地方。光纤照明正是建立在"有限次"改变光线传播方向的基础上,实现了光的柔性传播。

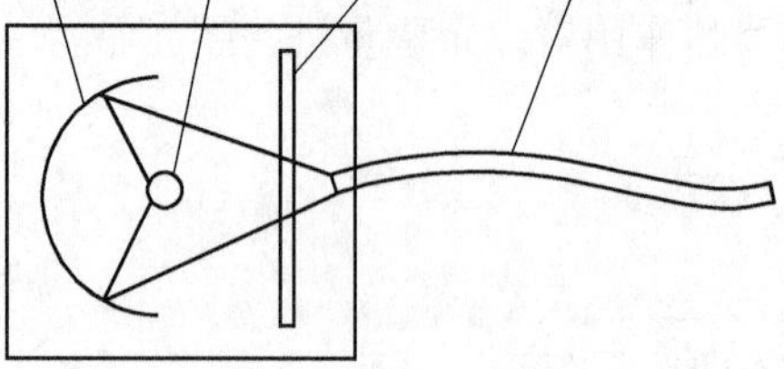

图 8-29 光纤照明原理

光纤是光纤照明系统中的主体,其作用是将光传送或发射到预定地方。考虑到传输过程中的光衰减,光纤传送距离一般不超过 30m。光纤照明可分成点发光(末端发光)和线发光(体发光)两种。前者是光束传到端点后,通过尾灯进行照明;而后者本身就是发光体,形成一根柔性光柱。光纤结构形式有单股、多股和网状三种。单股光纤的直径为 6~20mm,有点发光和线发光两种。而多股光纤均为点发光,其直径一般为 0.5~3mm,股数为几根至上百根。网状光纤均由细直径的线发光光纤组成,可以组成柔性光带。

(2) 光纤照明的特点

①单个光源可实现多个发光特性相同的发光点。

②发光点小,重量轻,易更换,可变换光色;可形成特殊的装饰照明效果。

③无紫外线、红外线光,无电磁干扰。

④光与电分离,无电火花、无电击危险,适用于潮湿和有火灾、爆炸性危险场所。

⑤光线柔性传播,能方便地改变光的传播方向。

⑥柔软、易折、不易碎,可重复使用,发热低于一般照明系统。

(3) 隧道光纤照明的优势

①节能。光纤照明通常采用高效的金属卤化物灯泡作为光源,能耗约为高压气体灯的 10%。

②光色自然。光纤照明是最为接近自然光的光源。它的光谱均匀分布,显色性高,光色平均柔和,滤除了大部分红外线和紫外线,能有效防止眩光。而且光纤照明具有定向性,可以更好地对所需位置进行照明。

③环保。光纤照明是"绿色照明",没有任何声音污染。自带的散热系统也可以满足更恶劣的使用环境。

④安装维护简单。如图 8-30 所示,光纤隧道灯的安装较传统灯具更为简单,而且更换极为简易,不用关闭隧道。

(4) 工程实例

目前,光纤隧道照明在国内还未得以应用。在欧洲和美国,一些地铁隧道中已经采用了光纤照明,并在路标和道路引导方面有更多应用。在美国旧金山就采用光纤作为路标和指示牌。在美国马萨诸塞州波士顿,连接萨勒姆(Salem)和卡拉罕(Callahan)的3km隧道部分采用聚合物光纤照明代替常规灯具,如图8-31所示。经过一年跟踪测试和数据分析表明,这种方式满足了隧道照明中防震的机械强度要求,防水性能和耐腐蚀性能也完全符合需要。

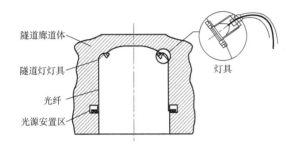

图8-30　光纤隧道灯的安装示意图

图8-31　美国马萨诸塞州波士顿隧道光纤照明

8.5.4　导光照明

直接利用太阳光照明是最节能环保的方式。导光照明是一种特殊的照明方式,它可将人工光源或由定日镜所跟踪采集的自然光产生的光通量,进行传输并均匀地分布在很大的范围内。导光照明系统主要由采光、导光和散光三部分组成。采光部分由透光性强的特殊材料做成,表面有三角形全反射聚光棱。光导部分一般是由三段光导管组成,光导管内壁为高反射材料,光线沿光导管进行镜面反射或经棱镜曲面完全内反射,并能按所需取向分配光通量。散光部分采用特殊制作的漫射器,使自然光进入室内更加均匀柔和,避免眩光发生。光导管的光效虽不是太高,但它具有节能、维护费用低、使用寿命长、照度分布均匀及低眩光效应等优势。

导光照明起源于18世纪,大规模投产却在这100年以后。美国、俄罗斯和欧洲等国早已成功地应用导光照明系统,将太阳光引入建筑物内部和一些地下空间,为在隧道照明中应用奠定了良好的基础。在隧道照明中,可以通过导光照明技术,使太阳光与LED、光纤等照明结合,白天主要利用太阳光照明,夜晚采用LED或光纤照明,以进一步提高节能效果。

习题与思考题

8-1　为什么进出隧道会产生视觉的"黑洞效应"和"白洞效应"?

8-2　为什么通常要进行隧道外减光?常见的减光措施有哪些?

8-3　隧道内采用逆向照明有什么优势?

8-4　常见的隧道照明布置方式有哪些?

8-5 为什么隧道的夜间照明标准比白天低？
8-6 短隧道照明有什么特点？其照明设置通常考虑哪些因素？
8-7 短隧道照明设计原则是什么？
8-8 在隧道照明设计中如何实现节能？
8-9 隧道照明控制方式有哪些？
8-10 隧道照明控制方法有哪些？
8-11 常见的隧道照明控制系统有哪些？
8-12 目前隧道照明有哪些新能源应用技术？

9 接地、防雷与过电压保护

接地是任何电气设备或系统能够安全稳定工作的重要措施,不仅关系到人身安全,而且关系到装置和设备的安全,影响电力系统的正常运行。其目的有两个:一是为电气设备及系统提供一个稳定的零电位参考点,二是为用电安全。

电力系统在运行中由于雷击、操作、故障或电气设备参数配合不当等原因,都能够引起系统中某些部分的电压突然升高,并且其大小远远超过额定电压,这种现象称之为电力系统的过电压。对于这种过电压,若未采取有效的限制措施,可以破坏电力设备的绝缘,造成电气设备损坏、损毁及人身伤亡事故。

9.1 接 地

9.1.1 地和接地的含义

电力及电子系统中的"地"通常有两种含义:一种是"大地",另一种是"系统基准地"。理想的"地"是一个零电位、零阻抗的理想导体,其上的各点之间不存在电位差,它可以在系统中作为所有电平的参考点。所谓"大地",是指电气设备的外壳、线路等通过接地线、接地极与地球大地相连接。这种接地可以保证设备和人身安全,提供静电屏蔽通路,降低电磁感应噪声。"系统基准地"又称"工作接地",是指信号回路的基准导体(如控制电源的零电位),这种接地的目的是给各部分提供稳定的基准电位。这种接地的要求是尽量减小接地回路中的公共阻抗压降,以减小系统中干扰信号的公共阻抗耦合。"系统基准地"不一定与大地连接。

电力系统"接地"是描述电力系统中电气装置或设备的某些导电部分与"地"之间的电气连接关系。接地的目的是满足电力系统和设备的正常稳定运行及安全防护的要求,它是维护系统和设备可靠性、稳定性,保护设备和人身安全,防止危害,制止电磁干扰等必不可少的措施。

9.1.2 接地装置的构成和接地电阻

接地体又称为接地极,是指埋入地下直接与土接触并有一定流散电阻的金属导体,如埋置地下的钢管、角铁等。连接接地与电气设备或构件的接地部分的金属导线称为接地线,如电气系统中的 PE 线等。接地线在设备正常运行情况下是没有电流通过的。接地装置是指接地体与接地线的统称,如图 9-1 所示。而由若干接地体在大地中用接地干线相互连接成的一个整体称为接地网,如图 9-2 所示。其中的接地线分为接地干线和接地支线,接地干线一般应不少于 2 根导体,且在不同地点与接地网连接。

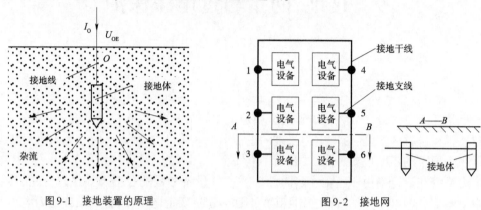

图 9-1 接地装置的原理　　　　　　图 9-2 接地网

接地电阻是表征接地装置电气性能的参数,它是接地装置相对无穷远处零电位的电压与通过接地装置流入大地中的电流比,在数值上等于接地装置的电阻与接地体的流散电阻之和。即:

$$R_e = \frac{U_{OE}}{I_E} \tag{9-1}$$

式中:R_e——接地电阻,Ω;
　　U_{OE}——接地点处引线电位,V;
　　I_E——流入接地体的电流,A。

由于通过接地体的电流可能是直流,也可能是交流电流或雷击冲击电流,因此接地电阻会随电流情况的变化而有所不同。实际上对于交流电流或雷击冲击电流应该是阻抗,但工程上仍习惯称之为电阻。在这些接地电阻中,交流工频接地电阻和雷电冲击接地电阻是最为常见的,通常称为工频接地电阻和冲击接地电阻。

工频接地电阻是指 50Hz 工频电流通过接地体时产生的工频电压与工频电流有效值之比;冲击接地电阻是时变暂态电阻,是指雷电流通过接地体时所产生的冲击电压幅值与雷电流幅值之比。对于由单根接地极构成的接地体,工频接地电阻与冲击接地电阻之间的关系为:

$$R_{sh} = \alpha R_n \tag{9-2}$$

式中:R_{sh}——冲击接地电阻,Ω;
　　R_n——工频接地电阻,Ω;
　　α——冲击系数,其大小与接地体的几何尺寸、雷击的幅值和波形以及土的电阻率等因素相关,一般由实验确定。大多数情况下 $\alpha < 1$,即冲击接地电阻小于工频接地电阻,这是因为在冲击电压作用下,土中的空气隙会发生击穿放电,从而使电阻率降低。但当接地体电感分量较大时,由于冲击电压作用下的感抗远大于工频感抗,而出现 $\alpha > 1$。

接地电阻的大小反映了接地装置流散电流和稳定电位能力的高低及保护性能的好坏。接地装置的接地电阻越小，其稳定电位能力和保护性能就越好，但工程投资费用会增大，并且有可能出现因该地区土的电阻率较高而难以将电阻值降低的问题。虽然在有条件的地方可以利用埋设于地下的各种金属管道（易燃液体、易燃气体或易爆气体的管道除外），电缆的金属外皮以及建筑物和建筑物的地下金属结构等作为自然接地体，但在绝大多数情况下，还是要依靠人工接地体❶来满足接地电阻的规定值。

在实际工程中，为了确保接地装置在系统运行时能够发挥应有的作用，我国规定了部分电力装置工作接地电阻（包括工频接地电阻和冲击接地电阻）值，见表9-1。

各类接地装置的允许接地电阻　　　　　　　　　　　　　　　　　　　　　表9-1

电气装置名称	接地的电气装置特点	接地电阻 [Ω]
1kV 以上大接地电流系统	仅用于该系统的接地装置	$R_n \leq 2\,000/I_E$ 当 $I_E >$ 4 000A 时，$R_n \leq 0.5$
1kV 以上小接地电流系统	仅用于该系统的接地装置	$R_n \leq 250/I_{jd}$ 且 $R_n \leq 10$
	与 1kV 以下系统共用的接地装置	$R_n \leq 120/I_{jd}$ 且 $R_n \leq 10$
1kV 以下系统	与总容量在 100kV·A 以上的发电机或变压器相连的接地装置	$R_n \leq 4$
	上行装置的重复接地	$R_n \leq 10$
	与总容量在 100kV·A 以下的发电机或变压器相连的接地装置	$R_n \leq 10$
	上行装置的重复接地	$R_n \leq 30$
引入线上装有 25A 以下熔断器的小容量线路和电气设备	任何供电系统	$R_n \leq 10$
	高低压电气设备联合接地 2	$R_n \leq 4$
	电流互感器、电压互感器二次接地	$R_n \leq 10$
	电弧炉的接地	$R_n \leq 4$
	工业电子设备的接地	$R_n \leq 10$
建筑物	第一类防雷建筑物（防直击雷）	$R_{sh} \leq 10$
	第一类防雷建筑物（防感应雷）	$R_{sh} \leq 10$
	第二类防雷建筑物（防直击雷、感应雷共用）	$R_{sh} \leq 10$
	第三类防雷建筑物（防直击雷）	$R_{sh} \leq 30$
	其他建筑物防雷电波沿低压架空线侵入	$R_{sh} \leq 30$
防雷设备	保护变电所的独立避雷针和避雷线	$R_n \leq 10$
	杆上避雷器或保护间隙（在电气上与旋转电机无联系者）	$R_n \leq 10$
	杆上避雷器或保护间隙（与旋转电机有电气联系者）	$R_n \leq 5$

注：R_n-工频接地电阻；R_{sh}-冲击接地电阻；I_E-流经接地装置的单相短路电流；I_{jd}-单相接地电容电流（A）。

在实际工程中，当接地电阻值达不到规定数值以下时，可以通过提高土导电率的方法实现电阻值的降低，如采用在接地体周围土中加入食盐、煤渣、炭末等物质的方法。

对于低压 TT 系统和 IT 系统，电气设备外露可导电部分所对应的保护接地电阻值可以

---

❶ 自然接地体是指可作为接地体的天然物体或构筑物，如建筑桩基、地梁、深井内钢筋等。人工接地体是为接地而专门设置的接地体，如打角钢、圆钢、钢管（不能用螺纹钢）、埋接地块等。

按满足接地电流通过接地电阻时所产生的对地电压不应高于50V这一特定安全电压的规定进行计算,因此保护接地电阻的大小应为:

$$R_e \leq \frac{50}{I_E} \tag{9-3}$$

如果设备发生单相碰壳故障,保护的漏电断路器的动作电流取30mA(安全电流值),则 $R_e \leq 1\,667\Omega$。该电阻值远大于国家规定的接地电阻值,所以很容易满足,但在工程实际中为了确保安全,通常要求不大于100Ω。

对于TN系统,由于采用保护接零时,系统中所有电气设备外露的可导电部分都要与系统公共接地线(PE线或PEN线)连接,因此不存在保护接地电阻问题。

9.1.3 地电流与地电位

由于接地体周围土本身具有一定的电阻,所以当电流通过接地体流入大地时,电流就会在接地体周围以半球面形状向"大地"散流,在土中形成电位梯度,使整个大地不再是一个等位体。由于在距离接地体越远的地方等位半球面越大,散流电阻越小,所以距离接地体越远的地方散流场的电流密度就越小,电位梯度也就越小,如图9-3所示。试验表明,在距离单个接地体或接地故障❶点约20m处,散流场的电流密度已很小了,散流电阻已接近于零,该处的电位也趋于零。因此,通常将接地体以外20m处电位等于零的地方称为电气上的"地",并将电气设备接地部分与"地"之间的电位称为电气设备接地部分的对地电压。

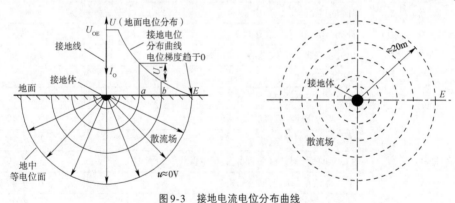

图9-3 接地电流电位分布曲线

9.1.4 接触电压和跨步电压

(1) 接触电压

接触电压是指电气设备发生接地故障时,当人站在地面上触及地回路的某一点(如电气设备的带电金属外壳)时,人体所承受的电压,如图9-4中的U_{tou}。接触电压的大小与发生接地故障设备离地下接地体的远近有关。离接地体越近,接触电压就越小;反之,接触电压则越大。

---

❶ 所谓接地故障,是指相导体与大地或与大地有联系的导体之间的非正常电气连接。如供电系统的相线与接地的PE线、建筑物金属构件的电气连接、相线的跌落大地等。地面上站立的人所发生的直接电击也是接地故障。

(2)跨步电压

跨步电压是指当电气设备发生碰壳或电力系统单相接地短路事故时,接地电流入地点周围电位分布区行走的人,两脚之间的电位差,如图9-4所示的U_{ostep}。同样,当雷电对避雷装置放电时,如果行人位于该避雷装置接地体附近时,两脚之间也会出现跨步电压。

跨步电压的大小与距接地故障点的距离及跨步的大小有关,越靠近接地故障点及跨步越大,则跨步电压就越大;反之便越小。在离接地故障点20m时,跨步电压等于零。

人受到跨步电压时,电流虽然是沿着人的下身,从脚经腿、胯部又到脚与大地形成通路,没有经过人体的重要器官,好像比较安全。但是实际并非如此,因为人受到较高的跨步电压作用时,双脚会抽筋,使身体倒在地上。这不仅使作用于身体上的电流增加,而且使电流经过人体的路径改变,完全可能流经人体重要器官,如从头到手或脚。经验证明,如果人倒地后电流在体内持续作用2s,则这种触电就会致命。因此,当一个人发觉跨步电压危险时,应赶快把双脚并在一起,然后马上用一条腿或两条腿跳离危险区。

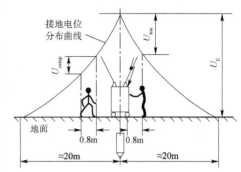

图9-4 接触电压和跨步电压

9.1.5 接地的分类

在供配电系统及电气设备的接地按其功能可以分为工作接地、保护性接地、防雷接地和电磁兼容接地四类。

(1)工作接地

工作接地是指用于保证电气设备及系统正常、可靠地实现其功能所设置的接地。每种功能接地都有其各自的作用,如电力系统中性点接地可以保证在系统发生单相故障,且继电保护设备又不动作时,作用在电气设备绝缘上的电压为相电压。

(2)保护性接地

保护性接地是指以保证人身和设备安全为目的的接地。其中主要有以下几种:

①保护接地。所谓保护接地就是将正常情况下不带电,而在绝缘材料损坏后或其他情况下可能带电的电器金属部分(即与带电部分相绝缘的金属结构部分,如电气装置的金属外壳、配电装置的构架和线路杆塔等)用导线与接地体可靠连接起来的一种保护接线方式。

②阴极保护接地。为了使被保护的金属表面成为化学原电池的阴极,以保护该表面被腐蚀所设置的接地。如对长电缆金属外皮的保护,利用大地回流的直流输电系统接地极的保护。

③防静电接地。为防止智能化大楼内电子计算机机房干燥环境产生的静电对电子设备的干扰而进行的接地称为防静电接地。

(3)防雷接地

为了防止雷电对供电系统、电气电子设备及人身安全的危害,一般要采用避雷针、避雷线及避雷器等保护设备,而这些设备都必须与合适的接地装置相连,以保证雷电流泄入大地,这种接地就称为防雷接地。

(4)电磁兼容接地

为降低电磁骚扰水平或提高抗扰度所设置的接地,如将电子设备外壳及设备内外的屏蔽线或所穿金属管进行的接地。电磁兼容接地的目的就是为电磁干扰能量提供泄入大地的通道。

在轨道交通电气系统中,由于牵引供电系统多采用直流,所以为了使牵引整流器、直流开关设备、接触网等设备能够正常稳定工作,轨道交通工程中还必须对其直流供电系统设置合理的"地"。在交通供电工程中,除设置有上述的四大类"地"以外,还设置了与直流供电系统相关的"地"。

由于轨道直流牵引供电系统的负极相当于交流系统的中性点,所以直流牵引供电的工作接地就是负极对地关系问题。但为减小直流杂散电流对金属结构的腐蚀,直流牵引供电的工作接地采用不接地系统,即正常情况下系统设备的所有正极和负极均与"地"绝缘。这里的"地"既包括"大地",也包括"结构地❶"。因此,不同用电场所的接地方式也有所不同。

①牵引变电所内直流牵引供电设备的接地。牵引变电所内直流牵引供电设备的金属外壳并不与地进行直接电气连接,而是采用通过直流框架泄漏保护装置与地构成单点电气接地,而各电气设备金属外壳之间应采用电缆电气连接。设备的金属外壳与基础槽钢之间应设置硬质绝缘板。

②区间直流上网开关设备的接地。当区间直流上网开关设备设置在站台的独立设备房间或牵引变电所内时,上网开关设备安装要求与牵引变电所内直流牵引供电设备的接地方式相同。

③车辆段、停车场直流上网开关等设备的接地。由于车辆段、停车场的范围大,直流上网开关设备与检修设备的数量多、分布广,并且内部金属管线较多,所以直流上网开关等设备的接地可通过柜内设备绝缘板、绝缘电缆支架或采用非金属绝缘外壳等措施解决。

9.1.6 等电位连接和综合接地系统

目前,关于等电位连接(也称为等电位联结)的定义有以下几种:美国国家电气法规对等电位连接所下的定义是"将各金属体做永久的连接以形成导电通路,它应该能够保证电气的连续导通性,并可以将预期可能加载在其上的电流安全导走"。我国国家标准《建筑物防雷设计规范》(GB 50057—2010)对等电位连接的定义是"将分开的电气装置(如导电物体)采用等导体或电涌保护器连接起来以减小雷电流在它们之间产生的电位差"。国家标准《低压配电设计规范》(GB 50054—2011)的定义是"使各外露导体可导电部分和装置外可导电部分电位基本相等的电气连接"。国家标准《建筑物电子信息系统防雷技术规范》(GB 50343—2012)的定义是"设备和外漏可导电部分的电位基本相等的电气连接"。但无论哪种等电位连接定义,强调的都是将有可能带电伤人或物的导电体连接在一起,并且还应该使它们与大地保证相等的电位(即还应与大地保持可靠连接),它是安全接地的重要内容。

等电位连接是指使各种电气设备外露的可导电部分和装置外导电体的电位相等的连接

---

❶ 所谓结构地,是指能够用于代替大地的等效导体,如飞机、船只的金属外壳等。

方式,它不是强调与地的连接,如图9-5所示。这里所说的设备外部可导电部分是指该可导电部分在正常运行时是不带电的,但在运行异常时可能会带电。等电位连接的目的是防止设备之间产生危险电位差和构成回路,是消除人体可能遭受电击的有效措施。

综合接地系统是指供电系统和需要接地的其他设备系统的各种接地采用共同接地装置,并实施等电位连接的措施。一般由强电接地母线、弱电接地母线和接地网组成,如图9-6所示。各类接地可以采用单独的接地线,但接地极和等电位面是公用的,不存在不同接地系统所属不同接地导体之间的耦合问题,这就避免了采用不同接地导体时可能出现电位不同的问题。综合接地装置的接地电阻必须小于接入设备所要求的最小接地电阻值。

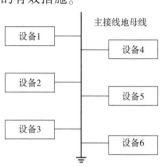

图9-5 电气设备等电位连接

总之,各种接地都是彼此相关的,只有共同起作用,才能完成系统或设备运行的要求,而不应将工作接地、保护性接地、电磁兼容接地等独立对待。

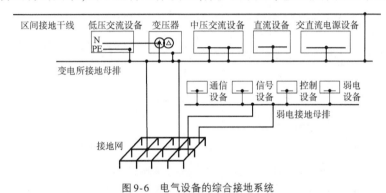

图9-6 电气设备的综合接地系统

9.2 工作接地和保护接地

电气设备的接地不仅关系到人身安全,而且关系到电气设备及电力系统的安全、正常运行。因此,正确运用接地方式是保证电气安全的重要措施。

9.2.1 工作接地

所谓工作接地,是指为了保证电力系统及电气设备的正常运行或排除事故的需要,人为地将供电电路中的某些点(如发电机和变压器的中性点)与大地进行金属性或通过特殊装置(如消弧线圈、接地电阻、保护间隙等)的连接。工作接地的目的就是保证电力系统和电气设备能够正常工作或在事故情况下可靠运行,降低人体的触电电压以及有利于快速切断故障设备。

我国电力系统的工作接地可分为中性点直接接地(也称为大电流接地系统)和中性点不接地或经消弧线圈接地(也称小电流接地系统)两种。例如,110kV及以上电力系统采用的是中性点直接接地系统、6~10kV及35kV系统采用的中性点不接地系统。

工作接地的主要作用有以下三点：

①降低单相接地故障时的危险性、保障电力系统正常运行。对于如图9-7a)所示的中性点不直接接地的三相三线系统，当系统发生单相碰壳或接地故障时，由于系统的不平衡，中性点不再为零，非故障相对地电压将升高为相电压的$\sqrt{3}$倍；反之，如果系统采用中性点直接接地，如图9-7b)所示，则系统发生单相碰壳或接地故障时，由于中性点电位仍能保持为零，所以非故障相对地电压基本保持不变。

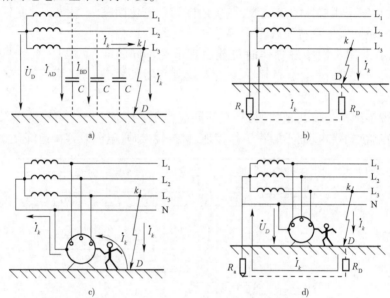

图9-7 中性点是否接地对系统发生单相接地故障的影响

对于如图9-7c)所示的中性点不直接接地的三相四线制系统，当发生单相接地，并有人触及电气设备时，泄漏电流I_k将通过设备外壳、人体和中性线构成的回路，可见，此时所有电气设备都处在这种危险状态，而且非故障相的对地电压也将升高为相电压的$\sqrt{3}$倍；反之，如果系统采用如图9-7d)所示的中性点直接接地方式，则系统发生单相碰壳或接地故障时，系统泄漏电流I_k可以通过故障点的接地电阻R_D、接地电阻R_a和中性线构成的回路，此时设备外壳对地电压为$U_D = I_k R_a = \dfrac{U}{R_a + R_D} R_a$。由此可见，通过减小接地电阻，可以减小设备外壳对地电压，降低人体触电的危险。为此，国标规定接地电阻不得大于4Ω。

②保证继电保护装置的可靠动作。在中性点不接地的三相系统中，当单相发生接地故障时，由于系统中性点对地开路，其阻抗很大，如图9-7a)所示，因此，接地短路电流很小，不能保证继电保护装置可靠不动作，因而，故障不能及时被切除；反之，如果系统中性点接地，则当发生单相接地故障时，将构成单相接地回路，如图9-7b)所示。此时将产生很大的短路相电流和零序电流，从而可以保证继电保护装置迅速、可靠动作，切除故障电路。

③降低电气设备绝缘的设计水平。对于中性点不直接接地的三相系统，当发生单相线碰壳或接地时，同样由于系统的不平衡，中性点不再为零，所以，非故障相对地电压将升高为相电压的$\sqrt{3}$倍（即线电压），此时带电体的对地绝缘应按线电压设计；反之，如果三相系统的

中性点直接接地,则由于中性点电位仍为零,所以带电体对地电压在任何时候都是系统相电压,因此,电气设备的对地绝缘可以按相电压设计。

9.2.2 保护接地

有关研究报告指出,当通过人体的工频电流达到 30~50mA 时,就会使人的神经系统受伤并难以自主摆脱带电体,这种情况是比较危险的,如果电流达到 100mA,那就极其危险了。因此,当人不慎触及带电导体或因绝缘损坏而带电的设备外壳时,电流将会通过人体造成电击、电伤,甚至死亡。

1) 保护接地和保护接零

保护性接地是指为了保障人身安全、防止间接触电而将电气设备的外露可导电部分通过导体接地。通常根据电力系统中性点接地与否,将保护性接地分为保护接地和保护接零2种形式。

(1) 保护接地

保护接地(又称为安全接地)是指为了避免由于电气设备绝缘损坏时可能危及人身安全,而将电气设备不带电的金属外壳经各自的接地线(PE线)与大地进行金属性连接,例如对 TT 系统和 IT 系统中电气设备外露可导电部分所做的接地。也就是将正常情况下不带电,而在绝缘材料损坏后或其他情况下可能带电的金属部分(即与带电部分相绝缘的金属结构部分)用导线与接地体可靠连接起来的一种保护接线方式。

保护接地一般用于配电变压器中性点不直接接地(三相三线制)的供电系统中,用以保证当电气设备因绝缘损坏而漏电时所产生的对地电压不超过安全电压。

在中性点不直接接地的供电系统中,当电气设备的某处绝缘损坏而发生碰壳带电时,如果电气设备没有保护接地,则人体接触到外壳时,就会有电流流经人体,从而使人体遭受电击,如图9-8a)所示;反之,如果电气设备存在保护接地,则当人体接触及带电外壳时,接地电流将同时沿着保护接地和人体两条并联路径流通。如果此时保护接地电阻值很小,则流经人体的电流就会大大减小,甚至可以接近于零。此时,就相当于保护接地装置将人体短接,从而使人体免遭触电的危险,如图9-8b)所示。

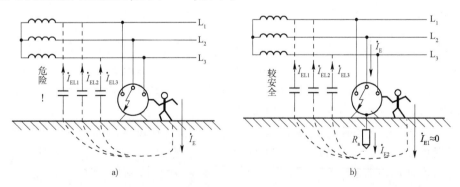

图 9-8 中性点不直接接地供电系统有保护接地和无保护接地时人身触电情况对比

对于中性点直接接地系统,如果电气设备的外壳与大地和零线之间均没有金属连接,但发生了电气设备漏电现象,当该泄漏电流又不足以使继电保护装置动作时,电气设备的外壳

将会长期存在对地电位。如果此时人体触及设备外壳,就会有电流流过人体,如图9-9b)所示,其大小为:

$$I_E = \frac{U}{R_a + R_r} \tag{9-4}$$

式中:U——相电压,V;
R_a——系统中性点工作接地电阻,Ω;
R_r——人体电阻,Ω。

如果人体电阻按最恶劣的情况下(人体出汗并附有导电粉尘)的1 000Ω计算❶,而系统中性点工作接地电阻按国家相关标准规定的4Ω计算,则根据式(9-4)可以得出,当380V/220V系统发生单相接地短路故障时,流经人体的泄漏电流约为0.2191A。显然,该电流对人体安全是极其危险的。因此,在中性点直接接地系统中,不采取保护措施是绝对不允许的。

反之,在中性点直接接地系统中,如果采用如图9-9c)所示"保护接地"措施,则当电气设备发生单相接地故障时的泄漏电流为:

$$I_E = \frac{U}{R_a + R_{a1} + R} \tag{9-5}$$

式中:R——接地相的导线电阻,Ω;
R_{a1}——电气设备接地电阻,Ω。

电源至接地相的导线电阻比较小,可以忽略不计,所以根据式(9-5)可得,380V/220V系统发生单相接地短路故障时的泄漏电流为27.5A。如果发生单相接地短路故障的电气设备容量较大(如设备额定电流远大于27.5A),则该电流将不会使继电保护装置动作,短路故障一直存在,并且该设备外壳对地电位为110V,显然该对地电位远超过相关标准规定的36V安全接触电压,存在人体遭受电击的危险。

由上述分析可见,对于中性点直接接地系统中的电气设备,如果不采用漏电保护措施或只单纯采用如图9-9c)所示的"保护接地"措施,当设备发生碰壳故障时,设备外壳对地电位将远超过安全接触电压,存在人体遭受电击的危险。

(2)保护接零

如果要使设备外壳对地电位小于36V安全接触电压,就必须使$\frac{R_{a1}}{4 + R_{a1}} \times 220 \leq 36$,于是要求电气设备接地电阻不大于0.782 6Ω,即$R_{a1} \leq 0.782\ 6Ω$。也就是说,如果要使设备外壳对地电位小于36V安全接触电压,就必须使保护装置的接地电阻值不大于0.782 6Ω。对于如此小的接地电阻,如果采用传统的接地装置,则在工程应用中是很难实现的。为此人们经过长期实践,提出了一种"保护接零"的解决方法。

保护接零是指在中性点直接接地系统中,将电气设备在正常情况下不带电的外露金属部分经线路的中性线(TN-S系统中的PE线和TN-C系统中的PEN线)接地的连接方式。这种接地方式在我国习惯称为"保护接零",并将PE线和PEN线称为"零线",如图9-9a)所示的TN系统方式。

---

❶人体电阻通常为数十到数百千欧姆。

保护接零的作用就是当单相设备发生绝缘损坏而出现碰壳事故时,设备外壳就形成了该相对零线的单相短路,于是短路电流能够促使线路上的过电流保护装置迅速动作,而把故障部分从电源分断,消除触电危险。保护接零的目的是保护人身和设备的安全。

保护接零这种安全技术措施可以应用于中性点直接接地的供配电系统,例如电压为380V/220V 的三相四线制配电系统。但不能应用于三相三线制配电系统,因为此系统没有零线。对于三相四线制配电系统,当采用保护接零时,一定要防止单相设备电源端的火线与零线接反,否则将会使设备外壳带有危险电压。

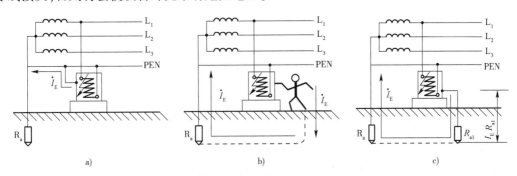

图9-9 中性点直接接地系统泄漏电流的流通情况

2) 常见保护性接地方式的特点

(1) TT 接地方式的电力系统

采用保护性接地方式时,电气设备外露可导电部分可以连接到电气上与电力系统无关的单独接地装置上,如图9-10 所示。

在 TT 系统中,保护接地的特点是当电气设备发生接地故障时,接地泄漏电流将会通过由该设备的接地电阻和电源系统接地电阻构成的回路,如图9-7d)所示。此时相电压将在这两个电阻上产生电压降,设备外壳的对地电压远小于相电压,所以当人体接触设备外壳时所承受的接触电压变小,从而起到保护作用。对于相电压为 220V 的低压配电系统,如果两个接地电阻按国家标准规定都不

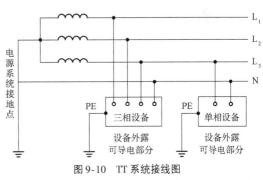

图9-10 TT 系统接线图

大于4Ω,可得设备发生单相接地故障时的对地电压为 $U_D \approx \frac{4}{4+4} \times 220 = 110（V）$,显然,这个电压对人体仍然是很危险的。也就是说,TT 系统中的保护接地虽然可以降低接触电压,但该电压对人体存在很大的危险,必须加以限制,为此,一般在 TT 系统中使用剩余电流动作保护器或过电流保护器作为限流保护。

(2) IT 接地方式的电力系统

由于电力系统的接地点采用不接地或通过阻抗方式(电阻器或电抗器)接地,所以设备外露可导电部分可以单独直接接地或通过保护导体连接到电力系统的接地极上,如图9-11 所示。

在 IT 系统中,保护接地的特点是:对于中性点不接地的三相系统,当发生相间接地短路

时,电路情况和中性点接地的三相系统完全相同;但如果人体只触及一相时,两者的结果却有很大差别。在中性点接地系统中,触电电流的大小与系统的绝缘好坏及规模大小无关;但中性点不接地的系统则不然,它与系统的绝缘电阻值及对地电容值等因素有密切关系,如果系统绝缘良好(指线路无接地故障)且对地电容电流很小,则此时人体触及漏电设备外壳时的危险性要比中性点直接接地系统中相同情况下要小得多。如果线路的分支线既多又长,相线与大地之间的电容很大,则此时单相触电的危险性也很大。

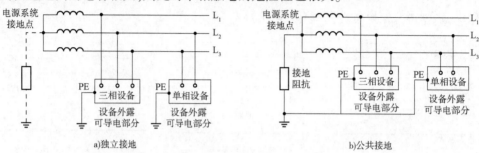

图 9-11 IT 系统

在 IT 系统中,发生单相接地故障时,非故障相的对地电压将升高到相电压的 $\sqrt{3}$ 倍(即线电压)。因此,一般应安装绝缘监视装置以及在两相接地时自动切断电源的保护电器。

(3) TN 接地方式的电力系统

由于电力系统存在一点直接接地(通常是中性点直接接地),所以电气设备的外露可导电部分可以通过保护导体与该点直接连接,这种接地方式称为保护接零。按保护线 PE 和中性线 N 的组合情况,这种系统可以分为 TN-S 系统、TN-C-S 系统和 TN-C 系统三种形式,如图 9-12 所示。

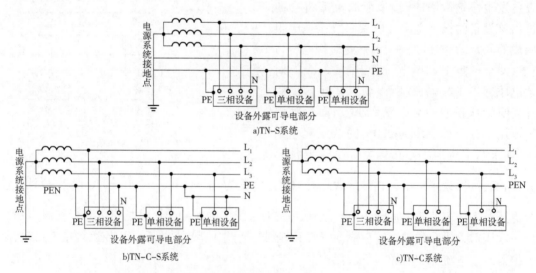

图 9-12 TN 系统

在 TN 系统中,保护接地的特点是当电气设备发生接地故障时,接地电流经 PE 线和 N 线构成回路,进而形成金属性单相短路,产生足够大的短路电流,使保护装置能够可靠动作,切断电源。

必须注意:在同一低压配电系统中,不能有的设备采用保护接地而有的设备采用保护接零;否则,当采用保护接地的设备发生单相接地故障时,采用保护接零的设备外露可导电部分(如设备的外壳)将带上危险的电压,如图9-13所示。

3)重复保护接地

所谓重复接地,就是在系统中,为了确保公共PE线或PEN线安全可靠,除在电源中性点进行工作接地外,还应再设置一套接地装置,即在中性点直接接地的TN系统中同时设置两套接地装置,如图9-14所示。

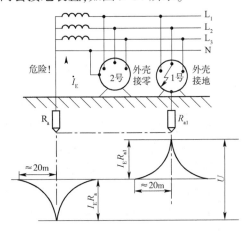
图9-13 同一系统中同时采用接地保护、接零保护设备发生单相接地短路时的危险情况

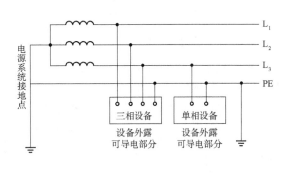
图9-14 TN系统中的重复接地

重复接地的作用是可以降低漏电设备对地电压,减轻零线断线的危险性,缩短故障持续时间,改善架空线路的防雷性能,同时还可以消除或降低某些情况下零线电位的升高。在采用重复接地时,重复接地电阻值一般不应大于10Ω。

在中性点直接接地的TN系统中,如果不进行重复接地,则当设备发生碰壳或单相接地故障,且出现PE线或PEN线断线时,虽然接在断点之前的所有设备外露可导电部分的对地电压仍然为零,但接在断点之后的所有设备外露可导电部分都存在着接近于相电压的对地电压,即$U_E \approx U$,其中U表示相电压,如图9-15a)所示。显然,这是非常危险的。反之,如果采用如图9-15b)所示的重复接地,则在发生同样故障时,接在断点后面的所有电气设备外露的可导电部分的对地电压将远小于系统的相电压,即为$I_E R_{a1} = \dfrac{R_{a1}}{R_{a1} + R_a} U \leqslant U$。显然,此时危险程度大大降低,并且断点前面的所有电气设备外露可导电部分的对地电压也远远小于系统的相电压。

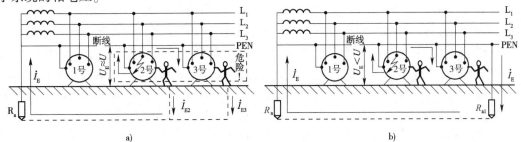
图9-15 重复接地的作用

由上述分析可见,当电气设备发生碰壳时,如果系统存在重复接地,则连接在零线断点后面的电气设备的外露可导电部分的对地电压可以被降低一些。因此,必须防止发生零线的断线现象,并且在施工时应当重视其安装质量,在运行过程中还应当定期检查。

9.3 雷电与雷电过电压

9.3.1 雷电及雷电过电压的形成

密集在大地上空的水雾称为云,将由于某种原因(如空中气流因摩擦而带电)带有负电荷或正电荷的云称为雷云。当雷云所形成的电场强度随着电荷量的增加而达到一定数值,且周围空气的绝缘性能被破坏时,正、负雷云之间或雷云对地之间就会发生强烈的放电,即产生雷电。

雷云中的电荷分布是不均匀的,常常会形成多处电荷聚集中心,当云层对大地的电场强度达到 $25\sim30\text{kV/cm}$ 时,就会使雷云与大地之间的空气绝缘击穿发生放电,如图 9-16a)所示。当先导放电的通路到达大地时,大地和雷云便产生了强烈的"中和",出现强大的雷电流(可以高达数十至数百千安),这一过程被称为主放电。

雷电流的波形如图 9-16b)所示,其波前时间为 $1\sim4\mu s$,主放电时间为 $50\sim100\mu s$,陡度在 $7.5\text{ kV}/\mu s$ 左右。主放电的温度可达 $20\,000°C$,使周围的空气猛烈膨胀,并出现耀眼的闪光和巨响,这就是所谓的雷电。

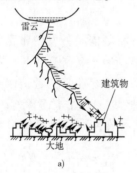
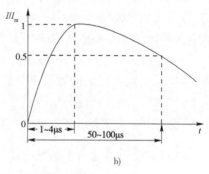

图 9-16 雷电的形成和雷电流波形

当架空线路附近发生对地雷击时,架空线路极易感应出很高的过电压。其形成过程为:当雷云出现在架空线路上方时,线路上会因为静电感应而积累大量异性束缚电荷,如图 9-17a)所示;当雷云对地或其他雷云放电后,线路上的束缚电荷就会被释放而形成自由电荷,并沿线路向两端释放,形成电位极高的过电压波,即为感应过电压波,如图 9-17b)所示。当这种感应过电压波沿线路或管道侵入变电所或其他建筑物,就会形成所谓的雷电波侵入或高电位侵入。据我国几个大城市统计,供电系统中由于雷电波侵入而造成的雷害事故占整个雷害事故的 50% ~70%,因此对雷电波侵入的防护应给予足够的重视。

由于直接雷击或雷电感应而引起的,称为雷电过电压或大气过电压、外部过电压。它是一种冲击电压,其根源是雷电所形成的巨大冲击电流。具有脉冲特征,幅值大,持续时间短,破坏性极大。当雷电放电时,强大的雷电流将通过地面上的被击物,其热破环作用和机械力破坏作用都非常大,同时还能在邻近的线路上感应出数值很高的过电压,这些过高电压会流窜到供电系统中造成更大的危害,其主要表现如下:

①热效应。雷电产生强大电流,瞬间通过物体时产生高温,引起燃烧、熔化、汽化、烧毁设备,引起火灾。

②电磁效应。放电时在导体上产生静电感应和电磁感应,产生火花而引起火灾或爆炸,或雷电流泄入大地造成"跨步电压"引起人畜伤亡;雷电沿着架空线路或金属管道侵入室内,危及人身安全和损坏设备(雷电波侵入)。

③机械效应。雷电通过导体时产生冲击性电动力,导体常发生炸裂、劈开。

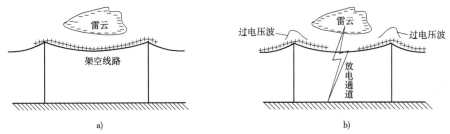

图9-17 架空线路的感应过电压

9.3.2 雷电过电压的分类

根据过电压形成的物理过程,雷击过电压有以下两种基本形式:

①直接雷击。也称直击雷,是指雷电活动区内,雷电直接通过人体、建筑物、设备等对地放电产生的电击现象。其过电压引起的强大雷电流将通过这些物体流入大地,从而产生破坏性极大的热效应和机械效应。

②感应雷。也称感应雷过电压,它是雷电未直接击中电力系统中的任何部分,而是由雷闪电流产生的强大电磁场变化与导体感应出的过电压、过电流形成的雷击。感应雷可由静电感应产生,也可由电磁感应产生,形成感应雷电压概率非常高。

9.4 雷电的防护

为了避免电气设备遭受直接雷击和感应雷的危害,通常采用避雷针、避雷线、避雷器等设备进行雷电防护。

9.4.1 直接雷击的防护

为了防止直接雷击,一般采用避雷针、避雷线或避雷网。它们的主要作用是引导雷电电流安全流入大地,从而保护线路和设备免遭直接雷击的伤害。

1) 避雷针

(1) 避雷针的保护原理

避雷针是一种高出被保护物,并与大地低阻抗连接的金属针。避雷针避雷功能的实质是引雷作用。其保护原理是能够在雷云放电电场接近地面时,使避雷针的顶端形成一个局部电场强度集中的空间,改变雷云的放电通道,将由原来可能向被保护物体发展的方向,吸引到避雷针自身,然后再经与避雷针相连的引下线和接地装置,将雷电流泄放到大地中,保护附近绝缘水平低的被保护物,使之免遭直接雷击。虽然避雷针的高度比较高,但对雷云与大地之间距离高达几千米,方圆几平方千米的电场的影响却是很小的,所以雷云在高空中是随风飘移的,其先导放电的开始阶段也是随机向任意方向发展的,此时不会受地面物体的影响,如图9-18a)所示。但当先导放电向地面发展到距地面某一高度 H 后,就会在一定范围内受到避雷针的影响,而对避雷针放电,形成放电通道并使雷电流沿避雷针泄放,如图9-18b)所示,其中 H 称为定向高度,其大小与避雷针的高度 h 有关。根据模拟试验,当 $h \leq 30m$ 时,$H \approx 20h$;当 $h > 30m$,$H \approx 600m$。

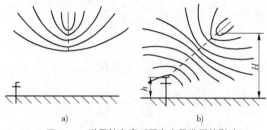

图9-18 避雷针高度对雷电先导发展的影响

避雷针在结构上一般由接闪器、引下线和接地体组成。接闪器是避雷针顶部直接与雷云闪络放电的部件,一般用 $1 \sim 2m$ 长的镀锌圆钢(直径为 $12 \sim 16mm$)或镀锌圆钢管(直径为 $20 \sim 25mm$)制成。引下线应采用经过防腐处理的圆钢(直径为 $8 \sim 16mm$)或扁钢(截面积大于 $12 \times 4mm^2$)制成,引下线应以最短的路径入地,以减小雷电流在引下线上的电压降;接地体是埋入大地土中的接地装置,用于向大地泄放雷电流。

(2) 避雷针的保护范围

避雷针的保护范围是指被保护物体在此空间范围内不致遭受雷击。我国标准使用的避雷针保护范围的计算方法是根据雷电冲击小电流条件下模拟试验研究确定的,并以多年运行经验做了校验。保护范围是按被保护概率为99.9%(屏蔽失效率0.1%)确定的。也就是说,保护范围不是绝对保险的,而是相对某种保护的概率而言。

① 单根避雷针的保护范围。单根避雷针的保护范围如图9-19所示。从避雷针顶点向下作45°斜线,而此斜线旋转所形成的椎体构成了 $h_x \geq h/2$ 时的保护范围。从地平面距避雷针 $1.5h$ 处向避雷针 $0.75h$ 高处作连线,并将此连线以避雷针垂线旋转形成台体,则该台体就形成 $h_x < h/2$ 时的保护范围。只有当被保护物体完全处于如图9-19所示折线椎体构成的空间范围❶内时,才能得到有效的保护,而免遭雷击。

设避雷针的高度为 h,被保护物体的高度为 h_x,则避雷针的有效高度 $h_a = h - h_x$,于是在 h_x 高度上避雷针保护范围的半径 r_x 计算式为:

当 $h_x \geq \dfrac{h}{2}$ 时 $\qquad r_x = (h - h_x)p = h_a p \qquad$ (9-6)

当 $h_x < \dfrac{h}{2}$ 时 $\qquad r_x = (1.5h - 2h_x)p \qquad$ (9-7)

---

❶ 电力行业标准《交流电气装置的过电压保护和绝缘配合》(DL/T 620—1997)中规定的避雷针、线保护范围,是按"折线法"确定的。

式中:p——考虑避雷针高度影响的校正系数,称为高度影响系数。

当 $h \leq 30\text{m}$ 时,$p = 1$;当 $30\text{m} < h \leq 120\text{m}$ 时,$p = \dfrac{5.5}{\sqrt{h}}$;当 $h > 120\text{m}$ 时,应按 120m 计算。

由图 9-19 可以看出,高度一定的单根避雷针随着保护平面的升高,避雷针的保护范围减小,要想增加其保护范围就必须增加避雷针的高度。另外,为使单根避雷针的保护空间得到充分利用,单根避雷针应安装在被保护物的纵向中央;独立单根避雷针与被保护半径的最短距离,在符合安装规定的情况下,应尽量靠近建筑物。

②两根避雷针的保护范围。为了扩大保护范围,工程上往往不采用一根很高的避雷针,而采用两根或多根避雷针。如图 9-20 所示为采用两根等高避雷针时的保护范围,此时两根避雷针外侧的保护范围仍然按单根避雷针的方法确定,而两根避雷针间的保护范围,则由通过两根避雷针顶点 A、B 及中间最低点 O 的圆弧确定,其中中间最低点 O 的高度计算式为:

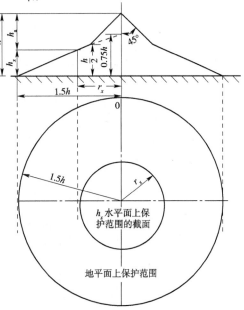

图 9-19 单根避雷针的保护范围

$$h_O = h - \frac{D}{7p} \tag{9-8}$$

式中:h——避雷针的高度,m;

　　D——两根避雷针的间距,m;

　　p——考虑避雷针高度影响的校正系数,其取值与单根避雷针的情况相同。

对于两根避雷针之间高度为 h_x 的水平面上的保护范围的截面积,如图 9-20 所示,其最小宽度为 $2b_x$,b_x 的计算式为:

$$b_x = 1.5(h_O - h_x) \tag{9-9}$$

当采用两根等高避雷针时,为了达到良好联合保护的效果,两根避雷针之间的距离与针高之比 D/h 不宜大于 5。

如果采用两根不等高避雷针,则其保护范围可按图 9-21 所示方法确定。两根避雷针外侧的保护范围仍然按单根避雷针方法确定,而两根避雷针间的保护范围可按以下步骤确定:

首先按单根避雷针规定的方法作出高避雷针 B 的保护范围,然后由低避雷针 A 的顶点作水平线,并交于高避雷针 B 的保护范围的 C 点,设 C 点为一个与低避雷针 A 等高的假想避雷针 C 的顶点,再按两根等高避雷针的方法确定出 A、C 之间的保护范围。则中间最低点 O 的高度计算式为:

$$h_O = h_1 - \frac{D'}{7p} \tag{9-10}$$

③多根避雷针的保护范围。当发电厂及变配电所占地面积较大时,都是通过多根避雷针保护的方法,实现扩大保护范围的。

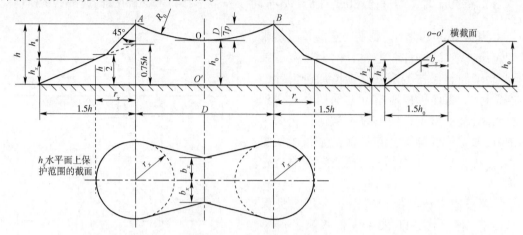

图9-20 两根等高避雷针的保护范围

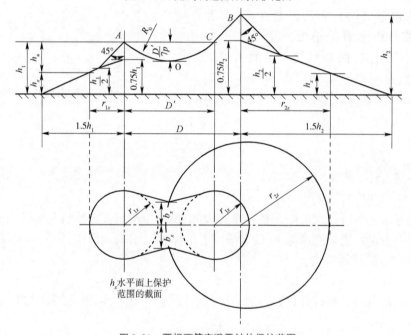

图9-21 两根不等高避雷针的保护范围

a. 三根避雷针形成三角形布置时,应区别等高或不等高两种情况。其三角形内侧保护范围,按相邻两根等高或不等高避雷针的方法确定;如各相邻两根避雷针的最小保护宽度 $b_x \geq 0$ 时,则全部面积均受到保护,如图9-22所示。

b. 四根及四根以上避雷针形成四角形或多角形布置时,可先将其分成两个或几个三角形,然后按三根避雷针成三角形布置的情况确定其保护范围;如各边的最小保护宽度 $b_x \geq 0$ 时,则全部面积均受到保护,如图9-23所示。

2)避雷线

避雷线是高压和超高压输配电线路最基本的防雷措施,其主要作用是防止雷电直击导线。避雷线的保护原理与避雷针基本相同,但因其对雷云与大地之间电场畸变的影响比避雷针小,所以其引雷作用和保护宽度都比避雷针小。但因避雷线的保护长度是与线路等长的,特别适用于保护架空线路及大型建筑物。目前,世界上大多数国家已改用避雷线来保护500kV大型高压变电站。

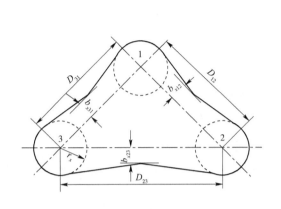

图9-22 三根等高避雷针的保护范围

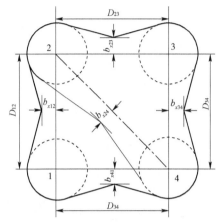

图9-23 四根等高避雷针的保护范围

(1)单根避雷线的保护范围

单根避雷线的保护范围如图9-24所示。由避雷线向两侧作与垂直面成25°的斜面,即构成保护范围的上部空间;在$h/2$处转折线与地面上离避雷线水平距离为h的直线相连的平面构成了保护范围的下部分空间,被保护物必须处于该保护空间之内。在h_x高度水平面上一侧的保护宽度r_x可按下式计算:

当 $h_x \geq \dfrac{h}{2}$ 时 $\qquad r_x = 0.47(h - h_x)p = h_a p \qquad$ (9-11)

当 $h_x < \dfrac{h}{2}$ 时 $\qquad r_x = (h - 1.55h_x)p \qquad$ (9-12)

式中:h——避雷线的高度,m;

h_x——被保护物的高度,m;

r_x——避雷线在h_x高度水平面上一侧的保护范围,m;

p——高度影响系数,其取值与单根避雷针的情况相同。

比较如图9-20所示的两根等高避雷针的保护范围和如图9-24所示单根避雷线的保护范围可见,对于同样高度的避雷针和避雷线,避雷针的保护半径(宽度)较大,这是因为避雷针吸引雷电先导的能力大于避雷线。

(2)两根平行避雷线的保护范围

两根平行避雷线的保护范围如图9-25所示,其中避雷线外侧的保护范围按单根避雷线时确定,而两根之间保护范围的截面可以通过A、B及中间最低点O圆弧确定。中间最低点O距地面高度h_O的计算式为:

$$h_O = h - \dfrac{D}{4p} \qquad (9-13)$$

用避雷线保护输电线路时,通常用保护角表示避雷线对导线的保护程度。保护角是指避雷线与所保护的外侧导线之间连线与经过避雷线的垂线之间的夹角,如图 9-26 所示的角 α。保护角 α 越小,避雷线对导线的屏蔽保护作用越有效。

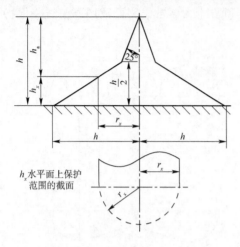

图 9-24 单根避雷线的保护范围　　图 9-25 两根平行避雷线的保护范围

在工程设计中,保护角一般取 20°~30°。对于双避雷线,220~330kV 一般采用 20°左右,500kV 一般不大于 15°;山区宜采用较小的保护角。杆塔上 2 根避雷线的距离不应超过导线与避雷线垂直距离的 5 倍。

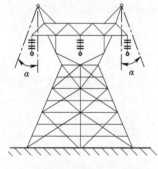

图 9-26 避雷线的保护角

对于 35kV 及以下配电装置,其门型构架或屋顶上因为绝缘较弱,所以不宜装设避雷针(线)。但对于 60kV 及以上的高压配电装置,由于电气设备和母线的绝缘较强,不易产生反击现象,所以,允许将避雷针(线)装设在门型构架或屋顶上,此时,避雷针(线)可以利用变电所的主接地网在附近装设辅助的集中接地体。为防止一旦发生反击现象而损坏变压器,任何避雷针(线)引下线入地点至变压器接地线入地点之间的距离不得小于 15m。至于其他各类建筑物对直击雷的防护要求可以参见有关规程与标准。

3) 避雷带和避雷网

避雷带和避雷网是指在被保护建筑物屋顶上连接成的金属网络,并通过引下线将其接至接地体。它主要用来保护高层建筑物免遭直击雷和感应雷。在实际应用时,避雷带和避雷网通常采用圆钢或扁钢制作,圆钢直径应大于 8mm;扁钢截面积应大于 $100mm^2$,且厚度应大于 4 mm。

9.4.2 雷电冲击波的防护

避雷针(线)虽然可以防止雷电对电气设备的直击,但被保护的电气设备仍然存在因雷击而损坏的可能性。例如,当雷电击中线路或线路附近的大地时,就会在输电线路上产生过电压,并且这种过电压会以雷电冲击波的形式沿线路传入发电厂、变配电站,危及电气设备的绝缘。为此,在电力电子系统中,为限制这种侵入波过电压的幅值,通常要在被保护设备的附近装设避雷器等电气装置。

(1) 避雷器

避雷器是指能够释放雷电或兼有能释放电力系统操作所引起的内部过电压能量,保护电气设备免受瞬时过电压危害,同时又能截断续流,不致引起系统接地短路的电气装置。避雷器的保护原理不同于避雷针,它实质上是一种具有限制过电压功能的放电器。在应用时,避雷器通常与被保护设备并联,且接于带电导线与地之间。当过电压值达到规定的动作电压时,避雷器立即先放电,以限制过电压的发展,保护电气设备免遭击穿损坏,而当电压值恢复正常后,避雷器又会迅速恢复原状,以保证系统正常供电。在实际应用时,为了达到预想的保护效果,避雷器必须满足具有良好的伏秒特性❶和较强的绝缘自动恢复能力这两个基本要求。

目前广泛使用的避雷器主要有保护间隙、排气式避雷器、阀型避雷器、氧化锌避雷器,而各种避雷器动作前后的过电压波形如图 9-27 所示。

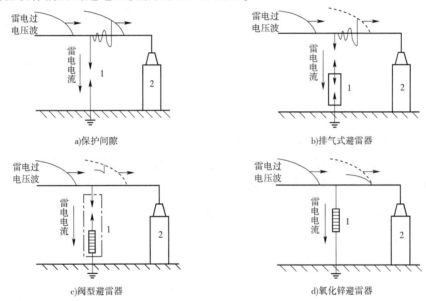

图 9-27 各种避雷器动作前后的过电压波形
1-避雷器;2-被保护设备

(2) 保护间隙

保护间隙也称角型避雷器或羊角型避雷器,如图 9-28 所示。最简单而原始的保护间隙形式就是两根金属针,一根接地,另一根则接在雷电过电压波将要通过的导线上,两根针尖的间隙由被保护对象所需要的额定电压确定。在正常情况下,工作电压不足以使间隙击穿,避雷器相当于开路,此时对系统的正常工作没有任何影响。当过电压到来时,间隙被击穿,避雷器立即对地放电,将大部分雷电电流泄入大地,从而使被保护电气设备的绝缘免遭过电

---

❶ 由于雷电冲击电压持续时间短,间隙的击穿存在放电延时现象,所以仅靠雷电冲击击穿电压表征间隙击穿特性是不够的,还必须将击穿电压值与放电时间联系起来,以确定间隙的击穿特性。所谓伏秒特性,即为绝缘材料在不同幅值的冲击电压作用下,冲击放电电压与对应起始放电时间的关系。电气设备的冲击绝缘强度都是用伏秒特性表示的。

压损害。而当过电压消失后,避雷器自动恢复到起始状态,保证电力系统继续正常运行,间隙被击穿前后过电压波形如图9-27a)所示。

由于间隙之间的电场为不均匀电场,并且保护间隙击穿后是直接接地的,会有截波❶产生而不能保护有绕组的设备。因此,保护间隙仅用于室外且负荷不重要和单相接地不会导致严重后果的线路上。

保护间隙的安装是将其中的一个电极连接输电线路,另一个电极接地。但为了防止间隙被外物(例如树枝、鸟等)搭接而造成接地或短路故障,对如图9-28a)、9-28b)所示没有辅助间隙的避雷器,必须在其公共接地引下线的中间串入一个辅助间隙,如图9-29所示。

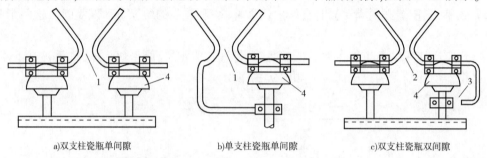

图9-28 保护间隙的原理结构图
1-保护间隙;2-主间隙;3-辅助间隙;4-绝缘子

(3)排气式避雷器

排气式避雷器通称管型避雷器,是一种放在管状外壳内的火花间隙,在火花放电时,管内装置因电弧放电的高温而产生气流,它可以把续流电弧熄灭,多用于电力输电网的防雷保护。它主要由产气管、内部间隙和外部间隙三部分组成,如图9-30所示。

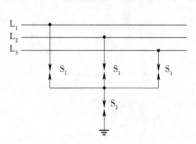

图9-29 三相线路上保护间隙的连接电路
S_1-主间隙;S_2-辅助间隙

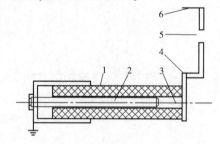

图9-30 排气式避雷器的原理结构图
1-产气管;2-棒形电极;3-内部间隙;
4-环形电极;5-外部间隙;6-相导体

当线路遭到直击雷或感应雷时,雷电过电压会使排气式避雷器的内、外间隙被击穿,强大的雷电冲击电流通过接地装置泄入大地。当过电压消失后,内外间隙的击穿状态由导线的工作电压所维持,并且此时流经间隙的工频续流就是排气式避雷器安装处的短路电流,工频续流电弧的高温使管内产气材料分解出大量气体,管内压力升高,气体在高压力作用下由

---

❶截波即为被突然截断的雷电冲击波,其截断时刻可以发生在波前、波峰或波尾。雷电冲击截波在具有绕组的设备(如电力变压器、电磁式电压互感器和分流电抗器等)纵向绝缘上的电压梯度分布极不均匀,对这类设备绝缘是严峻的考验。

环行电极的开口喷出,形成强烈的纵向吹弧作用,使工频续流在第一次经过零值时熄灭。排气式避雷器间隙被击穿前后过电压波形如图9-27b)所示。

排气式避雷器的灭弧能力与工频续流的大小有关。如果工频续流太大,就会产生过量的气体,使产气管炸裂。反之,如果工频续流过小,则产生气体量过少而不能灭弧。因此,选择排气式避雷器时,其开断电流的上限应不小于安装处短路电流的最大有效值(应计入非周期分量),其开断电流的下限则应不大于安装处短路电流可能的最小值(应计入非周期分量)。关于排气式避雷器的开断电流的上下限数据都会在全型号❶中标示出。

(4)阀型避雷器

阀型避雷器最基本的构造元件是火花间隙(简称间隙)和非线性电阻片(简称阀片),它们串联叠装在密封的瓷套管内,其结构与特性曲线如图9-31所示。其中,如图9-31a)所示为原理结构图,如图9-31b)所示为阀型避雷器电阻特性,如图9-31c)所示为FS-6型阀型避雷器的结构图。由于阀型避雷器具有较平的伏秒特性和较强的灭弧能力,可以避免产生谐波,是目前被广泛采用的防雷保护设备。

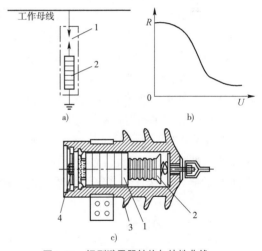

在电力系统正常工作时,火花间隙将非线性电阻片与工作母线隔离,以避免母线工作电压在非线性电阻片中产生的电流烧毁电阻片;当工作母线上出现过电压,且幅值超过火花间隙放电电压时,火花间隙将被击穿(火花间隙不会被正常的工频电压击穿),非线性电阻阻值降低,冲击电流通过非线性电阻片泄入大地。由于非线性电阻阻值降低,所以在电阻片上产生的压降(残压❷)很低,小于被保护设备的冲击电压;当过电压消失后,在火花间隙中,由于工作电压产生的工频电弧电流(称为工频续流)仍将继续流过避雷器,但受电阻片非线性的作用,此工频续流远小于冲击电流,从而能在工频续流第一次过零时将电弧切断。以后依靠火花间隙的绝缘

图9-31 阀型避雷器结构与特性曲线
1-火花间隙;2-非线性电阻片;3-套管;4-接地螺钉

强度就能够承受电网恢复电压的作用而不会重燃,于是,避雷器从火花间隙击穿到工频续流的切断不会超过半个工频周期,间隙又恢复为断路状态,使线路与大地保持绝缘,随时准备阻止雷电波的侵入,火花间隙被击穿前后过电压波形如图9-27c)所示。

根据结构性能和用途的不同,阀型避雷器主要有以下几种型号:

①FS型避雷器。这是一种普通阀型避雷器,结构较为简单,保护性能一般,价格低廉,

---

❶排气式(管型)避雷器全型号的表示和含义

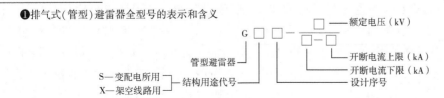

❷所谓残压,是指避雷器导通后,雷电冲击电流在避雷器电阻上产生的电压降。

一般用来保护10kV及以下的配电设备。如配电变压器、柱上断路器、隔离开关、电缆头等。

②FZ型避雷器。这种避雷器在火花间隙旁并联分路电阻,保护性能好。主要用于3～220kV电气设备的保护。

③FCD型避雷器。这是一种磁吹式阀型避雷器,火花间隙旁不但有分路电阻,还有分路电容,保护性能较为理想,主要用于旋转电机的保护。

表征阀型避雷器电气特性的主要参数如下：

①额定电压。是指电网正常运行时,作用在避雷器上的工频工作电压的有效值。

②灭弧电压。是指保证避雷器能在工频续流第一次过零时就熄灭电弧的条件下,允许加载在避雷器两端的最高工频电压。也就是说,如果作用在避雷器上的工频电压超过了灭弧电压,该避雷器就将因不能熄灭电弧而损坏。由此可见,灭弧电压应该大于避雷器安装点可能出现的最大工频电压。

③冲击放电电压。是指在冲击电压作用下,避雷器放电的电压值（幅值）。由于避雷器的伏秒特性应低于被保护设备绝缘的冲击击穿的伏秒特性,因此,通常给出的是上限。

④工频放电电压。是指在工频电压作用下,避雷器将发生放电的电压值。由于阀型避雷器的间隙击穿的分散性,工频放电电压都是给出上下限值。

⑤残压。是指冲击电流流过避雷器时,冲击电流在电阻片上产生的电压降（幅值）。

⑥冲击系数。是指避雷器冲击放电电压与工频放电电压幅值之比,一般希望它接近于1,这样避雷器的伏秒特性就比较平坦,有利于绝缘配合。

⑦切断比。是指避雷器工频放电电压的下限与灭弧电压之比,是表征火花间隙灭弧能力的一个技术指标。切断比越接近1,火花间隙绝缘强度的恢复速度就越快,其灭弧能力就越强。

⑧保护比。是指避雷器的残压与灭弧电压之比。保护比越小,避雷器的残压就越低（或灭弧电压越高）,这意味着绝缘物受到的过电压较低,而工频续流又能很快被切断,因而该避雷器的保护性能较好。

(5) 氧化锌避雷器

氧化锌避雷器是目前世界公认的当代先进的"无间隙避雷器",其基本工作元件是密封在瓷套内的氧化锌阀片（压敏电阻）,在结构上没有间隙。这种氧化锌阀片具有优异的非线性伏安特性,如图9-32所示。每一块压敏电阻从制成时就有一定开关电压（压敏电压）,当其端电压低于压敏电压时,压敏电阻值很大,相当于绝缘状态;而在端电压高于压敏电压时,压敏电阻呈低值被击穿,相当于短路状态,并且,压敏电阻的这种"短路"状态,在其端电压低于压

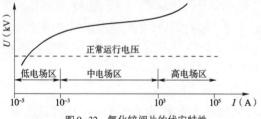

图9-32 氧化锌阀片的伏安特性

敏电压后,阀片又可以自动终止"短路"状态,恢复到"绝缘"状态。如图9-27d)所示为氧化锌避雷器导通前后的过电压波形。因此,如果在电力线路上安装氧化锌避雷器,当雷击时,雷电波的高电压就会使压敏电阻击穿,雷电流通过压敏电阻流入大地。由于其残压很低,不会超过被保护设备的耐压值,使电源线上的电压控制在安全范围内,达到保护电气设备的目的。而在电网额定电压下压敏电阻阻值又很大,泄放电流很小,通常只有50～150μA,可以视为无工频电流流通。可见,在压敏电阻的整个工作过程中不存在电弧燃烧与熄灭问题。

由于与传统避雷器相比,氧化锌避雷器具有无间隙、无续流、通流容量大、易于构成直流避雷器等优点,所以氧化锌避雷器是目前世界各国避雷器发展的主要方向,在工程应用中已逐渐取代了传统带间隙避雷器,是未来电力系统绝缘实现不可缺少的基础。

由于氧化锌避雷器没有串联火花间隙,所以没有灭弧电压、冲击放电电压等特性参数,但有下述独特的电气特性参数:

①额定电压。额定电压是指避雷器能够短期承受的最大工频电压有效值。在系统发生短路工频电压升高时(此电压直接加载在氧化锌压敏电阻片上),避雷器应该能够正常可靠地工作一段时间(完成规定的雷电及操作过电压动作负载,特性基本不变,不会出现热损耗)。

②最大持续运行电压。最大持续运行电压是指避雷器能够长期持续运行的最大工频电压有效值,它一般应等于系统的最高运行相电压。

③起始动作电压(又称为参考电压或转折电压)。大致位于氧化锌压敏电阻片伏安特性曲线由小电流区上升部分进入大电流区平坦部分的转折处,可以认为避雷器此时开始进入动态状态以限制过电压。通常以通过 1mA 工频阻性电流分量峰值或直流电流时的电压作为起始动作电压。

④压比。压比是指避雷器在波形为 8~20μs 的额定冲击电流作用下的残压与其起始动作电压的比值。压比越小,表明避雷器通过冲击大电流时的残压越低,避雷器的保护性能就越好。

⑤工频耐受电压特性。这是考核氧化锌避雷器对工频过电压的耐受能力。按我国技术规定,对于中性点非有效接地系统,氧化锌避雷器应耐受的工频过电压与耐受时间应满足如表 9-2 所示的关系,表中 U_m 为系统最高工作相电压。

氧化锌避雷器应耐受的工频过电压与耐受时间　　　　表 9-2

工频过电压	$1.2U_m$	$1.3U_m$	$1.4U_m$
时间(s)	1 000	100	1

⑥荷电率。所谓荷电率,是指避雷器长期运行电压峰值与起始动作电压之比,它是表征压敏电阻片上电压负荷程度的一个参数。荷电率的高低对避雷器老化程度的影响很大,一般采用 45%~75%,甚至更高。在中性点不接地或经消弧线圈接地的系统中,由于单相接地时非故障相电压升高较大,所以一般采用较低的荷电率。而在中性点直接接地系统中,由于工频电压基本不升高,所以可采用较高的荷电率。

⑦保护比。保护比即为额定冲击放电电流下的残压与持续运行电压(峰值)的比值,也等于压比与荷电率之比,即:

$$保护比 = \frac{额度残压}{持续运行电压(峰值)} = \frac{压比}{荷电率} \qquad (9-14)$$

因此,通过提高压比或降低荷电率都能够实现氧化锌避雷器保护水平的提高。

(6)避雷器与被保护物绝缘的伏秒特性配合

为了使避雷器能够达到预期的保护效果,避雷器与保护设备的伏秒特性之间应有一种合理的配合。

如图 9-33 所示为避雷器与被保护物绝缘之间伏秒特性的配合情况。对于图 9-33a)所示情况,由于避雷器的伏秒特性有一部分($t \leq t_1$ 时间段)高于电气设备的伏秒特性,在冲击电压(特别是陡波波头的上升时间段)的作用下,被保护设备会先被击穿,而使避雷器起不到保护作用。对于如图9-33b)所示情况,虽然避雷器的伏秒特性整个低于被保护设备的伏秒特性,在冲击电压作用时避雷器可以起到保护作用,但是由于避雷器的伏秒特性过低,存在着低于被保护设备上可能出现的最高工频电压部分,这就会使避雷器发生误动作,因而也无法起到保护作用。对于如图9-33c)所示情况,由于避雷器的伏秒特性低于被保护设备的伏秒特性,可以保证在同一冲击电压作用下,避雷器总是首先击穿对地放电。同时,避雷器的伏秒特性又高于被保护设备上可能出现的最高工频电压,可以避免避雷器发生误动作。因此,如图9-33c)所示的避雷器与被保护物绝缘之间伏秒特性的配合是合理的。

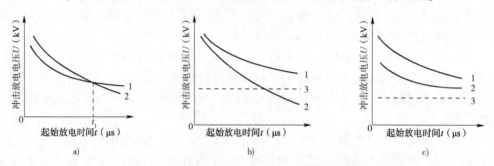

图9-33 避雷器与被保护物绝缘之间伏秒特性的配合
1-被保护设备绝缘的伏秒特性;2-避雷器的伏秒特性;3-被保护设备上可能出现的最高工频电压

9.5 供配电系统的防雷保护

9.5.1 架空线路的防雷保护

在供配电系统中,对架空线路采取的防雷保护,通常有以下几种措施。

(1)架设避雷线

该方法是防雷的有效措施,但由于造价较高,所以通常只用于660kV及以上电压等级的架空线路上沿全线路架设。对于35kV的架空线路,则一般只在进出变配电所的一段线路上架设。而对应于10kV及以下的线路一般不架设。

(2)提高线路自身的绝缘等级

该方法可以通过采用木横担、瓷横担或高一级电压的绝缘子实现线路防雷水平的提高,是10kV及以下架空线路防雷的基本措施。

(3)个别绝缘薄弱地点加装避雷器

对于架空线路上个别绝缘薄弱地点,如跨越杆、转角杆、分支杆、带拉线杆及木杆线路中个别金属杆处等,可以加装排气式避雷器或保护间隙。

(4)利用三角形排列的定线兼作防雷保护线

由于3~10kV供配电系统一般是中性点不接地系统,因此可以在三角形排列的顶端线路绝缘子上部加装保护间隙,如图9-34所示。当线路上出现雷电过电压时,顶端绝缘子上的保护间隙将会被击穿,于是雷电冲击电流将会通过其接地引下线泄入大地,从而实现对其下面两根导线的保护。

9.5.2 变压器中性点的防雷保护

电力系统的运行经验表明,60kV 及以下的中性点非有效接地系统电网的雷击故障一般每 100 台 1 年只有 0.38 次,是可以接受的。因此,我国有关标准规定,35～60kV 变压器中性点一般不需要装设避雷器保护设备,为全绝缘。

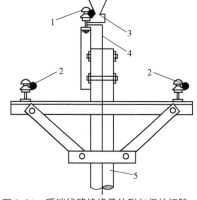

图 9-34　顶端线路绝缘子的附加保护间隙
1-绝缘子；2-架空导线；3-保护间隙；
4-接地引下线；5-电杆

我国 110kV 及以上电网的中性点一般是直接接地系统。但为了继电保护的需要,其中有一部分变压器的中性点不接地,此时如果中性点采用分级绝缘且未装设保护间隙,则应在中性点加装避雷器,且宜采用金属氧化物避雷器；如果变压器中性点的绝缘是按线电压设计的,但变电所为单进线单台变压器运行,则变压器中性点需要装设避雷器。这是由于根据电磁波传播理论,当三相来波传播到中性点时,变压器中性点的电位会达到绕组端的两倍,危及中性点处绝缘。

9.5.3 配电变压器的防雷保护

在供配电系统中,通常在变压器的高压侧装设阀型避雷器。对于 Y/yn0 接线的变压器,一般把外壳、中性点与避雷器共同接地,如图 9-35 所示。

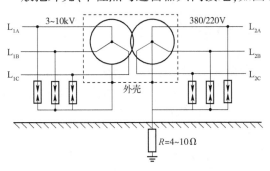

图 9-35　配电变压器的防雷保护接线

高压侧所装设的氧化锌或阀式避雷器应尽可能靠近变压器,并且接地线应与变压器的金属外壳及低压侧绕组中性点连在同一个接地点,且尽可能减小接地线的长度,以减小线路上的电压降。这样,当避雷器动作时,作用在变压器主绝缘上的就是避雷器残压,而不包括接地电阻上的电压。但此时,接地体和接地引线上的压降,将使变压器外壳电位大大提高,可能引起外壳向低压侧的闪络放电,所以,必须将变压器低压侧中性点与外壳共同接地,使中性点与外壳等电位,而不会发生闪络放电。这种共同接地的缺点是避雷器动作时所引起的地电位升高,可能危害低压用户安全,所以应加强低压用户的防雷保护。

运行经验表明,如果只在高压侧装设避雷器,还不能避免变压器遭受正、反变换过电压的危害。所谓正、反变换过电压,是指高压侧线路受到直击雷或感应雷而使避雷器动作时,冲击大电流将在接地电阻上产生大的冲击电压,该电压将同时作用在低压侧线路的中性点上。此时因低压线路相当于通过一个不大的波阻抗接地,大部分电压将加载在低压绕组上,于是,这部分电压将通过电磁耦合,按变比关系在高压绕组上感应出过电压。由于高压绕组出线端的电位会受到避雷器的限制,故高压绕组感应出的这种过电压将沿高压绕组分布,并在中性点处达到最大值,危及中性点附近及绕组相间绝缘。因此,为了限制这种正、反变换过电压,还应在变压器低压侧加装氧化锌避雷器。

对于变压器低压侧中性点不接地系统,如 IT 系统,中性点可以装设阀型避雷器、保护间隙或金属氧化物避雷器。

9.5.4　未全线路架设避雷线的配电所进线段防雷保护

当雷电波侵入变电所时,要使变电所的电气设备得到可靠有效的保护,就必须限制其入侵雷电波的陡度和流过避雷器雷电流所引起的残压。运行经验表明,变电所雷电侵入波事故约有50%是由于距离变电所1km以内线路遭受雷击引起的,约有71%是3km以内线路遭受雷击引起的。为此,对变电所线路的进线段进行防雷保护是对雷电波侵入保护的一个重要辅助手段。

对于以 35~110kV 无避雷线进线的变电所,为了防止线路遭雷击时的雷电波侵入变电所,危害变电所的配电设备,目前广泛采用的保护方案如图 9-36 所示。

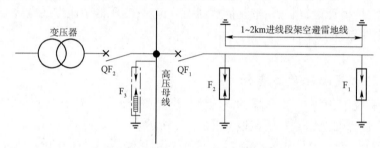

图 9-36　35~110kV 变电所进线防雷保护方案
QF_1、QF_2-断路器;F_1、F_2、F_3-避雷器

在木杆或钢筋混凝土木横担线路进线保护段首端,应装设一组管型避雷器 F_1,此时其工频接地电阻一般不大于 10Ω,用于限制从进线段以外沿导线侵入的冲击波幅值。反之,如果采用铁塔或钢筋混凝土杆铁横担,则线路不必装设 F_1。在进线保护末端应装设管型避雷器 F_2,其目的是保护断路器 QF_1 免遭雷电过电压的破坏。这是因为断路器 QF_1 的触头可能断开而形成开路状态,如果没有对其保护,则当出现较高的折射电压时,会引起触头相间或对地闪络,严重时还可能烧毁触头。

虽然变电所进线采取了上述防雷措施,沿线路侵入变电所的雷电波在传播过程中被衰减了很多,但其过电压对变电所内的电气设备还是具有威胁的,特别是价格最高,而绝缘相对薄弱的变压器。因此,还应在变电所母线上装设一组阀型避雷器 F_3,用于保护变电所的变压器及所有电气设备的绝缘。在安装该组阀型避雷器 F_3 时,应尽可能靠近断路器 QF_1,一般距离不大于 5m,其外间隙的大小应整定在线路正常运行时不会发生误动作的状态。

对于采用两路进线且高压母线分段的变电所,其每路进线和每段母线应该按上述标准方案进行保护。

对于 35kV 进线,但容量在 5 600kVA 下的变电所,其进线保护方案,应根据运行经验(尤其在雷暴日数为 40d 以下的地区)可以简化为:避雷线可以缩短为 500~600m,管型避雷

器 F_2 可不必装设;如果容量在 3 200kVA 以下,则不必装设避雷线,而只将 500~600m 进线段的所有绝缘瓷瓶的铁脚接地,或只装设避雷线、阀型避雷器 F_3。

9.5.5 直配高压电动机的防雷保护

在工业企业供配电系统和交通供电系统中,一般对于经过变压器与架空配电网相连的电动机,因其绝缘水平低于变压器,所以通常不采用特殊的防雷措施。但对于直接与高压配电网连接的高电压、大功率直配电动机,一方面,因线路一旦遭受雷击,雷电冲击波将沿导线直接侵入电动机定子绕组,造成电动机绝缘损坏或烧毁;另一方面,电动机定子绕组的冲击耐压水平较低,而因其结构的原因又不可能采用像变压器线圈那样,将绕组浸没在绝缘油中提高绝缘水平。因此,对这类电动机必须装设防雷保护装置。

如表 9-3 所示为高压电动机出厂耐压试验的规定值、相应电压的磁吹避雷器残压值及同等电压等级变压器出厂耐压试验的规定值。比较这些数据可知,在同等电压等级下,电动机的耐压值只有变压器的 1/3 左右,而比相同等级的磁吹避雷器在 3kA 时的残压稍高一点,这就表明,对电动机防雷时必须降低侵入波的陡度,否则保护的可靠性是很低的。

如果考虑电动机的固体绝缘介质在运行过程中因受潮、粉尘污染、酸碱气体的侵蚀及长期热作用等影响因素造成的绝缘老化,运行中的电动机预防性试验电压只规定为 $1.5U_N$,故安全冲击耐压值只能达到规定值的 $\sqrt{2}$ 倍,即 $1.5\sqrt{2}U_N$(表 9-3 中最后一列数据)。显然它已经低于相同电压等级的磁吹避雷器的残压(表 9-3 中右侧第二列数据)。因此,只采用磁吹避雷器来保护电动机是不可靠的。

相同电压等级的高压电动机、变压器出厂耐压试验的规定值及磁吹避雷器残压值 表 9-3

电动机额定电压(有效值,kV)	电动机出厂工频试验电压(有效值,kV)	电动机出厂冲击试验电压(幅值,kV)	同电压等级变压器出厂冲击试验电压(幅值,kV)	磁吹避雷器在3kA冲击电流时的残压(幅值,kV)	运行中电动机的安全冲击耐压值 $1.5\sqrt{2}U_N$(kV)
3	$2U_N+1$	10.3	43.5	9.5	6.5
6	$2U_N+1$	19.2	60	19	13.0
10	$2U_N+3$	34.0	80	31	21.5

注:U_N 为电动机的额定电压。

为此,在实际应用中必须将磁吹避雷器与电容器、电缆进线段联合起来,实现对直配高压电动机的可靠防雷保护。主要保护措施有以下几点:

(1)主绝缘保护

在直配电动机输入母线上装设避雷器,以限制侵入波幅值,同时采取进线保护措施,以限制通过避雷器的电流,使之小于 3kA。

(2)纵向绝缘保护及感应过电压的限制

在每一相母线上装设与避雷器相并联的电容,其容量为 0.25~0.5μF。电容器既可以限制侵入波的陡度,又可以降低感应过电压。

(3)电动机中性点保护

如果直配电动机的中性点能够引出,但没有被接地,则此时应在中性点上加装避雷器,并且避雷器的额定电压要不低于电动机最高运行相电压。对于中性点不能引出的电动机,则可以将接在母线上的电容加大为 1.5～2μF,以进一步降低侵入波的陡度,限制加载在中性点绝缘上的电压。

如图 9-37 所示的方案为我国电力行业标准《交流电气装置的过电压保护和绝缘配合》(DL/T 620—1997)推荐的 25～60MW 直配电动机防雷接线方案。电动机定子绕组的中性是不接地的,这是因为当高幅值雷电冲击波三相同时侵入电动机绕组,并且到达不接地的中点时,由于此时对雷电冲击波相当于开路,高频电磁波折射系数约等于 2,折射电压比进口处电压提高一倍,这将对电动机绕组绝缘危害极大,因此,对于中性点能引出的高压电动机,应在中性点加装阀型避雷器,如图 9-37a) 所示。反之,对于中性点不能引出的高压电动机,为了保护其中性点的绝缘,目前普遍采用的方法是在电动机输入端装设磁吹阀型避雷器 F_2 和并联电容器 C,以降低侵入波的陡度。此并联电容器 C 的作用是加大时间常数,降低侵入波的陡度。并联电容器 C 的值越大,侵入波的上升速度就越慢,陡度就越低。在实际工程应用中,并联电容器 C 的大小一般为每一相 0.25～0.5μF。此外,为了削平侵入波的波头,降低波幅度,以减轻雷电冲击波对直配电动机绕组的危害性,也可以采用一段长度为 100～150m 的电缆进线,以配合磁吹阀型避雷器 F_2 和并联电容器 C 的作用。

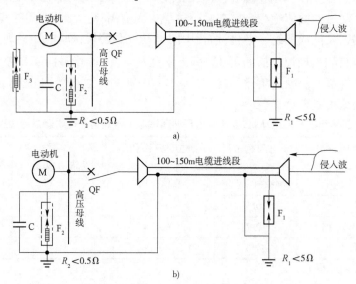

图 9-37 直配高压电动机的防雷保护接线方案

M-电动机;C-电容器;F_1-避雷器;F_2、F_3-磁吹避雷器;R_1、R_2-接地电阻

9.5.6 非直配高压电动机的防雷保护

虽然国内运行经验表明,经变压器送电的电机在放雷击上要比直配电机可靠,但也存在被雷击的情况,特别是在多雷电地区。

经变压器送电的电机可能受到的雷电过电压通常是通过变压器绕组传递的过电压。这一电压可以分为静电感应电压和电磁感应两种分量。

如变压器低压绕组与电机绕组之间的连接采用的是较长(通常大于 50m)的架空线,则除要考虑直击雷保护外,还要考虑感应雷保护。因此,需要在电机端装设电容器或避雷器,它们可以同时限制静电感应过电压。

9.5.7 变电所的直击雷防护

由于变电所的设备一旦遭受直击雷,就可能造成各种设备的严重损坏,所以,变电所内的设备和建筑物都必须具有完善的直击雷保护装置。因此,应该使所有要保护的设备及建筑物都处于避雷针(避雷线、避雷网等)的保护范围之内,并且还要满足雷击避雷针时,不应对被保护物发生反击❶的要求。

(1)避雷针

对于 35 kV 变电所,因为其绝缘水平相对较低,所以必须装有独立的避雷针,并且独立避雷针及其接地装置与被保护建筑物及电缆等金属物之间的距离不应小于5m,主接地网与独立避雷针的地下距离不能小于3m,独立避雷针的独立接地装置的引下线接地电阻不应大于10Ω,并且还要满足不发生反击事故的要求。

对于110kV 及以上变电所,装设避雷针是直击雷防护的主要措施。由于此类电压等级配电装置的绝缘水平较高,可将避雷针直接装设在配电装置的架构上,并且装设避雷针的架构应就近装设辅助接地装置,同时该装置与变电所接地网的连接点距离主变压器与接地网连线点的距离不应小于15m。这一要求的目的是使避雷针遭受雷击时其接地装置上产生的高电位在沿接地网向变压器接地点传播过程中逐渐衰减,以避免形成变压器反击。由于变压器是变电所最重要的设备,并且它的绝缘相对较低,所以在变压器门型构架上不能装设避雷针。

(2)避雷线

由于变电所的配电装置至变电所输出线路的第一个杆塔之间的距离不可能过大,如果允许将杆塔上的避雷线引至变电所的构架上,这段导线将受到保护,比用避雷针保护经济。由于避雷线两端的分流作用,当雷击时,要比避雷针引起的电位升高小一些。因此,110kV 及以上的配电装置,可将线路避雷线引接至输出线路的门型构架上,但在土的电阻率大于 1 000Ω/m 的地区,应装设集中接地装置。对于 35~60kV 的配电装置,土的电阻率不大于 500Ω/m 的地区,允许将线路的避雷线引接至输出线路的门型构架上,并应装设集中接地装置;而当土的电阻率大于500Ω/m 时,避雷线应终止于线路终端杆塔,进变电所一档线路保护可用避雷针保护。

9.6 内部过电压及其防护

在供配电系统中,当操作、事故或其他原因引起系统状态发生突然变化时,将出现从一种稳定状态转变为另一种稳定状态的过渡过程,并且在这个过程中可能产生对系统有危险

---

❶所谓反击,是指当雷电击中避雷针时,如果避雷针与被保护物之间的绝缘间距不够,就有可能在避雷针遭受雷击后,因避雷针对地面的电位升高,而使避雷针与被保护物之间发生放电现象,这种现象也称逆闪络。此种放电不但会发生在避雷针与被保护物体之间的空气间隙,还会发生在两者地下土中接地装置之间的放电。一旦出现反击事故,高电位将会加载到电力设备上,而导致电力设备的绝缘损坏。

的过电压,由于这种过电压是系统内电磁能的振荡和积聚引起的,所以叫作内部过电压。内部过电压虽然其电压幅值和瞬时功率不及雷电过电压,但其持续时间长,同样具有极大的破坏性。

内部过电压分为操作过电压和暂时过电压两大类,其中在故障或操作时瞬间发生的称为操作过电压,其持续时间一般在几十毫秒之内;在暂态过渡过程结束以后出现的,持续时间大于0.1s甚至数小时的持续性过电压称为暂时过电压。暂时过电压又可以分为工频过电压和谐振过电压。

9.6.1 内部操作过电压

1)内部操作过电压概述

内部操作过电压是内部过电压的一种类型,它发生在由于"操作"引起的过渡过程中。而这里所谓的"操作"包括断路器的正常操作和非正常操作,如各种原因的分、合闸空载线路和变压器等操作。在电力系统中,由于这种"操作"能够使系统运行状态发生突然变化,导致系统内部电容元件和电感元件之间的电能和磁能相互振荡转换,造成电压升高。这种电压升高是系统内部能量转换,具有持续时间短、高频振荡、幅值高等特点。

2)典型内部操作过电压及防护

供配电系统中,典型内部操作过电压主要包括空载变压器分闸过电压、空载线路分闸过电压和间歇电弧接地过电压三种。

(1)空载变压器分闸过电压

由于空载变压器属于电感性负载,当采用灭弧能力强的断路器切断空载变压器时,如果在变压器励磁电流接近幅值时突然被切断,回路中的电流变化率很大,而使变压器电感上出现很大的感应电压,形成过电压。

空载变压器分闸过电压的大小与被分段变压器励磁电流的大小、断路器灭弧能力有很大关系。空载电流越大,断路器灭弧能力越强,产生的过电压就越高。如果这一过电压过大,则可能造成变压器或断路器套管之间的放电或爆炸。

由于空载变压器分闸过电压虽然幅值较大,但持续时间短,能量小,所以可以采用避雷器加以限制。该避雷器应该安装在断路器的变压器侧,以便保证断路器断开后,避雷器仍然与变压器相连。

(2)空载线路分闸过电压

空载线路分闸过电压是由于断路器开关灭弧能力不强,触点间电弧重燃引起的。分断空载线路如同分断电容器一样,在断路器开关触点电流经过零值时,电弧瞬间熄灭,但此时电压并不为零,因此线路上有残留电荷,在电荷没有泄漏前,仍保持着原有电压。这时电源电压波形仍按正弦规律变化,当断路器断口间电位差越来越大时,断口间绝缘被击穿,电弧重燃,电源电压又向线路充电,引起线路上的电压振荡,造成过电压。

当合闸空载线路时,线路电压从零值变化到电源侧电压值时,也要经过一个振荡过程,也有可能出现过电压。如果线路上有残余电荷时合闸,如断路器跳闸后的重合闸,这时的过电压与分断空载线路时电弧重燃引起的过电压相似。

由于空载线路分闸过电压是断路器分断时触头间发生重燃引起的,所以可以通过改善断路器的结构,提高断路器的灭弧性能,减小这种过电压发生的概率。目前,电力系统中使用的 SF_6 断路器已经大大改善了灭弧性能,在分断空载线路时基本上不会发生电弧重燃,可以明显减少过电压的发生。

(3) 间歇电弧接地过电压

对于中性点不接地,且线路较多的电力系统,由于对地电容电流较大,所以当发生单相接地时,接地电流较大,接地电弧不容易熄灭,可能出现电弧熄灭与重燃交替的情况,形成间歇电弧,引起事故相和正常相的电感、电容回路的局部振荡,出现过电压。

间歇电弧接地过电压对正常绝缘的电气设备一般危害不大,但这种过电压的持续时间长,而且遍及全电网,对绝缘较差的设备、线路上的绝缘薄弱点,以及在恶劣环境条件下运行的系统将构成较大的威胁,可能造成设备损坏和大面积停电事故。

为了防止间歇电弧接地过电压所产生的危害,应加强电气设备的绝缘监测。同时在系统中性点与地之间装设消弧线圈,利用消弧线圈的电感电流补偿系统对地电容电流,从而抑制间歇电弧接地过电压。

9.6.2 内部谐振过电压

1) 内部谐振过电压概述

由于电力系统中存在大量的电感元件和电容元件,如变压器、互感器、补偿电容等。所以,当系统进行操作或发生故障时,可能会因为参数选择不当,形成各种不同的振荡回路,并在一定能源的激励下,产生谐振现象,使电感或电容上的电压远大于电源电压,形成谐振过电压。

谐振过电压不仅会在系统进行操作或发生故障的过程中产生,而且还有可能在过渡过程结束后的一段时间内存在,直至谐振条件被破坏为止。因此谐振过电压要比操作过电压的持续时间长。

2) 典型内部谐振过电压及防护

供配电系统中常见的谐振过电压有传递过电压、断线引起的铁磁谐振过电压和铁磁式电压互感器饱和引起的铁磁谐振过电压三种。

(1) 传递过电压

在电力系统中,不对称接地故障或断路器没有同步操作所出现零序电压和零序电流,可能会在相邻的线路之间、变压器不同绕组之间通过静电耦合和电磁耦合,发生从高压侧到低压侧的电压传递现象,即所谓的传递过电压。这种从高压侧到低压侧的电压传递可能危及低压侧电气设备绝缘安全。若与接在电源中性点的消弧线圈或电压互感器等铁磁元件组成谐振回路,还可能产生线性谐振或电磁谐振的传递过电压。

限制传递过电压的措施:首先是避免出现中性点位移电压,如尽量使断路器三相同期操作。其次是装设消弧线圈时应避免出现谐振条件。在低压绕组侧没有装设消弧线圈的情况下,可以在低压绕组侧装设三相对地电容器。

(2) 断线引起的铁磁谐振过电压

断线引起的铁磁谐振过电压是指由于导线的开断(可能伴随断线处有一侧接地)、开关的不同步合闸及熔断器的一相或两相熔断而引起的谐振过电压。其中的电感可以是空载或轻载变压器的激磁电感、消弧线圈的电感等,电容可以是导线的对地电容、相间电容或电感线圈的杂散电容等。

只要电网的电源侧或负荷侧中有一侧中性点不接地,在断线时经常出现谐振和中性点电位偏移,造成负载变压器相序反倾,绕组电流剧增和绕组两端、导线对地的过电压等。

限制断线引起的铁磁谐振过电压的措施有以下几点:保证断路器的三相同期操作;在中性点接地系统中,操作中性点不接地变压器时,先将其中性点临时接地;不要将空载变压器长期接在电网中。

(3) 铁磁式电压互感器饱和引起的铁磁谐振过电压

在中性点不接地系统中,正常运行时,电压互感器的励磁阻抗很大,三相基本平衡,系统中性点的位移电压很小。但当系统中出现某些扰动,使电压互感器三相电感饱和程度不同时,系统中性点就有较高的位移电压,可能激发谐振过电压。能够使电压互感器产生严重饱和的常见情况主要有以下几种:

① 电源突然合闸到母线上,使连接在母线上的电压互感器一相或两相绕组出现较大的励磁涌流,而导致电压互感器饱和。

② 由于雷击或其他原因使线路发生瞬间单相电弧接地,使系统产生直流分量,而故障相接地消失时,该直流分量会通过电压互感器释放,引起电压互感器饱和。

③ 传递过电压引起的饱和,如高压绕组侧发生单相接地或不同步合闸,低压侧有传递过电压使电压互感器产生饱和。

实际上,中性点的位移电压就是电网对地零序电压。为此限制过电压的措施也应该从改变系统的零序参数着手,主要实现方法有以下三种方法。

① 可以在母线上加装三相对地电容器,使系统参数超出谐振范围;

② 选用励磁特性较好的电压互感器,增加零序阻尼,或采用专门的消除装置;

③ 在零序回路中接入阻尼电阻。

习题与思考题

9-1　什么叫作接地?

9-2　什么叫作接触电压?什么叫作跨步电压?

9-3　什么叫作过电压?过电压有哪些类型?雷电过电压又有哪些形式?各是如何产生的?

9-4　试比较保护接地与保护接零。

9-5　简述保护接地的局限性和保护接零的适用范围。

9-6　简述同一电网中不宜同时设有保护接地和保护接零的原因。

9-7　避雷器的主要功能是什么?阀式避雷器、排气式避雷器、保护间隙和氧化锌避雷器在结构、性能上各有哪些特点?各应用在哪些场合?

9-8　架空线路和变配电所各有哪些防雷措施?

9-9　简述直配高压电动机的防雷保护。

附录　常用电气图形及文字符号

设备名称	文字符号	图形符号	设备名称	文字符号	图形符号
刀开关	QK		母线、导线	B,W	
断路器	QF		三相线路	W	
插接式断路器	QF		电缆终端	X	
隔离开关	QS		避雷器	F	
负荷开关	QL		接地	E	
熔断器	FU		保护接地	PE	
熔断器式隔离开关	QKF		整流器	VC	
跌落式熔断器	FF		交流发电机	G	
熔断器负荷开关	QDF		直流发电机	G	
双绕组变压器	T		交流电动机	M	
三绕组变压器	T		直流电动机	M	
自耦变压器	T		电流互感器	TA	
电压互感器	TV		电压继电器	KV	
继电器、接触器	KA,KM		电流继电器	KI	
通电延时继电器	KT		有功电度表	Wh	
断电延时继电器	KT		无功电度表	VarH	
热继电器	FR		电容器	C	

参 考 文 献

[1] 中华人民共和国国家标准. GB 50052—2009 供配电系统设计规范[S]. 北京:中国计划出版社,2009.

[2] 中华人民共和国国家标准. GB/T 24827—2009 道路与街道照明灯具性能要求[S]. 北京:中国标准出版社,2010.

[3] 中华人民共和国国家标准. GB 50057—2010 建筑物防雷设计规范[S]. 北京:中国标准出版社,2010.

[4] 中华人民共和国国家标准. GB/T 24969—2010 公路照明技术条件[S]. 北京:中国标准出版社,2010.

[5] 中华人民共和国国家标准. GB/T 10411—2005 城市轨道交通直流牵引供电系统[S]. 北京:中国标准出版社,2005.

[6] 中华人民共和国行业标准. JTG/T D70/2-01——2014 公路隧道照明设计细则[S]. 北京:人民交通出版社,2014.

[7] 中华人民共和国行业标准. JTG D80—2006 高速公路交通工程及沿线设施设计通用规范[S]. 北京:人民交通出版社,2006.

[8] 中华人民共和国行业标准. CJJ 45—2006 城市道路照明设计标准[S]. 北京:中国建筑工业出版社,2006.

[9] 中华人民共和国行业标准. JTG/T D71—2004 公路隧道交通工程设计规范[S]. 北京:人民交通出版社,2004.

[10] 中华人民共和国行业标准. JTG D70—2004 公路隧道设计规范[S]. 北京:人民交通出版社,2004.

[11] 中华人民共和国行业标准. JT/T 609—2004 公路隧道照明灯具[S]. 北京:人民交通出版社,2004.

[12] 耿毅. 工业企业供电[M]. 北京:冶金工业出版社,1985.

[13] 刘介才. 工厂供电[M]. 4版. 北京:机械工业出版社,2010.

[14] 赵彩虹. 供配电系统[M]. 北京:中国电力出版社,2009.

[15] 余健明,同向前,苏文成. 供电技术[M]. 4版. 北京:机械工业出版社,2008.

[16] 刘从爱,徐中立. 电力工程[M]. 北京:机械工业出版社,1991.

[17] 彭辉. 城市轨道交通系统[M]. 北京:人民交通出版社,2008.

[18] 于松伟,杨兴山,韩连祥,等. 城市轨道交通供电系统设计原理与应用[M]. 西安:西安交通大学出版社,2008.

[19] 王兆安,杨君,刘进军. 谐波抑制和无功功率补偿[M]. 北京:机械工业出版社,1998.

[20] 黄德胜,张巍. 地下铁道[M]. 北京:中国电力出版社,2010.

[21] 韩直,方建勤,洪伟鹏. 公路隧道节能技术[M]. 北京:人民交通出版社,2010.

[22] 张洋,赵祥模,许宏科.高速公路供配电照明系统理论及应用[M].北京:电子工业出版社,2003.

[23] 李铁楠.城市道路照明设计[M].北京:机械工业出版社,2007.

[24] 汪建平,邓云塘,钱公权.道路照明[M].上海:复旦大学出版社,2005.

[25] 李景禄.现代防雷技术[M].北京:中国水利水电出版社,2009.

[26] 张纬钹,何金良,高玉明.过电压防护及绝缘配合[M].北京:清华大学出版社,2002.

[27] 何金良,曾嵘.电力系统接地技术[M].北京:科学出版社,2007.